MANFRED MÖRSBERGER

Das Prinzip der identischen Strafrechtsnorm im Auslieferungsrecht

NEUE KÖLNER RECHTSWISSENSCHAFTLICHE ABHANDLUNGEN

HERAUSGEGEBEN VON

DER RECHTSWISSENSCHAFTLICHEN FAKULTÄT

DER UNIVERSITÄT ZU KÖLN

HEFT 59

Berlin 1969

WALTER DE GRUYTER & CO.

vormals G. J. Göschen'sche Verlagshandlung · J. Guttentag, Verlagsbuchhandlung

Georg Reimer · Karl J. Trübner · Veit & Comp.

Das Prinzip der identischen Strafrechtsnorm im Auslieferungsrecht

Von

Manfred Mörsberger

Köln

Berlin 1969

WALTER DE GRUYTER & CO.

vormals G. J. Göschen'sche Verlagshandlung · J. Guttentag, Verlagsbuchhandlung
Georg Reimer · Karl J. Trübner · Veit & Comp.

Archiv-Nr. 27 08 69/2

Druck: Max Schönherr, Berlin 65

Meiner Mutter
und dem Andenken
meines verstorbenen Vaters

INHALTSVERZEICHNIS

Kapitel II

Das Prinzip der identischen Norm im positiven Auslieferungsrecht Deutschlands

Kapitel III
Die Prüfung eines Auslieferungsbegehrens nach dem Prinzip der identischen Norm

Kapitel IV

Schlußbetrachtung

LITERATURVERZEICHNIS

Abendroth	Artikel „Asylrecht" in: Strupp-Schlochauer, Wörterbuch des Völkerrechts, Erster Band, 2. Auflage, Berlin 1960, S. 89.
Von Ammon	Das Deutsche Auslieferungsgesetz in der deutschen Rechtsprechung, DStrR 1934, 46, 100;
—	Deutscher Auslieferungsverkehr in den Jahren 1927 bis 1935, DJ 1936, 1149;
—	Die Bedeutung der Strafausschließungsgründe bei der Entscheidung über Auslieferungsersuchen, DStR 1937, 281.
Arge, Voldemar-Paul	Das Auslieferungsrecht am Ende des zweiten Weltkrieges und seine Fortentwicklung, Diss., Göttingen 1950.
Von Bar	Lehrbuch des internationalen Privat- und Strafrechts, Stuttgart 1892;
—	Zur Lehre von der Auslieferung, GS 34, 481.
Bard	Précis de droit international. Droit pénal et privé, Paris 1883.
Bardet, Philippe	Das formelle Auslieferungsrecht der Schweiz nach Maßgabe des Bundesgesetzes betr. die Auslieferung gegenüber dem Auslande von 1892 und der geltenden Staatsverträge, Diss., Zürich 1934.
Beauchet	Traité de l'extradition, Paris 1899.
Behr, Wilhelm Arnold	Die Auslieferung im deutschen Rechts- und Bundesstaat. Eine staats- und verwaltungsrechtliche Untersuchung zum deutschen Auslieferungsgesetz vom 23. 12. 1929, Diss. Bonn, Ohlau 1931.
Benz, Wolfgang B.	Das Prinzip der identischen Norm im internationalen Auslieferungsrecht. Unter besonderer Berücksichtigung der schweizerischen Verhältnisse, Diss. Zürich, Aarau 1941. (Auch erschienen unter dem Titel: Die identische Norm im Auslieferungsrecht, Diss. Zürich, Aarau 1942, als Heft 87 nF der Zürcher Beiträge zur Rechtswissenschaft).
Berber	Lehrbuch des Völkerrechts, Band I: Allgemeines Friedensrecht, München und Berlin 1960.

Bernard	Droit international. Traité théorique et pratique de l'extradition comprenant l'exposition d'un projet de loi universelle sur l'extradition, Band I, II, Paris 1883.
Berney	De la procédure suivie en Suisse pour l'extradition des malfaiteurs aux pays étrangers. Exposé critique en vue de l'élaboration d'une loi fédérale, Basel 1889.
Billot	Traité de l'extradition suivi d'un recueil de documents étrangers et des conventions d'extradition conclues par la France et actuellement en vigueur, Paris 1874.
Binding	Handbuch des Strafrecht, erster Band, in: Systematisches Handbuch der deutschen Rechtswissenschaft, Siebente Abteilung, erster Theil, erster Band, Leipzig 1885.
Biron-Chalmers	The law and practice of extradition, London 1903. (Zwei Verfasser!).
Bockelmann	Die Unverfolgbarkeit der Abgeordneten nach deutschem Immunitätsrecht, Göttingen 1951.
Bomboy-Gilbrin	Traité pratique de l'extradition, Paris 1886. (Zwei Verfasser!).
Bonfils	Manuel de droit international public, 6. Auflage, Paris 1912.
Borchard	The Factor Extradition Case, AJIL 28—1934—742.
Bouzat-Pinatel	Traité de droit pénal et de Crimonologie, Band I, II, Paris 1963. (Zwei Verfasser!).
Brandstetter	Gesetz über die Gewährung von Straffreiheit vom 31. Dezember 1949, Kommentar, Straubing 1950.
Brüstlein	Un projet de loi fédérale sur l'extradition, ZStrR 3—1890—113.
Bruns	Deutsches Reich. Rechtsprechung in Auslieferungssachen seit Erlaß des Auslieferungsgesetzes vom 23. 12. 1929, ZaöRVR 5—1935—721.
Bulmerincq	Das Asylrecht und die Auslieferung flüchtiger Verbrecher, Dorpat 1853;
—	Das Völkerrecht oder das internationale Recht, systematisch dargestellt. Aus Marquardsen's Handbuch des öffentlichen Rechts, Freiburg i. B. 1887.
Buzengeiger	Das künftige Deutsche Auslieferungsgesetz, DRiZ 1927, 409.
Calvo	Le droit international théorique et pratique, 3. Auflage, Band II, Paris 1880.
Von Cleric	Das Verhältnis des schweizerischen Auslieferungsgesetzes zu den Auslieferungsverträgen und die Interpretation der Enumerationsbestimmungen im schweizerischen Auslieferungsrechte. (Nach einem Rechtsgutachten), SJZ 10—1913/4—135;

— Die Bedeutung des Strafantrages im internationalen Auslieferungsrecht der Schweiz, SJZ 18—1921/2—113;

— Das neue deutsche Auslieferungsrecht verglichen mit dem Auslieferungsrecht der Schweiz, SJZ 27—1930/1—141, 161.

Cohn — Die Auslieferungsverträge des deutschen Reichs und der Bundesstaaten, Berlin 1908.

Constant — Le Traité Benelux d'extradition et d'entraide judiciaire en matière pénale, Rev. de dr. pén. et de crim. 1962/3, 75.

Constant — Code pénal international en 1314 articles. Dressé sur la base des projets et textes récents de codes pénaux, Bern und Paris 1937.

Dahm — Völkerrecht, Band I, Stuttgart 1958.

Dalcke-Fuhrmann-Schäfer — Strafrecht und Strafverfahrensrecht, 37. Auflage, Berlin 1961.

Dalloz — Artikel „Extradition" in: Nouveau Répertoire de Droit, 2. Auflage, Band II, Paris 1963.

Delaquis — Unzulänglichkeiten im internationalen Auslieferungsrecht der Gegenwart, ZStrR 40—1927—154;

— Aus der Praxis des Auslieferungsverkehrs zwischen der Schweiz und dem deutschen Reich, ZStW 48—1928—475;

— La collaboration internationale en matière de droit pénal, ZStrR 48—1934—201, 293;

— Wandlungen im Auslieferungsrecht, ZbJV 73—1937—201.

Delius — Das Auslieferungsrecht unter besonderer Berücksichtigung der Stellung des Ausgelieferten vor dem erkennenden Gericht für die Praxis der deutschen Justizbehörden, Hannover, 1899;

— Die Unterschiede des deutschen und italienischen Strafrechts mit Rücksicht auf den deutsch-italienischen Auslieferungsvertrag vom 31. Oktober 1871, AöR 6—1891—111;

— Beiträge für ein deutsches Auslieferungsgesetz, AöR 6—1891—404;

— Über den Einfluß einer Änderung des Strafgesetzes nach Abschluß eines Auslieferungsvertrages auf die Auslieferungspflicht sowie auf die Strafverfolgung bzw. Strafvollstreckung gegenüber einem Ausgelieferten unter besonderer Berücksichtigung des deutschen (preußischen) Strafrechtes, NiemZ 2—1892—1;

—	Über die Auslieferungspflicht der Niederlande gegenüber Deutschland unter besonderer Berücksichtigung des Auslieferungsverfahrens sowie der Unterschiede des deutschen und holländischen Strafrechts, AöR 8—1893—1;
—	Beiträge zur Auslegung des deutsch-schweizerischen Auslieferungsvertrages, NiemZ 5—1895—529;
—	Eine Frage aus dem Auslieferungsrecht, GA 46—1899—22;
—	Reformen im internationalen Rechtshilfeverkehr, NiemZ 16—1906—162.
Despagnet	Cours de droit international public, 4. Auflage von de Boeck, Paris 1910.
Deuringer, Leonhard	Der deutsch-türkische Auslieferungsvertrag vom 3. September 1930, Diss. Tübingen, Buchau-Schussenried-Aulendorf 1934.
Dickinson	Jurisdiction following seizure or arrest in violation of international law, AJIL 28—1934—231.
Doerner	Das Deutsche Auslieferungsgesetz, DJZ 1930, 402.
Doka, Carl	Die Stellung der Gerichte im Auslieferungswesen, Diss. Zürich, Wohlen 1920.
Domin-Petrushevecz	Précis d'un code du droit international, Leipzig 1861.
Donnedieu de Vabres	Introduction à l'étude du doit pénal international, Paris 1922;
—	Les principes modernes du droit pénal international, Paris 1928;
—	De la réciprocité en matière d'extradition d'après la loi française du 10 mars 1927 et le nouveau projet allemand sur l'extradition, Revue générale 1928, 553;
—	Traité de droit criminel et de législation pénale comparée, 3. Auflage, Paris 1947.
Drechsler-Linke	Rechtshilfeverkehr mit dem Ausland in Strafsachen, Wien 1961 (Zwei Verfasser!).
Ebert, Paul	Wie weit fordert das sogenannte „Prinzip der identischen Norm" auch eine Übereinstimmung der Strafensysteme im ersuchenden und ersuchten Staat? Diss., Greifswald 1908.
Endemann	Die Rechtshülfe im Norddeutschen Bunde, Berlin 1869.
Enneccerus-Nipperdey	Lehrbuch des Bürgerlichen Rechts, I. Band. Allgemeiner Teil des Bürgerlichen Rechts, Erster Halbband, 15. Auflage, Tübingen 1959.
Eppinger, Fritz	Übersicht über die Entwicklung des Auslieferungswesens in Württemberg, Diss. Tübingen, Stuttgart 1908.

Esche, Heinrich	Zum deutsch-englischen Auslieferungsvertrag, Diss., Borna-Leipzig 1919.
Fauchille-Bonfils	Traité de droit international public (von Fauchille), 8. Auflage von Bonfils, Band 1, 1. Teil, Paris 1922.
Field	Projet d'un Code International (übersetzt von Rolin), Paris-Gand 1881.
Fiore-Antoine	Traité de droit pénal international (von Fiore), französische Ausgabe von Charles Antoine, Band I, II, Paris 1880.
Fischli	Auslieferung und Kontumaz, ZStrR 78—1962—211.
Frank	Der Kampf um ein deutsches Auslieferungsgesetz unter besonderer Berücksichtigung des Gesetzes der freien Stadt Frankfurt vom 6. Juni 1866, Berlin 1905;
—	Zum gegenwärtigen Stand und zur künftigen Ausgestaltung des Auslieferungsrechts, DJZ 1926, 1270.
Fraustädter	Deutsches Auslieferungsgesetz vom 23. Dezember 1929, Berlin und Leipzig 1930.
Fuld	Das schweizerische Auslieferungsgesetz, NiemZ 2, 275.
Garbani, René	Die Auslieferung zwischen der Schweiz und Frankreich aufgrund des Auslieferungsvertrages vom 9. Juli 1869, Diss., Bern 1936.
Garraud	Précis de droit criminel, 11. Auflage, Paris 1912.
Geck	Artikel „Anerkennung fremder Hoheitsakte" und „Anerkennung fremder Urteile und Schiedssprüche" in: Strupp-Schlochauer, Wörterbuch des Völkerrechts, Erster Band, 2. Auflage, Berlin 1960, S. 55, 57;
—	Art. 102 GG und der Rechtshilfeverkehr zwischen der Bundesrepublik und Ländern mit der Todesstrafe — BVerfGE 18, 112, JuS 1965, 221.
Gleispach	Zur Erneuerung des Auslieferungsgesetzes, ZAkDR 1942, 65, 227.
Göhring	Rechtsprobleme in den Verfahren der „Breda-Flüchtlinge", NJW 1954, 1061.
Green	Recent Practice in the Law of Extradition, CLP 6, 287.
Grey	Extradition: A Draft Convention, TransGrot 14—1929—103.
Gros, Franz	Die Voraussetzungen für die Auslieferung nach dem deutschen Auslieferungsgesetz in vergleichender Darstellung mit dem Recht anderer Staaten unter Berücksichtigung völkerrechtlicher Grundsätze, Diss. Gießen, Gelnhausen 1932.

Grosch	Das deutsche Auslieferungsrecht und die Rechtshilfe in Strafsachen im Verhältnis zum Reichsausland mit den annotierten Auslieferungsverträgen des Deutschen Reiches und der Bundesstaaten, Karlsruhe 1902.
Grützner	Internationaler Rechtshilfeverkehr in Strafsachen, Hamburg, Berlin, Bonn 1955 ff (Loseblatt-Sammlung), Band I, II, III, IV;
—	Artikel „Auslieferung" in: Strupp-Schlochauer, Wörterbuch des Völkerrechts, Erster Band, 2. Auflage, Berlin 1960, S. 115;
—	Der deutsch-französische Auslieferungsvertrag vom 29. 11. 1951, BdAnz Nr. 130, vom 9. 7. 1952, S. 7;
—	Der Rechtshilfeverkehr zwischen der Bundesrepublik Deutschland und Österreich in Strafsachen, BdAnz Nr. 8, vom 14. 1. 1953, S. 6;
—	Staatspolitik und Kriminalpolitik im Auslieferungsrecht, ZStW 68—1956—501;
—	Einige Bemerkungen zum Internationalen Rechtshilfeverkehr in Strafsachen, DRiZ 1958, 16;
—	Der Auslieferungs- und sonstige Rechtshilfeverkehr zwischen der Bundesrepublik Deutschland und dem Vereinigten Königreich Großbritannien und Nordirland, BeiLBdAnz Nr. 157, vom 17. 8. 1960, S. 1;
—	Der Auslieferungs- und sonstige Rechtshilfeverkehr in Strafsachen zwischen der Bundesrepublik Deutschland und Österreich nach den Verträgen vom 22. September 1958, BeiLBdAnz Nr. 207, vom 26. 10. 1960, S. 1;
—	Die Rechtsprechung des Bundesgerichtshofs in Auslieferungssachen, GA 1957, 373;
—	Schritte auf dem Weg zu einem Europäischen Strafrecht, NJW 1961, 2185;
—	Der Auslieferungsverkehr der Bundesrepublik Deutschland mit dem Auslande im Jahre 1960, BeiLBdAnz Nr. 157, vom 17. 8. 1961, S. 1;
—	Der Auslieferungsverkehr — im Jahre 1963, BeiLBdAnz Nr. 171, vom 15. 9. 1964, S. 1;
—	Der Auslieferungsverkehr — im Jahre 1964, BeiLBdAnz Nr. 212, vom 10. 11. 1965, S. 1;
Guggenheim	Lehrbuch des Völkerrechts, unter Berücksichtigung der internationalen und schweizerischen Praxis, Band I, Basel 1948.
Hackworth	Digest of international law, Band IV, Washington 1942.
Hafter	Lehrbuch des schweizerischen Strafrechts, Allgemeiner Teil, 2. Auflage, Bern 1946.

Hahn, Hans	Das materielle Auslieferungsrecht im Deutschen Auslieferungsgesetz, Diss. Erlangen, Nürnberg-Zirndorf 1930.
Hall	A treatise on international law, Oxford 1924.
Halsbury's Laws	Halsbury's Laws of England, Band 10: Compulsary Acquisition of Land and Compensation. Criminal Law and Procedure, London 1955;
Halsbury's Laws, Supp.	Halsbury's Laws of England, 3rd edition Cumulative Supplement to volumes 1—18, London 1966;
Halsbury's Statutes	Halsbury's Statutes of England, 2nd edition, volume 37 continuation volume 1957, London 1958.
Hamaker	Über die Auslieferung der Inländer wegen der im Auslande begangenen Verbrechen, AöR 1—1886—279.
Haus	Principes généraux de droit pénal belge, Band II, 3. Auflage, Gand 1879.
Hélie	Traité de l'instruction criminelle ou théorie du code d'instruction criminelle, Band II, Paris 1846.
Hélie-Brouchot	Pratique Criminelle des Cours et Tribunaux, cinquième édition ... par Jean Brouchot. Code d'instuction Criminelle, Band I, Paris 1951.
Herbaux	Les déclarations de réciprocité, Clunet 20—1893—1034.
Herlan	Immunitätsfragen, MDR 1950, 517;
—	Die Immunität der Abgeordneten, JR 1951, 325;
—	Nochmals: Die Berücksichtigung des Rückfalls im Auslieferungsverfahren, GA 1957, 238;
—	Aus der neueren Rechtsprechung zum Rechtshilfeverkehr mit dem Ausland in Strafsachen, JZ 1966, 174.
Hetzer	Deutsche Auslieferungsverträge, Berlin 1883.
Hold-Ferneck	Lehrbuch des Völkerrechts, 2. Teil, Leipzig 1932.
Holtzendorff, Franz von	Die Auslieferung der Verbrecher und das Asylrecht, Berlin 1881.
Honig	Extradition by multilateral Convention, ICLQ 5—1956—549.
Hudson	The Factor case and double criminality in extradition, AJIL 28—1934—292.
Jescheck	Die internationale Rechtshilfe in Strafsachen in Europa, ZStW 66—1954—518;
—	Zur Reform der Vorschriften des StGB über das internationale Strafrecht, IntRDipl 1956, 75.
Kaltchas, Emanuel	De l'extradition en cas de concours de compétences de plusieurs Etats, Thèse, Lausanne 1934.

Kelsen — Artikel „Souveränität“ in: Strupp-Schlochauer, Wörterbuch des Völkerrechts, Dritter Band, 2. Auflage, Berlin 1962, S. 278.

Kielwein — Reformfragen im internationalen Strafrecht, GA 1954, 211.

Kirchner — L'extradition, recueil renfermant in-extenso tous les traités conclus jusqu'au 1er janvier 1883 entre les nations civilisées et donnant la solution précise des difficultés qui peuvent surgir dans leur application, London 1883.

Kohler — Internationales Strafrecht, Stuttgart 1917.

Kraus — Gegenwärtiger Stand und künftige Ausgestaltung des Auslieferungsrechts, Bericht, 34. DJT, II. Band, Berlin und Leipzig 1926, S. 302;

— Observations concernant les tendances de l'évolution du droit international et de l'extradition, Rev. de dr. int. et de législ. comparée 54—1927—161.

Kreppel, Gerhard — Verfassungsrechtliche Grenzen der Auslieferung und Ausweisung unter besonderer Berücksichtigung der Auslieferung bei drohender Todesstrafe, Diss., Würzburg 1966.

Lammasch — Auslieferungspflicht und Asylrecht. Eine Studie über Theorie und Praxis des internationalen Strafrechts, Leipzig 1887;

— Staatsverträge betreffend Rechtshilfe und Auslieferung. II. Theil: Auslieferungsverträge. In: Handbuch des Völkerrechts (herausgegeben von Holtzendorff), Dritter Band: Die Staatsverträge und die internationalen Magistraturen, Hamburg 1887.

Lange, Richard — Die grundsätzliche Bedeutung der neuen Bestimmungen über den Geltungsbereich des Strafrechts, DStrR 1941, 6;

— Grundfragen des Auslieferungs- und Asylrechts, ZStW 65—1953—351.

Langhard — Das schweizerische Auslieferungsrecht nebst den Auslieferungsverträgen der Schweiz, Bern 1910.

Lauterpacht — International Law and human Rights, London 1950.

Lawrence — The Principles of International Law, seventh edition, revised by P. H. Winfield, Boston, New York, Chicago 1923.

Lederle — Die Zuständigkeit des Reiches und der Länder im Auslieferungsverkehr, AöR nF 11—1926—391;

— Die Gegenseitigkeit im Auslieferungsrecht und der Entwurf eines deutschen Auslieferungsgesetzes, ZStW 48—1927—466;

—	Das Auslieferungsrecht und die neue Rechtsgestaltung, AöR nF 30—1939—76.
Leibholz	Artikel „Gleichheit der Staaten" in: Strupp-Schlochauer, Wörterbuch des Völkerrechts, Erster Band, 2. Auflage, Berlin 1960, S. 694.
Lemontey	Du Rôle de L'Autorité Judiciaire dans la Procédure d'Extradition Passive, Paris 1966.
Levasseur	L'entr'aide internationale en procédure pénale, Juris-Classeur de procédure pénale, Paris 1963 ff.
Lienhart, Ernst-Eugen	Die interkantonale Auslieferung, Diss., Zürich 1933.
Linke	Aktuelle Fragen der Auslieferung nach Österreich, öJZ 1955, 243;
—	Die Rechtsprechung des Obersten Gerichtshofes in Auslieferungssachen in den Jahren 1946—1957, öJZ 1958, 121;
—	Der Vertrag zwischen Österreich und der Bundesrepublik Deutschland über die Auslieferung vom 22. Sept. 1958, öJZ 1959, 118.
Von Liszt	Sind gleiche Grundsätze des internationalen Strafrechts für die europäischen Staaten erstrebenswert? und eventuell welche? 16. DJT, Band I, Berlin 1882, S. 3;
—	Das Völkerrecht, 11. Auflage, Berlin 1921.
Löwe-Rosenberg	Die Strafprozeßordnung und das Gerichtsverfassungsgesetz mit Nebengesetzen. Großkommentar, 21. Auflage, Band 1, Berlin 1963.
Lohmann	Der deutsch-griechische Auslieferungsvertrag, Breslau 1909.
Mamelok	Juristische Glossen zum Fall Stephany, SJZ 2—1905/6—213.
Marmann	Die Auslieferung zum Zwecke der Anordnung oder des Vollzuges einer Maßregel der Sicherung oder Besserung, BeiLBdAnz Nr. 65, vom 4. 4. 1953, S. 7;
—	Ist die Auslieferung zum Zwecke der Anordnung oder des Vollzugs einer Maßregel der Sicherung oder Besserung zulässig? MDR 1953, 664;
—	Nochmals Rechtsprobleme in dem Verfahren der Breda-Flüchtlinge, NJW 1955, 250.
Martens	Traité de droit international (traduit du Russe par Alfred Léo), Band III, Paris 1887.
Von Martitz	Internationale Rechtshilfe in Strafsachen, Beiträge zur Theorie des positiven Völkerrechts der Gegenwart, Erste Abtheilung, Leipzig 1888, Zweite Abtheilung, Leipzig 1897.

Mattil — Bericht für den VIII. Congrès International de droit pénal der Association de Droit Pénal, Rev. int. de dr. pén. 31—1960—420.

Maunz-Dürig — Grundgesetz, Kommentar, München und Berlin 1966.

Maurach — Deutsches Strafrecht. Allgemeiner Teil, 3. Auflage, Karlsruhe 1965.

Mayer, **Hellmuth** — Völkerrecht und internationales Strafrecht, JR 1952, 609.

Meili — Lehrbuch des internationalen Strafrechts und Strafprozeßrechts, Zürich 1910.

Meitani — L'extradition dans les nouveaux codes romains, Rev. de dr. int. et de législ. comp. 64—1937—34.

Mercier — L'extradition, Recueil des Cours de l'Académie de droit international 1930, Band III, Paris 1931, S. 171.

Mérignhac — Traité de droit public international. Deuxième Partie: Le droit de la paix, Paris 1907.

Merz — Die Berücksichtigung des Rückfalls im Auslieferungsverfahren, GA 1957, 13.

Mettgenberg — Die Reziprozität im deutschen Auslieferungsrecht, AöR 25—1909—1;

— Artikel „Auslieferungsrecht" in: Handwörterbuch der Rechtswissenschaft, Band I, Berlin und Leipzig 1926, S. 442;

— Artikel „Rechtshilfe, zwischenstaatliche. B) In Strafsachen" in: Handwörterbuch ..., Band IV, Berlin und Leipzig 1927, S. 695;

— Gegenwärtiger Stand und künftige Ausgestaltung des Auslieferungsrechts, Gutachten, 34. DJT, Band I, Berlin und Leipzig 1926, S. 30;

— Die Verträge mit der Tschechoslowakei über Rechtshilfe in Strafsachen, Mannheim, Berlin, Leipzig 1925;

— Die Neugestaltung des deutschen Auslieferungsrechts, Tübingen 1927;

— Die Praxis des deutschen Reichsgerichts in Auslieferungssachen, NiemZ 18—1908—398 und 23—1913—278;

— Die Bedeutung des Strafantrages im deutsch-schweizerischen Auslieferungsverkehr, SJZ 18—1921/2—237;

— Die Reform des deutschen Auslieferungsrechts, ZStrR 36—1923—222;

— Ein neuer Auslieferungsvertrag mit den Vereinigten Staaten von Amerika, JW 1931, 706.

Mettgenberg-Doerner — Deutsches Auslieferungsgesetz, erläutert von Wolfgang Mettgenberg. 2. neubearbeitete Auflage von Karl Doerner, Berlin und Frankfurt 1953.

Meukel	Der zwischenstaatliche Rechtshilfeverkehr in Zivil- und Strafsachen, München 1929.
Meyer, Heinrich	Die Einlieferung, Bonn 1953;
—	Die deutschen Auslieferungsvereinbarungen zu Beginn des Jahres 1953 unter besonderer Berücksichtigung der Verträge mit Belgien, Griechenland und der Türkei, BeiLBdAnz Nr. 65, vom 4. 4. 1953, S. 1.
Meyer, Theodor	Das deutsche Auslieferungsrecht, Diss. Jena, Braunschweig 1913.
Mezger	Die grundsätzliche Bedeutung der neuen Bestimmungen über den Geltungsbereich des Strafrechts, DStrR 1941, 18.
Von Mohl	Die völkerrechtliche Lehre vom Asyle, in: Staatsrecht, Völkerrecht und Politik, Band I, Tübingen 1860, S. 637.
Moore	A treatise on extradition and interstate rendition, Band I, Boston 1891.
Müller, Ernst	Der Ausgelieferte vor dem Gerichte, Diss., München 1887.
Münchhausen, Gerlach Freiherr von	Das deutsche Auslieferungsgesetz und das Reichsstrafgesetzbuch, Diss., Bonn 1935.
Nitzsche	Der Entwurf eines deutschen Auslieferungsgesetzes, DJZ 1929, 887.
Oehler, Dietrich	Die Grenzen des aktiven Personalitätenprinzips im internationalen Strafrecht, in: Festschrift für Edmund Mezger zum 70. Geburtstag, München und Berlin 1954, S. 83;
—	Anm. zu BGHSt 18, 283, JZ 1964, 382;
—	Deutsches Strafanwendungsrecht, das Recht der übernationalen Gemeinschaften und die Auslieferung eigener Staatsangehöriger, in: Erinnerungsgabe für Max Grünhut, Marburg 1965, S. 111;
—	Die Erweiterung der Strafgewalt im oberitalienischen Recht der zweiten Hälfte des Mittelalters, in: Aktuelle Fragen aus modernem Recht und Rechtsgeschichte, Gedächtnisschrift für Rudolf Schmidt, Berlin 1966, S. 493;
—	Die Teilnahme im internationalen Strafrecht nach dem Entwurf eines Strafgesetzbuches 1962, in: Gedächtnisschrift Hans Peters, Berlin, Heidelberg, New York 1967, S. 970.
Oppenheim-Lauterpacht	International Law. A Treatise (von Oppenheim). Band I, 8. Auflage von Lauterpacht, London, New York, Toronto 1955.

Pfenninger	Eine Frage des Auslieferungsrechtes, SJZ 10—1913/4—62;
—	Ein Typusauslieferungsvertrag, ZSR nF 54—1935—70
—	Der Ausbau des internationalen Strafrechts, SJZ 32—1935/6—225, 241.
Le Poittevin	Artikel „Extradition" in: Répertoire de droit international, fondé par A. Darras, publié par A. de Lapradelle et J. P. Niboyet, Band 8, Paris 1930, S. 163.
Rabel	Das Problem der Qualifikation, ZAIP 5—1931—241.
Reger, Horst	Das norwegische Auslieferungsgesetz vom 13. Juni 1908 und das deutsche Auslieferungsgesetz vom 23. Dezember 1929. Ein Vergleich, Königsberg 1932.
Reisner	Die Voraussetzungen der Auslieferung und das Auslieferungsverfahren nach Erlaß des Auslieferungsgesetzes, Leipzig 1932;
—	Auslieferung und Maßregeln der Sicherung und Besserung, GS 109—1937—272;
—	Der neue Auslieferungsvertrag mit Italien, DJ 1943, 393.
Renault	Rapport sur l'extradition, Annuaire de l'Institut de droit international, édition nouvelle abrégée, Band I, Paris 1928, S. 622.
Reucher, Willi	Das Verhältnis des Auslieferungsgesetzes und der Auslieferungsverträge zueinander, Diss. Köln, Würzburg 1937.
Ridder	Artikel „Gebietshoheit" in: Strupp-Schlochauer, Wörterbuch des Völkerrechts, Erster Band, 2. Auflage, Berlin 1960, S. 624.
Rietzsch	Die Verordnung über den Geltungsbereich des Strafrechts vom 6. Mai 1940, RGBl I 754, DJ 1940, 563.
Rintelen, Victor	Die Grundsätze des heutigen Völkerrechts über die Auslieferung von Verbrechern, Diss. Heidelberg, Borna-Leipzig 1909.
Ritter, Heinz	Der Regierungsentwurf eines deutschen Auslieferungsgesetzes 1927, Diss., Tübingen 1929.
Rittler	Lehrbuch des österreichischen Strafrechts, Band I: Allgemeiner Teil, 2. Auflage, Wien 1954, Band II: Besonderer Teil, 2. Auflage, Wien 1962.
Rivier	Principes du droit des gens, Band I, II, Paris 1896.
Von Rohland	Das internationale Strafrecht, Erste Abtheilung: Kritik der internationalen Strafrechtstheorien, Leipzig 1877.

Roux	L'entr'aide des Etats dans la lutte contre la criminalité, Recueil des Cours de l'Académie de droit international 1931, Band II, Paris 1931, S. 77.
Sack, Helmuth Conrad	Die Auslieferung nach Völkerrecht, Diss. Würzburg, München 1928.
Saint-Aubin	L'extradition et le droit extraditionnel théorique et appliqué suivi du texte des tous les traités d'extradition conclus par la France jusqu'à ce jour, Band I, II, Paris 1913.
Saurma-Jeltsch, Hermann Graf	Das deutsche Auslieferungsrecht nach dem Reichsgesetz vom 23. Dezember 1929, Diss., Göttingen 1931.
Schauberg	Das interkantonale Strafrecht der Schweiz, ZSR 16—1869—107.
Schaumann	Artikel „Gegenseitigkeit" in: Strupp-Schlochauer, Wörterbuch des Völkerrechts, Erster Band, 2. Auflage, Berlin 1960, S. 630.
Scheim	Die Entmannung im schweizerischen Auslieferungsrecht, ZStrR 51—1937—28.
Schmid, Reinhold	Die Herrschaft der Gesetze nach ihren räumlichen und zeitlichen Grenzen im Gebiete des bürgerlichen und peinlichen Rechts. Eine staatsrechtliche Untersuchung, Jena 1863.
Schmitz-Morkramer, Karl	Der Entwurf eines deutschen Auslieferungsgesetzes im Lichte des schwedischen Auslieferungsgesetzes vom 4. 6. 1913, Diss. Bonn, Aachen 1929.
Schniederkötter	Die Durchlieferung, Hamburg 1937.
Schober, Horst	Die grundsätzliche Bedeutung des Deutsch-Tschechoslowakischen Vertrages über die Auslieferung und die sonstige Rechtshilfe in Strafsachen vom 8. Mai 1922, Diss., Königsberg 1928.
Schoeneberg, Rudolf	Die Auslieferung im deutschen Reiche unter Berücksichtigung des ausländischen Einflusses, Diss. Greifswald, Berlin 1931.
Schönemann	Die Auslieferungsverträge des deutschen Reiches, GA 29—1881—16.
Schoetensack	Das Deutsche Auslieferungsgesetz vom 23. Dezember 1929, GS 100—1931—59, 337.
Schönke-Schröder	Strafgesetzbuch, Kommentar, 14. Auflage, München 1969.
Schüssler	Todesstrafe und Grundgesetz im Auslieferungsverfahren, NJW 1965, 1896.
Schultz, Hans	Das schweizerische Auslieferungsrecht, Basel 1953 (Band 7 der Schweizerischen Criminalistischen Studien);

—	Der Begriff der Auslieferung in den Bestimmungen über die räumliche Geltung des schweizerischen Strafrechts, ZStrR 69—1954—376;
—	Neue Probleme des internationalen Strafrechts und des Auslieferungsrechtes, SJZ 50—1964—81;
—	Kriminalpolitische Bemerkungen zum Entwurf eines Strafgesetzbuches, E 1962, JZ 1966, 113.
Schwander	Das schweizerische Strafgesetzbuch, 2. Auflage, Zürich 1964.
Schwarzenbach, Alfred	Das materielle Auslieferungsrecht der Schweiz nach dem Bundesgesetz vom 22. Januar 1892 und den geltenden Verträgen, Diss. Leipzig, Zürich 1901.
Schwarzenberger	International Law, Band I, 3. Auflage, London 1957;
—	The Problem of an International Criminal Law, CLP 3—1950—263.
Seidl-Hohenveldern	Zum Verhältnis von Völkerrecht und innerstaatlichem Recht, JuS 1961, 15.
Senftner, Edith	Das deutsche Auslieferungsgesetz vom 23. Dezember 1929, Diss. Köln, Würzburg 1933.
Siew, Liebermann	Der Auslieferungsvertrag zwischen Litauen und den Vereinigten Staaten von Amerika, Diss. Freiburg (Schweiz), Berlin 1932.
Slivensky	La nouvelle la bulgare sur l'extradition, Rev. de dr. int. et de législ. comp. 64—1937—184.
Sommer	Die Zuständigkeit zur Entscheidung über einen vom Ausland gestellten Auslieferungsantrag nach dem geltenden deutschen Recht, LZ 1925, 622.
Spiegel, Siegfried	Der deutsche Auslieferungsverkehr und seine künftige Regelung, Diss., Heidelberg 1927.
Spiropoulos	Traité théorique et pratique du droit international public, Paris 1933.
Strupp	Eléments du Droit International Public Universel, Européen et Américain, 2e Edition, revisée et amplement augmentée, Band I, Paris 1930.
Teichmann	Artikel „Auslieferung und Auslieferungsverträge" in: Handwörterbuch der Schweizerischen Volkswirtschaft, Socialpolitik und Verwaltung, herausgegeben von Reichesberg, Band I, Bern 1903, S. 361.
Topf	Die Neugestaltung des französischen Auslieferungsrechts, ZStW 48—1928—630.
Travers	Le droit pénal international et sa mise en oeuvre en temps de paix et en temps de guerre, Band IV, Paris 1921, Band V, Paris 1922;
—	L'entr'aide répressive internationale et la loi française du 10 mars 1927, Paris 1928;
—	Le traité type d'extradition, Clunet 48—1921—54;

— La loi française d'extradition du 10 mars 1927, Clunet 54—1927—595.

Turner Kenny's Outlines of Criminal Law, 19. Auflage, Cambridge 1966.

Ullmann Völkerrecht, Tübingen 1908 (Neubearbeitung der 1. Auflage, Freiburg 1898).

Verdross Völkerrecht, 5. Auflage, Wien 1964.

Violet, Maurice La Procédure d'Extradition spécialement dans le pays de refuge, Thèse, Paris 1898.

Waldkirch Das Völkerrecht in seinen Grundzügen dargestellt, Basel 1926.

Von Weber Zur Auslegung von § 2 Abs. I des Deutschen Auslieferungsgesetzes, DJ 1937, 1176.

Welti, Franz Auslieferungswesen und Auslieferungsverkehr zwischen der Schweiz und Deutschland, Diss. Leipzig, Basel 1904.

Wolgast Die Auslieferungsgesetze Norwegens, Schwedens und Finnlands. Mit einer systematischen Darstellung der Grundzüge des nordischen Auslieferungsrechts im Hinblick auf den Erlaß eines Deutschen Auslieferungsgesetzes, Berlin und Leipzig 1928.

Zürcher Die rechtliche Würdigung des Verbrechentatbestandes und die Auslieferung im Verhältnis zum Deutschen Reich. Entscheidung durch den Richter des Auslieferungsstaates, ZStrR 22—1909—323.

ABKÜRZUNGS- UND QUELLENVERZEICHNIS

Außer den allgemein üblichen wurden folgende Abkürzungen verwendet:

Abs.	Absatz
a. E.	am Ende
a. F.	alter Fassung
AJIL	The American Journal of International Law (Band, Seite)
And. Ans.	Anderer Ansicht
Anm.	Anmerkung
AöR	Archiv des öffentlichen Rechts (Band, Seite)
AuslAbk. von Montevideo	Übereinkommen über Auslieferung (getroffen auf der Siebenten Amerikanischen Internationalen Konferenz in Montevideo) vom 26. 12. 1933 (abgedruckt bei Grützner, Rechtshilfeverkehr, IV 2).
AusläGes.	Ausländergesetz vom 28. 4. 1965 (BGBl I S. 353).
Auslieferungsstatistik	Auslieferungsstatistik (der Bundesrepublik) für die Zeit vom 1. 1. — 31. 12. 1964, BdAnz Nr. 212, vom 10. 12. 1965, S. 2 f.
BdAnz	Bundesanzeiger (Nummer, Datum, Seite)
BeiLBAnz	Beilage zum Bundesanzeiger
belg. AuslGes.	belgisches Auslieferungsgesetz vom 1. 10. 1833 und 15. 3. 1874 (beide abgedruckt bei Grützner, Rechtshilfeverkehr, IV B 1, das erstere allerdings nur auszugsweise). Zitate ohne Zusatz beziehen sich auf das neuere Gesetz.
BGE	(Sammlung der) Entscheidungen des schweizerischen Bundesgerichts (Band, Teil, Seite, Nummer der Erwägung)
BRDrS.	Bundesratsdrucksache
BTDrS.	Bundestagsdrucksache
Bulletin	Bulletin des Arrêts de la Cour de Cassation — Chambre Criminelle — (Jahr, Nummer, Seite)
ch.	chapter
CLP	Current Legal Problems (Band, Seite)
Clunet	Journal du droit international privé et de la jurisprudence comparée, herausgegeben von Clunet (Band, Seite)
Codigo Bustamante	Código de Derecho Internacional Privado (Código Bustamante) vom 13. 2. 1928 (auszugsweise abgedruckt bei Grützner, Rechtshilfeverkehr, IV 1).

CP	Code Pénal
Cr. App. R.	Criminal Appeal Reports (Band, Seite)
Criminal Justice Act, 1948	— (11 & 12 Geo 6 ch. 58)
DAG	Deutsches Auslieferungsgesetz vom 23. 12. 1929 (RGBl 1929 I 239, 1930 I 28), in der Fassung des Gesetzes vom 12. 9. 1933 (RGBl 1933 I 618) und des Gesetzes zur Änderungder StPO ... vom 19. 12. 1964 (BGBl 1964 I 1067), Art 12 Z. 3.
DJ	Deutsche Justiz (Jahr, Seite)
DJT	Deutscher Juristentag und (z. B. 16. DJT) Verhandlungen des ... Deutschen Juristentages
DJZ	Deutsche Juristenzeitung (Jahr, Spalte)
DRiZ	Deutsche Richterzeitung (Jahr, Seite)
DStrR	Deutsches Strafrecht (Jahr, Seite)
dt.-belg. Aus.Verl	Vertrag über Auslieferung und Rechtshilfe in Strafsachen zwischen der Bundesrepublik Deutschland und dem Königreich Belgien vom 17. 1. 1958 (BGBl 1959 II 27, 582), bei Grützner, Rechtshilfeverkehr, II B 1.
dt.-finn. AuslVer.	Auslieferungsvertrag zwischen dem Deutschen Reich und der Republik Finnland vom 14. 5. 1937 (RGBl 1937 II 552, BGBl 1954 II 1050), bei Grützner, a.a.O., II F 2.
dt.-franz. AuslVer.	Auslieferungsvertrag zwischen der Bundesrepublik Deutschland und Frankreich vom 29. 10. 1951 (BGBl 1953 II 152; 1959 II 1251), bei Grützner, a.a.O., II F 4.
dt.-griech. AuslVer.	Auslieferungsvertrag zwischen Deutschland und Griechenland vom 12. 3. / 27. 2. 1907 (RGBl 1907, 545; BGBl 1952 II 634), bei Grützner, a.a.O., II G 3.
dt.-brit. AuslVer.	Auslieferungsvertrag zwischen dem Deutschen Reich und Großbritannien vom 14. 5. 1872 (RGBl 1872, 229) in der Fassung der Vereinbarung zwischen der Regierung der Bundesrepublik Deutschland und der Regierung des Vereinigten Königreichs Großbritannien und Nordirland über die Auslieferung flüchtiger Verbrecher vom 23. 2. 1960 (BGBl 1960 II 2192), bei Grützner, a.a.O., II G 5. Wenn in dieser Arbeit von „Art. III dt.-brit. AuslVer." die Rede ist, wird die zuletzt aufgeführte Vereinbarung gemeint.
dt.-ital. AuslVer.	Vertrag über die Auslieferung und die sonstige Rechtshilfe in Strafsachen zwischen dem Deutschen Reich und dem Königreich Italien vom 12. 6. 1942 (RGBl 1943 II 73; BGBl 1953 II 149), bei Grützner, a.a.O., II I 9.

dt.-jugosl. Vereinbarung ...	Deutsch-Jugoslawische Vereinbarung über die Übersendung von Urteilsausfertigungen in Auslieferungsfällen vom 19. 7. 1957 (BdAnz Nr. 146, vom 2. 8. 1957), bei Grützner, a.a.O., II J 4.
dt.-luxemb. AuslVer.	Auslieferungsvertrag zwischen dem Deutschen Reiche und Luxemburg vom 9. 3. 1876 in der Fassung des Zusatzvertrages vom 6. 5. 1912 (RGBl 1876, 223; 1912, 491; BGBl 1955 II 596) bei Grützner, a.a.O., II L 5.
dt.-moneg. AuslVer.	Auslieferungsvertrag zwischen der Bundesrepublik Deutschland und dem Fürstentum Monaco vom 21. 5. 1962 (BGBl 1964 II 1297, 1298; 1965 II 405), bei Grützner, a.a.O., II M 9.
dt.-niederl. AuslVer.	Auslieferungsvertrag zwischen der Bundesrepublik und den Niederlanden vom 31. 12. 1896 (RGBl 1897, 731) nach Maßgabe der deutsch-niederländischen Vereinbarung vom 1. 12. 1956 (BGBl 1957 II 22), bei Grützner, a.a.O., II N 6.
dt.-norw. AuslVer.	Auslieferungsvertrag zwischen dem Deutschen Reich und dem Königreich Norwegen vom 19. 1. 1878 (RGBl 1878, 110) in der Fassung des Zusatzvertrages vom 7. 3. 1907 (RGBl 1907, 239; BGBl 1953 II 257), bei Grützner, a.a.O., II N 9.
dt.-österr. AuslVer.	Vertrag zwischen der Bundesrepublik Deutschland und der Republik Österreich über die Auslieferung vom 22. 9. 1958 (BGBl 1960 II 1342, 2319), bei Grützner, a.a.O., II O 1. S. auch die dt.-österr. Vereinbarung zur vorläufigen Regelung des Rechtshilfeverkehrs in Strafsachen vom 5. 7. /1. 8. 1930 (RGBl 1930 II 1114; 1931 II 12).
dt.-portug. AuslVer.	Vertrag zwischen der Bundesrepublik Deutschland und Portugal über die Auslieferung ... vom 15. 6. 1964 (abgedruckt in der BRDrS. 507/66 vom 1. 12. 1966 und der BTDrS. V/1595, jeweils mit Begründung).
dt.-schwz. AuslVer.	Vertrag zwischen Deutschland und der Schweiz wegen gegenseitiger Auslieferung der Verbrecher vom 24. 1. 18974 (BGBl 1874, 113), bei Grützner, a.a.O., II S. 7. S. noch die deutsch-schweizerische Übereinkunft über die Gegenseitigkeit bei der Auslieferung wegen Sachbeschädigung vom 2. 9. /12. 10. 1925 (RGBl 1925 II 972), bei Grützner, a.a.O., II S 7, S. 24.
dt.-span. AuslVer.	Auslieferungsvertrag zwischen dem Deutschen Reich und Spanien vom 2. 5. 1878 (RGBl 1878, 213), bei Grützner, a.a.O., II S 12.

dt.-tschechosl. AuslVer.	Auslieferungsvertrag zwischen Deutschland und der Tschechoslowakei vom 8. 5. 1922 (RGBl 1923 II 48, 396) mit Zusatzprotokoll vom gleichen Tage (RGBl 1923 II 55), heute nicht mehr in Kraft.
dt.-türk. AuslVer.	Auslieferungsvertrag zwischen dem Deutschen Reich und der Türkischen Republik vom 3. 9. 1930 (RGBl 1931 II 197; BGBl 1952 II 608), bei Grützner, a.a.O., II T 6.
dt.-us-amerik. AuslVer.	Vertrag zwischen dem Deutschen Reich und den Vereinigten Staaten von Amerika über die Auslieferung straffälliger Personen vom 12. 7. 1930 (RGBl 1931 II 403; BGBl 1952 II 608), bei Grützner, a.a.O., II V 3.
E	Erwägung (bei BGE)
europ. AuslAbk.	Europäisches Auslieferungsübereinkommen vom 13. 12. 1957 (BGBl 1964 II 1371), bei Grützner, a.a.O., III 1.
E 1962	Entwurf eines Strafgesetzbuches mit Begründung, Bundestagsvorlage, BTDrS. V/32.
finn. AuslGes.	finnisches Auslieferungsgesetz vom 11. 2. 1922, bei Wolgast (übersetzt), S. 419.
FN	Fußnote
franz. AuslGes.	französisches Auslieferungsgesetz (Gesetz über die Voraussetzungen, das Verfahren und die Wirkungen der Auslieferung von Ausländern vom 10. 3. 1927), bei Grützner, a.a.O., IV F 4.
GA	Goltdammers Archiv (Band, Seite, aber von 1953 an Jahr, Seite)
GewohntVerbGes.	Gewohnheitsverbrechergesetz vom 24. 11. 1933 (RGBl I 995).
Ges. zur Verhütung ...	Gesetz zur Verhütung erbkranken Nachwuchses vom 26. 3. 1935 (RGBl I 773).
GS	Der Gerichtssaal (Band, Seite)
griech. StPO	griechische — (Gesetz Nr. 1493) vom 17. 8. 1950, auszugsweise bei Grützner, a.a.O., IV G 3.
Harvard Convention	Draft Convention on extradition, prepared by the Research in International Law of the Harvard Law School, AJIL 29, Supp., 21.
Harvard comment	Der Kommentar zum obigen Entwurf, a.a.O., S. 32.
Homicide Act, 1957	— (5 & 6 Eliz 2 ch. 11)
ICLQ	The International and Comparative Law Quarterly (Band, Seite)
IntRDipl	Internationales Recht und Diplomatie (Jahr, Seite)
ital. StGB	italienisches — vom 19. 10. 1930, (auszugsweise) bei Grützner, a.a.O., IV I 9.
JZ	Juristenzeitung (Jahr, Seite)

JuS	Juristische Schulung (Jahr, Seite)
lit.	Buchstabe
LM	Lindenmaier-Möhring
LS	Leitsatz
LZ	Leipziger Zeitschrift für Deutsches Recht (Jahr, Spalte)
MDR	Monatsschrift für Deutsches Recht (Jahr, Seite)
nF	neue Folge
NiemZ	Zeitschrift für internationales Privat- und Strafrecht von 1891—1902 (Herausgeber Böhm), Zeitschrift für internationales Privat- und öffentliches Recht von 1903—1919 (Herausgeber Niemeyer), Niemeyers Zeitschrift für internationales Recht von 1920 an, zitiert nach Band und Seite
NJW	Neue Juristische Wochenschrift (Jahr, Seite)
norw. AuslGes.	norwegisches Auslieferungsgesetz (Gesetz vom 13. Juni 1908 über die Auslieferung von Rechtsbrechern), bei Grützner, a.a.O., IV N 9.
Note ... der USA	Note of February, 21, 1964, from the Secretary of State to the Ambassador of Greece, on file in the Office of the Legal Advisor, AJIL 59—1965—109 f.
öJZ	österreichische Juristenzeitung (Jahr, Seite)
österr. StG	Das allgemeine (österreichische) Strafgesetz vom 27. 5. 1852, (auszugsweise) bei Grützner, a.a.O., IV O 1.
Oxforder Resolutionen	Resolutionen des Institut de droit international vom 9. 9. 1880 in der Session in Oxford, in: Tableau Général des Résolutions (1873—1956), Bâle 1957, S. 380 mit der revidierten Fassung des Art. 26 nach der Session in Paris vom 27. 5. 1894, S. 384.
Rdn	Randnote
Revue générale	— de droit international public (Jahr, Seite)
Rev. de dr. int. et de législ. comp.	Revue de droit international et de législation comparée (Band, Seite)
Rev. de dr. pén. et de crim.	Revue de droit pénal et de criminologie (Jahr, Seite)
Rev. int. de dr. pén.	Revue internationale de droit pénal (Jahr, Seite)
RHilfeGes. des Norddt. Bd.	Gesetz des Norddeutschen Bundes, betreffend Gewährung der Rechtshülfe, vom 21. 6. 1869 (BGBl des Norddeutschen Bundes 1869, 305; RGBl 1871, 87, 445), abgedruckt bei Endemann.
RiVASt	Richtlinien für den Rechtshilfeverkehr mit dem Ausland in Strafsachen, vom 27. 3. 1934 (RMBl 1934, 141), bei Mettgenberg-Doerner S. 542) und vom 15. 1. 1959 (BdAnz Nr. 9, vom 15. 1. 1959), bei Grützner, a.a.O., I A 4. In Zitaten ohne weitere Angabe sind die neueren RiVASt gemeint.

Road Traffic Act, 1930	— (20 & 21 Geo 5 ch. 43)
S.	Seite
s.	siehe
schwed. AuslGes.	schwedisches Auslieferungsgesetz vom 4. 6. 1913 (bei Wolgast, S. 352), vom 6. 12. 1957 (Gesetz Nr. 668 über die Auslieferung wegen strafbarer Handlungen), bei Grützner, a.a.O., IV S 6. In Zitaten ohne besonderen Hinweis ist das neuere Gesetz gemeint.
schwz. AuslVer.	schweizerisches Bundesgesetz betr. die Auslieferung gegenüber dem Ausland vom 22. 1. 1892, bei Grützner, a.a.O., IV S 7.
schwz.-brit. AuslVer.	Auslieferungsvertrag zwischen der Schweiz und Großbritannien vom 26. 11. 1880, abgedruckt bei Kirchner, S. 138.
schwz.-österr. AuslVer.	Auslieferungsvertrag zwischen der Schweiz und Österreich (-Ungarn) vom 10. 3. 1896, abgedruckt bei Drechsler-Linke, S. 527.
schwz. StGB	schweizerisches Strafgesetzbuch vom 21. 12. 1937, (auszugsweise) abgedruckt bei Grützner, a.a.O., IV S 7.
sec.	section
sfr.	Schweizer Franken
SJZ	Schweizerische Juristenzeitung (Band, Seite)
span. AuslGes.	(spanisches) Gesetz über die Auslieferung vom 26. 12. 1958, bei Grützner, a.a.O., IV S 12.
StFG	Gesetz über die Gewährung von Straffreiheit — vom 7. 8. 1934 (RGBl I 769). — vom 31. 12. 1949 (BGBl 1950, 47).
StGB	In Zitaten ohne Zusatz ist das deutsche gemeint.
StrRegVO	Strafregisterverordnung vom 17. 2. 1934 (RGBl I S. 140).
Supp.	Supplement
TransGrot	Transactions of the Grotius Society (Band, Seite)
Typus-AuslVer.	Entwurf eines Typus-Auslieferungsvertrages, beschlossen im Jahre 1935 von der internationalen Strafrechts- und Gefängniskommission, in: Recueil de Documents en Matière Pénale et Pénitentiaire, Band XII, Bern 1946/7, S. 196 (französisch), 210 (englisch), 222 (deutsch).
US	Supreme Reporter (Band, vorgestellt, Seite)
Vorbem.	Vorbemerkung
Verf. NW.	Verfassung für das Land Nordrhein-Westfalen vom 18. 6. 1950

Warschauer Entwurf	Draft Convention on extradition, adopted by the International Law Association, auf ihrer Warschauer Sitzung am 15. 8. 1928 (abgedruckt bei Grey, Trans-Grot 14, 108).
Z.	Ziffer
ZAIP	Zeitschrift für ausländisches und internationales Privatrecht (Band, Seite)
ZAkDR	Zeitschrift der Akademie für Deutsches Recht (Jahr, Seite)
ZaöRVR	Zeitschrift für ausländisches öffentliches Recht und Völkerrecht (Jahr, Seite)
ZbJV	Zeitschrift des bernischen Juristenvereins (Band, Seite)
ZSR	Zeitschrift für schweizerisches Recht (Band, Seite)
ZStrR	Schweizerische Zeitschrift für Strafrecht (Band, Seite)
ZStW	Zeitschrift für die gesamte Strafrechtswissenschaft (Band, Seite)

EINLEITUNG

Ein Staat, aus dem der Täter einer strafbaren Handlung vor oder nach seiner Verurteilung geflohen ist, stellt an den Zufluchtsstaat einen Antrag auf Auslieferung des Flüchtlings zur Strafverfolgung oder -vollstreckung. Die Beurteilung dessen, was strafbar ist, und die Folgen, die diese Strafbarkeit gerechter- und zweckmäßigerweise nach sich ziehen soll, sind in den einzelnen Staaten sehr verschieden. Ebenso bestehen abweichende Auffassungen über die tatbestandlichen Voraussetzungen der Delikte.

Damit stellt sich für den um Auslieferung angegangenen, den ersuchten Staat die Frage, in welchem Maße er die Bewilligung der Auslieferung davon abhängig machen soll, daß die verfolgte Tat auch nach seinem Recht strafbar oder strafwürdig ist und er die Sanktionen anerkennt, die der die Auslieferung begehrende, der ersuchende Staat[1] androht und anwendet. Das Prinzip der identischen Norm, wie es hier verstanden wird, löst das Problem so:

Die Tat, die dem Auslieferungsbegehren zugrundeliegt, muß sowohl nach dem Recht des ersuchenden als auch dem des ersuchten Staates strafbar sein und ein Auslieferungsdelikt konstituieren, also ein Delikt, das beide Staaten gemäß dem zwischen ihnen bestehenden Auslieferungsvertrag oder ihren Auslieferungsgesetzen als auslieferungsfähig anerkannt haben. Eine Gleichheit der Strafrechtsnormen in beiden Staaten wird dagegen nicht verlangt. Dieser Grundsatz wird noch dahin erweitert, der Verfolgung der Tat oder der Vollstreckung der Strafe dürften nach dem Recht beider Länder keine Hindernisse entgegenstehen. Letzteres ist allerdings sehr umstritten.

Die vorliegende Arbeit behandelt im ersten Kapitel die Grundlagen der beidseitigen Strafbarkeit und Verfolgbarkeit, vor allem daraufhin, ob sie auch heute noch Geltung haben, und die Ausgestaltung der beidseitigen Strafbarkeit. Das zweite Kapitel soll die Stellung des Prinzips im vertraglichen und gesetzlichen Auslieferungsrecht Deutschlands zeigen. Die Einzelheiten der Nachprüfung eines Auslieferungsbegehrens auf seine Zulässigkeit nach dem Prinzip der identischen Norm werden im dritten Kapitel im Zusammenhang mit den einzelnen Voraussetzungen der beidseitigen Verfolgbarkeit darge-

---

[1] Für diesen ist die Auslieferung durch den ersuchten Staat eine Einlieferung. Für Aus- und Einlieferung ist die Problemlage sinngemäß die gleiche.

stellt, unter besonderer Berücksichtigung der sich ergebenden Qualifikationsfragen.

Vor allem die strafrechtlichen Aspekte des Themas, wie die Strafwürdigkeit des Handelns des verfolgten Täters, die kriminalpolitischen Erfordernisse des Auslieferungsverkehrs und die Unterschiedlichkeiten der Strafrechtsnormen der einzelnen Länder werden dabei eine große Rolle spielen. Die völkerrechtlichen Aspekte der Auslieferung stehen dagegen hier nicht im Vordergrund[2].

Auch an dieser Stelle sei Professor Dr. Dietrich Oehler für die Anregung zu diesem Thema und die Unterstützung bei der Bearbeitung der Aufgabe herzlich gedankt.

---

[2] Den strafrechtlichen Charakter der Auslieferung betonen besonders MERCIER, S. 172, und METTENBERG-DOERNER, S. 127/9. Die dogmatische Verwandtschaft des Auslieferungsrechts mit dem Strafrecht geht auch aus § 48 DAG hervor, nach dem der Strafsenat die dem BGH oder OLG zugewiesenen Aufgaben erledigt (vgl. dazu METTGENBERG-DOERNER, S. 512).

Kapitel I Die identische Norm als Grundsatz

§ 1. Die Begründung der beidseitigen Strafbarkeit als Voraussetzung der Auslieferung

A. Das Erfordernis der Strafbarkeit der verfolgten Tat nach dem Recht des ersuchenden Staates

Die Auslieferung, die Überstellung eines Täters aus der Strafgewalt des ersuchten Staates in die des ersuchenden zum Zwecke der Strafverfolgung oder -vollstreckung[1], setzt begrifflich voraus, daß die verfolgte Tat nach dem Recht des ersuchenden Staates strafbar ist[2]. Denn hat sich ein Flüchtling im ersuchenden Staat nicht strafbar gemacht, wird er dort auch nicht strafrechtlich verfolgt oder verurteilt. Eine Auslieferung bei solcher Sachlage würde unsinnig und zwecklos sein. Diese Voraussetzung der Auslieferung wird allgemein anerkannt, unabhängig davon, ob man die Auslieferung vor allem als Akt der zwischenstaatlichen Rechtshilfe[3], als Unterstützung des

---

[1] Diese Formulierung soll nicht erschöpfend sein, sondern lediglich die allseits bejahten Merkmale der Auslieferung wiedergeben. Vgl. dazu allgemein SCHULTZ, Auslieferungsrecht, S. 15 f.; H. MEYER, Einlieferung, S. 10; GRÜTZNER, „Auslieferung", S. 115.

[2] So unter anderem VON MARTITZ, II, S. 57 f.; METTGENBERG, AöR 25, 90; LOHMANN, S. 67; REISNER, Voraussetzungen, S. 41 f.; REGER, S. 28; MÜNCHHAUSEN, S. 33; SAURMA-JELTSCH, S. 24; SCHMITZ-MORKRAMER, S. 21; METTGENBERG-DOERNER, S. 204 f.; SCHULTZ, Auslieferungsrecht, S. 312, 320; BENZ, S. 34; LANGHARD, S. 23; LE POITTEVIN, Nr. 175, S. 197 f.; MERCIER, S. 189; TRAVERS, droit pénal, IV, Nr. 2144, S. 64; Nr. 2147, S. 650; DONNEDIEU DE VABRES, traité, Nr. 1784, S. 982 f.; Harvard comment, S. 77; HUDSON, AJIL 28, S. 281.

Zu den verschiedenen Ansichten über die Befugnis des ersuchten Staates, die Strafbarkeit der verfolgten Tat nach dem Recht des ersuchenden Staates nachzuprüfen, s. unten Kapitel III § 2 I, S. 72 ff. Dort auch die eigene Stellungnahme.

[3] So die überwiegende Meinung: VON LISZT, 16. DJT, I, S. 12 f.; VON MARTITZ, I, S. 55; BINDING, S. 397 f.; Th. MEYER, S. 29 f.; LOHMANN, S. 6; METTGENBERG, SJZ 18, 238; WOLGAST, S. 24; ULLMANN, S. 392 f.; WALDKIRCH, S. 296 f.; DAHM, S. 275/7; REISNER, Voraussetzungen, S. 6 f.; LIEBERMANN, S. 13 f.; SCHOENEBERG, S. 16; SCHOBER, S. 6; BEHR, S. 96 f.; MÜNCHHAUSEN, S. 7; RINTELEN, S. 14; SENFTNER, S. 3; RITTER, S. 11; METTGENBERG-DOERNER, S. 127 f.; FUHRMANN, bei DALCKE-FUHRMANN-SCHÄFER, Anm. 5 zu § 1 DAG, S. 1821; TEICHMANN, S. 361; LANGHARD, S. 2; BENZ, S. 8 ff., 13; SCHULTZ, Auslieferungsrecht, S. 12—14; MERCIER, S. 177-9; Harvard comment, S. 77.

Strafanspruchs[4] eines fremden Staates, oder aber vor allem als Akt der Rechtspflege des ersuchten Staates betrachtet[5].

B. Das Erfordernis der Strafbarkeit der verfolgten Tat[6] nach dem Recht des ersuchten Staates

I. Die Bedingung der Strafbarkeit der verfolgten Tat nach dem Recht des ersuchten Staates als Voraussetzung der Auslieferung findet ihre Rechtfertigung in Erwägungen, die sich aus den Grundsätzen der Souveränität, Rechtsstaatlichkeit und Gerechtigkeit ergeben.

1. Der ersuchende Staat verlangt durch das Begehren auf Auslieferung vom ersuchten Staat den Einsatz seiner staatlichen Hoheitsgewalt[7]. Müßte der ersuchte Staat tätig werden, ohne nach seinem Recht die Strafwürdigkeit der Tat untersuchen zu können, so hieße das, daß er lediglich auf Weisungen eines fremden Staates handelte, daß er sich zum Vollzieher fremder, von ihm möglicherweise aufs schärfste abgelehnter Rechtsanschauungen machte, die er nicht beeinflussen könnte[8]. Außerdem ist die Auslieferung eine der einschneidendsten Maßnahmen, die einem Staat gegen ein Individuum zur Verfügung stehen; sie bedeutet Auslieferungshaft mit all ihren nachteiligen Wirkungen neben der Freiheitsentziehung als solchen und zwangsweise Überstellung an einen fremden Staat zu möglicherweise harter Bestrafung. Ein solcher Eingriff in die Rechte des Verfolgten ist aber nur dann gerechtfertigt, wenn dieser auch nach dem Recht

---

BGHSt. 2, 44 (48 f.); BGE 28 I 184 (187 E 5); 34 I 358 (368 f. E 5); 42 I 378 (382 E 2); 47 I 332 (339 E 4).

Ob man, ausgehend von ihrer Rechtshilfenatur, die Auslieferung mehr als völkerrechtlichen Vertrag betrachtet (wie VON MARTITZ, I, S. 444 ff.; H. MEYER, Einlieferung, S. 11 ff., 15 ff.) oder aber als einen Akt der Gerichtsbarkeit des ersuchten Staates (wie METTGENBERG-DOERNER, S. 127 ff.) ist hier nicht erheblich.

[4] Kritisiert wird dieser Ausdruck besonders von SCHULTZ, Auslieferungsrecht, S. 13, FN 26; S. 35, FN 21; er hält „Strafpflicht" für besser.

[5] BILLOT, S. 26; SAINT-AUBIN, traité, I, S. 43; LE POITTEVIN, Nr. 160, S. 195; LAMMASCH, Auslieferungspflicht, S. 42, und passim; R. SCHMID, S. 174; HAMAKER, AöR 1, 291 f.; SCHAUBERG, ZSR 16, 124; MEILI, S. 375; SOMMER, LZ 1925, 628; SCHNIEDERKÖTTER, S. 66—68 (für die Auslieferung zur Strafverfolgung); vgl. auch RGSt. 65, 269 (270).

[6] Der dem Auslieferungsbegehren zugrundeliegende Sachverhalt muß sinngemäß umgestellt werden, damit der ersuchte Staat die Strafbarkeit nach eigenem Recht prüfen kann, vgl. Kapitel III § 1, S. 69 ff.

[7] Treffend hervorgehoben von SCHULTZ, Auslieferungsrecht, S. 1; ähnlich LEDERLE, AöR nF 11, 394.

[8] Betont vor allem von METTGENBERG, 34. DJT, I, S. 45; LAMMASCH, Auslieferungspflicht, S. 44; KRAUS, 34. DJT, II, S. 331; DELIUS, AöR 6, 410; GARBANI, S. 43

des ersuchten Staates eine strafbare Schuld auf sich geladen hat[9]. Nähme der ersuchte Staat eine Person in Auslieferungshaft, die nach seinem innerstaatlichen Recht nicht strafwürdig gehandelt hat, würde er einen in seinen Augen Unschuldigen seiner Freiheit berauben. Das wäre ein „. . . unerträglicher Gegensatz zu dessen eigenen Rechtsanschauungen und kann daher niemals gebilligt werden“[10].

Ein Vorgehen gegen den Flüchtling ohne Rücksicht auf die eigenen Vorstellungen verbietet dem ersuchten Staat nach allem seine Unabhängigkeit, wesentlicher Ausdruck seiner Souveränität[11]. Mögen auch Inhalt und Begriff der Souveränität problematisch sein[12], es wird allgemein anerkannt, daß sie die Unabhängigkeit eines Staates im Sinne der Weisungsfreiheit von fremden Staaten bedeutet[13].

2. Darüber hinaus ist das Strafrecht als Teil des öffentlichen Rechts besonders von den Anschauungen des Staatsvolkes abhängig; gerade an seiner Aufrechterhaltung muß ein unabhängiger Staat interessiert sein, gleichgültig, ob es sich um die Beurteilung von Übeltätern eigener oder fremder Nationalität handelt[14]: Die souveräne Gestaltung seines Strafrechts und die Durchsetzung seiner darin zum Ausdruck gekommenen Anschauungen im internationalen Bereich ist ein wesentliches Anliegen des ersuchten Staates. Hat sich ein Flüchtling auf das Hoheitsgebiet und damit unter die Gebietshoheit des ersuchten Staates begeben, so muß es sich der ersuchende Staat gefallen lassen, wenn der ersuchte die Maßstäbe seines eigenen Rechts an die Taten des Flüchtlings anlegt[15]. Die Notwendigkeit für den ersuchten Staat,

---

[9] Benz, S. 16 f.; Schultz, Auslieferungsrecht, S. 317 f.; Lammasch und Kraus, a. a. O.; von Martitz, II, S. 61; Fauchille-Bonfils, Nr. 470, S. 1031 f.

[10] Grützner, ZStW 68, 512.

Möglicherweise dürfte der nach dem Recht des ersuchten Staates Unschuldige gegen staatliche Maßnahmen des Zufluchtslandes berechtigte Notwehr üben; das zwangsweise Handeln gegen ihn könnte eine strafbare Handlung darstellen (vgl. Lammasch, a. a. O., und Liebermann, S. 47).

[11] So besonders Benz, S. 15 ff.; Liebermann, S. 47.

[12] Vgl. unter anderem Kelsen, „Souveränität“, S. 278.

[13] Dahm, S. 154; Berber, S. 126; Oppenheim-Lauterpacht, § 64, S. 135; von Liszt, Völkerrecht, S. 58—64; Verdross, S. 7; Waldkirch, S. 207, 210 f.

Die Frage der Unterworfenheit eines Staates unter das Völkerrecht kann hier dahingestellt bleiben.

[14] Hudson (AJIL 28, 283) weist treffend auf den „shock“ hin, den der ersuchte Staat seinen Bürgern durch eine Auslieferung trotz Straflosigkeit der verfolgten Tat nach eigenem Recht bereiten würde.

[15] Den Zusammenhang zwischen Gebietshoheit und der Befugnis, auch einem Ausländer gegenüber das eigene Recht anzuwenden, hebt Leibholz, „Gebietshoheit“, S. 625, hervor. Eine Bestrafung des Auszuliefernden, zu der der ersuchte Staat möglicherweise nicht kompetent ist, bedeutet diese Anwendung des eigenen Rechts nicht; vgl. dazu unter III 3, S. 15.

das eigene öffentliche Recht zu schützen und im internationalen Verkehr durchzusetzen, wird als der eigentliche Grund dafür angesehen, warum der ersuchende Staat nicht verlangen könne, der ersuchte müsse die Strafbarkeit einer Handlung genauso beurteilen wie er selbst[16].

3. Sicherlich ist der ersuchte Staat in der Lage, seine Souveränität durch den Abschluß völkerrechtlicher Verträge zu beschränken, und das geschieht gerade in moderner Zeit sehr häufig[17]. Wenn jedoch ein Staat einen Auslieferungsvertrag abschließt, so ist es, berücksichtigt man die Bedeutung der Durchsetzung seiner eigenen strafrechtlichen Anschauungen, verfehlt anzunehmen, er dürfe es zulassen, das Recht des Vertragspartners, eines fremden Staates, zur Voraussetzung einer Auslieferung zu machen. Ein Vertragsstaat wird vielmehr bei der Anlegung der Liste der Delikte, für die er sich zur Auslieferung verpflichtet, immer von seinem Strafrecht ausgehen, den Willen haben, sich zu einer Auslieferung lediglich dann bereitzuerklären, wenn es sich um Taten handelt, die auch nach seinem Strafrecht strafwürdiges Unrecht darstellen[18].

4. Damit ist die Bedingung der Strafbarkeit der verfolgten Tat nach dem Recht des ersuchten Staats Ausfluß von dessen Souveränität und zugleich rechtsstaatlichen Denkens überhaupt[19]. Und so hat auch das Verfahren im ersuchten Staat, in dem die Voraussetzungen der Auslieferung nachgeprüft werden, vor allem rechtsstaatliche Garantiefunktion[20]. Bei der Auslieferung geht es nicht nur darum, die internationale Verbrechensbekämpfung wirksam zu fördern, sondern auch darum, ein Individuum gegen nach dem Recht des ersuchten Staates rechtswidrige Verfolgung durch die hoheitliche Gewalt zu schützen[21].

Für Deutschland als ersuchten Staat hat in diesem Zusammenhang besonders der Grundsatz der Verhältnismäßigkeit große Bedeutung. In diesem Grundsatz kommt als Ausfluß des Rechtsstaatsprinzips und der Grundrechte, damit als Bestandteil der Verfassung, fol-

---

[16] Benz, S. 15

[17] Vgl. dazu allgemein Dahm, S. 157 f.; Berber, S. 125; Guggenheim, S. 165 ff.

[18] So vor allem Benz, S. 15 f.

[19] Betont von Grützner, „Auslieferung“, S. 120.

[20] Vgl. Schultz, ZStrR 69, 378; Liebermann, S. 47; Mercier, S. 180; BGHSt. 2, 44 (47 f.); 3, 265 (270); den Zusammenhang zwischen Rechtsstaatlichkeit und der Wahrung der persönlichen Freiheit des einzelnen stellt besonders Behr, S. 11—18, 20, heraus.

[21] Jescheck, ZStW 66, 527; ähnlich von Bar, Lehrbuch, S. 290.

Jescheck ist allerdings, darauf sei bereits hier hingewiesen, Gegner des Grundsatzes beidseitiger Strafbarkeit. Vgl. dazu den Text dieses § unter IV, S. 16 ff.).

gendes zum Ausdruck: Die Grundrechte des einzelnen — und sie stehen nach dem GG auch dem Ausländer zu[22] — dürfen vom Staat nur insoweit beschnitten werden, „als es zum Schutz öffentlicher Interessen unerläßlich ist". Das gilt vor allem für das Grundrecht der persönlichen Freiheit, Art. 2 GG[23]. Auf das Auslieferungsrecht übertragen, heißt das: Hat sich ver Verfolgte nach deutschen Vorstellungen nicht strafbar gemacht, sind auch keine deutschen öffentlichen Interessen zu schützen, und damit sind für die dem deutschen Recht unterworfenen Organe keine Notwendigkeit und kein Grund zum Eingreifen gegeben.

Es ist überhaupt untunlich, den ganzen technischen Aufwand des Auslieferungsapparates in Bewegung zu setzen, wenn der Verfolgte nach dem Recht des ersuchten Staates unschuldig ist, also des Teils, der die Übergabe bewerkstelligen soll[24]. Die erheblichen Kosten, die grundsätzlich nach den Verträgen der ersuchte Staat zu tragen hat, sind nur dann gerechtfertigt, wenn der Verfolgte auch nach dessen Recht schuldig geworden ist[25]. Das ergibt sich gleichfalls aus dem

---

[22] Das gilt soweit, als das GG nicht ausdrücklich bestimmte Rechte nur dem Deutschen zuweist (wie z. B. in Art. 8 und 9), vgl. dazu neuestens Kreppel, S. 10.

[23] Vgl. zum Ganzen BVerfGE 19, 342 (347—9, dort auch das Zitat); BGHSt. 20, 232 (233); NJW 1967, 297, und zur Geltung im Auslieferungsrecht Kreppel, S. 145 ff., 149 ff. (einschränkend).

[24] So Grützner, ZStW 68, 515, der noch darauf hinweist, daß die Auslieferungshaft in aller Regel drei Monate nicht unterschreitet und die Anrechnung auf die später erkannte oder auf die zu vollstreckende Strafe problematisch ist. Dieser Umstand wird an anderer Stelle dieser Arbeit noch einmal erheblich, nämlich dann, wenn es darum geht, daß nur wegen Taten von gewisser Schwere ausgeliefert werden soll. Vgl. dazu Kapitel I § 2 A und B, S. 22 ff.

[25] Den ersuchten Staat treffen alle Kosten (außer den Aufwendungen für Luft- und Überseetransporte) für auf eigenem Gebiet durchgeführte Rechtshilfehandlungen. Vgl. dazu Mettgenberg, „Rechtshilfe", S. 701; Grützner, „Auslieferung", S. 122, und Schultz, Auslieferungsrecht, S. 179, der auf die Schwierigkeiten hinweist, die entstehen würden, wenn man auf die Idee käme, „... jeden einzelnen Auslieferungsfall mit einer Kostenrechnung (zu) belasten ...". Für die Kostentragung durch den ersuchten Staat in diesem Rahmen auch § 45 DAG (unter der Voraussetzung der Verbürgung der Gegenseitigkeit) und dt.-belg. AuslVer., Art. 21; dt.-finn., Art. 34; dt.-franz., Art. 19; dt.-griech., Art. 12; dt.-brit., Art. XIV; dt.-ital., Art. 34; dt.-luxemb., Art. 12; dt.-moneg., Art. 23; dt.-niederl., Art. 15; dt.-norw., Art. 11; dt.-österr., Art. 27; dt.-port., Art. 50; dt.-schwz., Art. 11; dt.-span., Art. 12, und dt.-türk., Art. 22. Nur der dt.-usamerik. Vertrag macht eine Ausnahme, Art. 11. Das ist der Niederschlag der Ansicht, die Auslieferung liege nur im Interesse des ersuchenden Staates, also einer besonderen Betonung ihres Rechtshilfecharakters (vgl. dazu Schultz, a. a. O., S. 181). So im übrigen auch grundsätzlich Travers, droit pénal, V, Nr. 2480, S. 286; Billot, S. 289.

Verhältnismäßigkeitsprinzip, dem Gebot der vernünftigen Relation zwischen dem Einsatz staatlicher Zwangsmittel und dem damit verfolgten Zweck.

5. Auch der Sinn des Instituts der Auslieferung führt zu diesem Ergebnis. Der Auslieferungsverkehr ist in besonderem Maße Ausdruck der internationalen Solidarität im Kampf gegen das Verbrechertum[26]. Der ersuchte Staat kann aber nur dann Anlaß zur Auslieferung, zur Unterstützung eines fremden Strafanspruches sehen, wenn die verfolgte Tat nach seinen Vorstellungen strafwürdiges Unrecht darstellt; sonst ist er von ihr gänzlich unberührt[27]. Zudem beschränkt er durch die Bewilligung der Auslieferung sein Recht, Asyl zu gewähren[28], ein Recht, das aus seiner Gebietshoheit fließt[29]. Einen sinnvollen Maßstab für diese Beschränkung kann er nur seinem eigenen Recht entnehmen, will er sein Asylrecht nicht entwerten.

II. Obwohl die Ideen der Souveränität, Rechtsstaatlichkeit und Gerechtigkeit zur Aufrechterhaltung der Bedingung der Strafbarkeit der verfolgten Tat auch nach dem Recht des ersuchten Staates als tragfähig genug erscheinen, wird einem anderen Gedanken die überragende Bedeutung zur Begründung dieser Auslieferungsvoraussetzung beigemessen: Dem Grundsatz der Gegenseitigkeit[30].

1. Die Gegenseitigkeit — ihrem Wesen nach Konsequenz der Gleichordnung[31] und damit letztlich der Souveränität der Staaten[32] — erfordert wegen der Koordinierung der Staaten, daß, be-

---

[26] Roux, S. 81, 124 f., und passim; Garraud, Nr. 59, S. 137; Cohn, S. 1 f.; von Bar, Lehrbuch, S. 290; Dahm, S. 275 f.

[27] Holtzendorff, S. 38; Lohmann, S. 66; von Bar, a. a. O., S. 296 f.

[28] Ob dieser Befugnis des ersuchten Staats ein Recht des Verfolgten auf Erhalt des Asyls gegenübersteht, ist bestritten (bejahend in gewissem Umfang Art. 16 II 2 GG, verneinend wohl die hM. im Völkerrecht, vgl. Dahm, S. 279, und Schultz, Auslieferungsrecht, S. 22). Das Problem spielt aber hier keine Rolle.

[29] Auf dem Zusammenhang zwischen der Befugnis zur Asylgewährung und der Gebietshoheit eines Staats weist Abendroth, „Asylrecht", S. 91, hin.

[30] Vgl. dazu allgemein von Martitz, II, S. 57 f.; Mettgenberg, AöR 25, 88 f., und passim (grundlegend); derselbe, SJZ 18, 238, und 34. DJT, I, S. 44; Kraus, 34. DJT, II, S. 331; Buzengeiger, DRiZ 1927, 410; Reisner, Voraussetzungen, S. 40; Schober, S. 13; Mettgenberg-Doerner, S. 204; H. Meyer, Einlieferung, S. 108 f.; Dahm, S. 281; Lienhart, S. 102; Schwarzenbach, S. 92; Domin-Petrushevecz, S. 83, Art. 176; Garraud, Nr. 59, S. 137.

[31] Schaumann, „Gegenseitigkeit", S. 630; Mettgenberg, AöR 25, 111; Lederle, AöR nF 30, 85, und ZStW 48, 468; Saurma-Jeltsch, S. 20; Schoeneberg, S. 72.

[32] Den Zusammenhang zwischen der Gleichordnung der Staaten und ihrer Souveränität stellt Leibholz, „Gleichheit der Staaten", S. 694, heraus. Auf den Ursprung der Gegenseitigkeit aus der Souveränität weist auch treffend Jescheck, ZStW 66, 520, hin.

sonders im vertraglichen Verkehr, kein Staat einseitig größere Verpflichtungen tragen muß, als er an Rechten zugestanden bekommt („do ut des"), wenn nicht besondere Gründe dies rechtfertigen[33]. Das bedeutet im Auslieferungsrecht: Es wird, auch bei Vorliegen der übrigen Voraussetzungen, nur dann ausgeliefert, wenn für den ersuchten Staat feststeht, daß er in Zukunft bei entsprechend umgekehrter Sachlage vom ersuchenden Staat gleichfalls eine Auslieferung erhalten würde[34]. Das Prinzip der beidseitigen Strafbarkeit wird dabei als „wichtigstes Element der Gegenseitigkeit" betrachtet, da diese „ohne die beiderseitige Strafbarkeit zumindest inhaltslos würde"[35]. Und in der Tat — lieferte der ersuchte Staat für eine Tat aus, die nach eigenem Recht nicht strafbar sein würde, erhielte er niemals im umgekehrten Fall eine Auslieferung. Er hätte dann nämlich keinen Strafanspruch, käme mithin nicht in die Lage, ein Auslieferungsbegehren zu stellen[36].

2. Die hervorragende Stellung der Gegenseitigkeit im Auslieferungsrecht kommt nicht von ungefähr; ihre Beachtung im Auslieferungsverkehr bringt entscheidende Vorteile[37]. Sie wahrt die Rechtssicherheit, da sie eine gleichmäßige Behandlung aller Auslieferungsbegehren herbeiführt; der ersuchte Staat wird immer dann ausliefern, wenn er — die Sachlage entsprechend umgekehrt — eine Einlieferung erhalten würde. Dazu zwingt die Reziprozität die Teilnahmestaaten des Auslieferungsverkehrs dazu, auf dem Gebiet der internationalen Verbrechensbekämpfung zusammenzuarbeiten, wenn sie ihre innerstaatliche Rechtspflege fördern wollen. Denn bei den bestehenden Abweichungen der nationalen Strafrechtssysteme bewirkt die Beachtung der Gegenseitigkeit — das wird noch zu zeigen sein — eine starke Beschränkung des Auslieferungsverkehrs; und wollen die Staaten daran etwas ändern, müssen sie, und das ist sicher begrüßenswert, ihre Vorstellungen durch den Abschluß von Auslieferungsver-

[33] Daß „besondere Rechtfertigungsgründe" die Übernahme einseitig belastender Verpflichtungen zulassen können, betont SCHAUMANN, a. a. O.

[34] Vgl. H. MEYER, Einlieferung, S. 40 f.; REISNER, Voraussetzungen, S. 38—40; RGSt. 70, 304 (309 f.); RiVASt. Nr. 15 I.

[35] Formulierung von GRÜTZNER, „Auslieferung", S. 120.

[36] Die Reziprozität bietet eine weitere Begründung für das Erfordernis der Strafbarkeit der verfolgten Tat nach dem Recht des ersuchenden Staats: Dieser wäre, hätte er einen Anspruch auf Auslieferung trotz Straflosigkeit der Tat nach eigenem Recht, zu mehr berechtigt, als er im umgekehrten Fall an Gegenleistung erbringen müßte. Bei Straflosigkeit der Tat im ersuchten Staat erhielte er nämlich nie ein Auslieferungsbegehren. Vgl., allerdings etwas anders in der Formulierung, METTGENBERG-DOERNER, S. 204 f., und DONNEDIEU DE VABRES, traité, Nr. 1784, S. 983, FN 1.

[37] Vgl. dazu KRAUS, 34. DJT, II, S. 330—2; METTGENBERG, AöR 25, 137; LEDERLE, ZStW 48, 474; SENFTNER, S. 39; SAINT-AUBIN, traité, I, S. 736 f.

trägen auf einen Nenner zu bringen versuchen. Man darf auch nicht vergessen, daß die Reziprozität einen heilsamen Druck auf den ersuchten Staat ausübt, das innerstaatliche Recht des ersuchenden Staates und die Vereinbarungen mit diesem zu beachten. So stärkt die Gegenseitigkeit ganz allgemein die Selbstdisziplin und das Verantwortungsgefühl der Staaten, die am Auslieferungsverkehr teilhaben; vor allem aber verhindert sie, daß die Auslieferung letztlich „vom Belieben des Stärkeren" abhängt[38].

3. Besonders im deutschen gesetzlichen Auslieferungsrecht hat die Gegenseitigkeit eine alles beherrschende Ausgestaltung gefunden[39]; sie wird geradezu als „condicio sine qua non"[40] des Auslieferungsverkehrs bezeichnet und soll eine grundlegende Auslegungsregel für die Auslieferungsverträge darstellen[41]. Seine Normierung hat dieser Gedanke in § 4 Z. 1 DAG gefunden, der als Voraussetzung der Auslieferung die Verbürgung der Gegenseitigkeit verlangt[42]. Danach genügt nicht, daß einer ‚unverbindlichen' tatsächlichen Übung entsprechend der ersuchte Staat im umgekehrt gelagerten Fall stets eine Einlieferung erhalten hat — das lassen die meisten Staaten genügen[43] — es muß vielmehr die rechtlich begründete Erwartung bestehen, daß im umgekehrten Fall (nach der noch zu behandelnden Umstellung des Sachverhaltes) gemäß dem eigenen Recht eine Auslieferung in Anspruch genommen werden könnte und nach dem ausländischen

---

[38] Jescheck, ZStW 66, 527 f.; Mettgenberg, AöR 25, 137.

[39] Betont von Mettgenberg-Doerner, S. 45, 279, und passim; H. Meyer, Einlieferung, S. 41 f.

Die Gründe hierfür liegen auf der Hand: „Das starre Prinzip der Gegenseitigkeit sollte zu einem wesentlichen Teil dazu dienen, wenigstens auf einem internationalen Sektor die durch den Versailler Vertrag erfolgte Diskriminierung Deutschlands aufzuheben und den Anspruch auf Gleichberechtigung zu verwirklichen." (Grützner, GA 1957, 377). Das DAG wollte die Stellung der deutschen Regierung besonders stärken, vgl. Schoeneberg, S. 75. Allerdings wurde auch schon bei Erlaß des DAG eine Lockerung dieser starren Haltung befürwortet, s. Spiegel, S. 47 f.

[40] H. Meyer, Einlieferung, S. 58.

[41] von Martitz, II, S. 57; Reucher, S. 34; Hahn, S. 29; Mettgenberg, AöR 25, 100, 139, und passim; Donnedieu de Vabres, Revue générale 1928, 554.

[42] Gegen ein solches gesetzlich niedergelegtes Gegenseitigkeitserfordernis vor allem Donnedieu de Vabres, Revue générale 1928, 555/8, und passim: Die Gegenseitigkeit habe ihren Platz im vertraglichen Auslieferungsbereich, der zwingend die Voraussetzungen der Auslieferung festsetze; in einem Gesetz, das nur die Zulässigkeitsbedingungen der Auslieferung festzulegen habe, ohne daß bei ihrem Vorliegen der ersuchte Staat zur Rechtshilfe verpflichtet sei, sei ihre Statuierung nicht angebracht.

[43] Grützner, „Auslieferung", S. 120; Herlan, JZ 1966, 176.

Recht gewährt werden müßte[44]. Dabei hat die Gegenseitigkeit in dieser strengen Form sowohl generell im vertraglichen Auslieferungsverkehr als auch gerade für den in Frage stehenden Fall gewährtet zu sein[45]. Mithin bedeutet die Bedingung der Verbürgung der Gegenseitigkeit eine starke Erschwerung des Auslieferungsverkehrs[46]. Eins ist allerdings bei aller Strenge des deutschen Gegenseitigkeitsbegriffs zu betonen: Da es nur auf die Rechtslage ankommt, geht es nicht um eine tatsächliche Gleichheit von Leistung und Gegenleistung[47]. Ein Blick in die Auslieferungsstatistik macht sofort klar, daß der Anzahl von Auslieferungen aus Deutschland keinesfalls die gleiche Summe von Einlieferungen entspricht[48].

4. Bei dem überragenden Gewicht, das der Gegenseitigkeit im Auslieferungsrecht zugewiesen wird, und bei der großen Strenge, mit der sie im deutschen Recht gehandhabt wird, wundert es nicht, daß der beidseitigen Strafbarkeit, durch die allein die Reziprozität aufrechtzuerhalten ist, lediglich eine dienende Funktion zugedacht wird. Die beidseitige Strafbarkeit wird als das Mittel zum Zweck betrachtet, die Reziprozität zu sichern, einen Eigenwert hat sie nicht[49]. Die

---

[44] Mettgenberg, „Rechtshilfe", S. 700 f.; Bruns, S. 728; Reisner, Voraussetzungen, S. 59 f.; Reucher, S. 36; Ammon, DStR 1934, 107; Lederle, ZStW 48, 471 f.; Senftner, S. 10, 40; Mettgenberg-Doerner, S. 45, 280/2, 285 f.; RiVASt Nr. 15 I; RGSt. 38, 75 (89), zu § 102 StGB.

[45] Mettgenberg, DJ 1934, 1555, zu OLG Dresden daselbst, S. 1554 f.; Mettgenberg-Doerner, S. 281.

Allerdings kann dieses Erfordernis auch in anderer Form als durch vertragliche Zusicherungen gewahrt werden, so z. B. durch Gegenrechtserklärungen (Mettgenberg-Doerner, S. 185 f.).

[46] Das geben auch Mettgenberg-Doerner, S. 281, als unbedingte Verfechter der Reziprozität zu. Vgl. auch Saurma-Jeltsch, S. 21; Herlan, JZ 1966, 176.

[47] Mettgenberg, AöR 25, 113; Saurma-Jeltsch, S. 20; Mettgenberg-Doerner, S. 279 f.

Daß eine „ideale Gegenseitigkeit" eigentlich auch eine Übereinstimmung der Zahl von Ein- und Auslieferungen voraussetzte, darauf weist treffend Donnedieu de Vabres, Revue générale 1928, 566, hin.

[48] Die deutsche Auslieferungsstatistik 1964 meldet (S. 2, a. a. O.) 162 bewilligte Auslieferungen (zuzüglich 11 bewilligte Nachtragsersuchen) und (S. 3, a. a. O.) 257 erhaltene Einlieferungen (zuzüglich 14 bewilligte Nachtragsersuchen). Von Ammon (DJ 1936, 1153) teilt folgende Zahlen für die Jahre 1928 bis 1935 mit: 963 bewilligte Auslieferungen aus und 1079 bewilligte Einlieferungen nach Deutschland. Vgl. auch für die Schweiz die Angaben von Teichmann, S. 366: In den Jahren 1890 bis 1899 erhielt die Schweiz 695 Einlieferungen und bewilligte 2099 Auslieferungen. Hier also eine besonders deutliche Diskrepanz.

[49] Auch dafür grundlegend Mettgenberg, AöR 25, 88 f.; derselbe, 34. DJT, I, S. 44; Kraus, 34. DJT, II, S. 330 (allerdings modifiziert); Senftner, S 10; Hahn, S. 29; Deuringer, S. 9; Ritter, S. 17; Reisner, Voraus-

Gegenseitigkeit — so verstanden — drückt der beidseitigen Strafbarkeit völlig ihren Stempel auf, fordert sie, immer auf eine entsprechende Gegenleistung ausgehend, einschränkungslos. Die Arbeit wird noch zeigen, daß die Reziprozität in dieser strengen Ausformung für die Voraussetzung der beidseitigen Verfolgbarkeit erhebliche Konsequenzen hat. Schon im Bereich der beidseitigen Strafbarkeit ist aber aus dogmatischen Gründen, weniger vom allgemein anerkannten Ergebnis her, darauf hinzuweisen, daß das Verhältnis von Gegenseitigkeit und identischer Norm anders gesehen werden muß. Beide Rechtsinstitute haben nämlich verschiedene Wurzeln, verschiedene Ziele[50].

Die Gegenseitigkeit entstammt dem Erfordernis der Wahrung der Souveränität, ist Ausdruck der Gleichordnung der Staaten, hat mithin „staatspolitischen“ Charakter. Die beidseitige Strafbarkeit dagegen besitzt „kriminalpolitische“ Natur[51], soll verhindern, daß einem vom ersuchenden Staat Verfolgten durch den ersuchten Staat nach dessen Anschauungen Unrecht getan wird. Sie verlangt also eine gewisse „Kongruenz strafrechtlicher Vorstellungen“[52], eine „Homogenität der Strafensysteme“[53]. Beidseitige Strafbarkeit und Reziprozität sind nach allem von der juristischen Qualifikation her deutlich zu trennen, und auch der Ergebnisse wegen ist eine Trennung ratsam[54]. Mit der Hervorhebung der dogmatischen Unterschiede zwischen beiden Rechtsinstituten ist bereits der erste Schritt auf dem Weg zur Beantwortung der Frage gemacht, ob der Gegenseitigkeit ihre überragende Rolle im Auslieferungsrecht zu Recht eingeräumt wird. Die Arbeit wird besonders in den folgenden §§ 3 und 4, aber auch an vielen anderen Stellen zeigen, daß bei all ihren Vorteilen die Gegenseitigkeit in der „strengen, fast pedantischen“[55] Ausprägung, in der sie das deutsche Auslieferungsrecht konzipiert hat, zu gänzlich unvertretbaren Konsequenzen führen kann.

5. Nach allem läßt sich zusammenfassend an dieser Stelle folgendes sagen: Wie die Gegenseitigkeit auch verstanden wird und welche Stellung ihr innerhalb des Auslieferungsrechtes eingeräumt wird, sie gibt eine weitere Begründung für die Notwendigkeit der

---

setzungen, S. 40; H. Meyer, Einlieferung, S. 108; Donnedieu de Vabres, Revue générale 1928, 555.

[50] Treffend bemerkt von Kraus, 34. DJT, II, S. 331; vgl. auch Schoeneberg, S. 76 f.; Lederle, ZStW 48, 474. Ähnlich Arge, S. 77.

[51] Dieses Begriffspaar stellt Grützner, ZStW 68, 508—510, heraus.

[52] Kraus, 34. DJT, II, S. 331.

[53] Von Bar, Lehrbuch, S. 290.

[54] Grützner, a. a. O., und S. 511 f., sowie die These 5 der Oxforder Resolutionen:

„La condition de la réciprocité, en cette matière, peut être commandée par la politique; elle n'est pas exigée par la justice.“

[55] Besonders kritisiert von Jescheck, ZStW 66, 520; Grützner, ZStW 68, 507 ff., und „Auslieferung“, S. 120.

beidseitigen Strafbarkeit[56]. Wenn man so will, ist die Gegenseitigkeit der „Zwillingsbruder" der beidseitigen Strafbarkeit[57]: Letztere hat Eigenwert und dient nicht lediglich zur Aufrechterhaltung der ersteren. Damit ist auch klargestellt, daß selbst bei — darauf wird noch einzugehen sein — großzügigster Handhabung der Reziprozität, zu der im übrigen auch die Anhänger ihrer strengen Konzeption raten[58], das Prinzip der beidseitigen Strafbarkeit als selbständiges Institut immer noch zu gelten hat[59], da überwiegende Gründe der Souveränität und Rechtsstaatlichkeit (vom ersuchten Staat aus gesehen) für seine Notwendigkeit sprechen[60].

III. Ein anderes Argument für die Beibehaltung der beidseitigen Strafbarkeit ergibt sich dann, wenn man die Auslieferung als Ausübung der Strafrechtspflege des ersuchten Staates ansieht[61], als „corollaire du droit de punir" des ersuchten Staates[62]. Die schärfste Ausprägung hat diese Lehre vom Strafcharakter der Auslieferung bei LAMMASCH erhalten, nach dem Voraussetzung der Auslieferung ist, daß zwei Staaten wegen derselben Tat einen eigenen Strafanspruch gegen den verfolgten Täter haben[63]. Setzt die Auslieferung aber einen Strafanspruch des ersuchten Staates voraus, dann muß die verfolgte Tat auch nach dessen Recht strafbar sein. Die Auslieferung kann jedoch nicht als Ausübung der Strafrechtspflege des ersuchten Staates angesehen werden[64]; damit entfällt diese Begründung für die Notwendigkeit der beidseitigen Strafbarkeit.

1. Vor allem spricht dagegen die Ausgestaltung des gerichtlichen Verfahrens im Auslieferungsverkehr. Von einer Ausübung der Strafrechtspflege des ersuchten Staates könnte nur dann die Rede sein, wenn letztlich seine Gerichte darüber entschieden, ob eine Auslieferung stattfinden soll oder nicht[65]. Das ist aber nicht der Fall. Das Gewicht der gerichtlichen Erkenntnisse über die Zulässigkeit der Auslieferung ist ein ganz verschiedenes. Nur ganz selten entscheidet nämlich ein Gericht direkt über die Bewilligung einer Auslieferung; in aller Regel steht es den Regierungen frei, auch bei gerichtlich be-

---

[56] So stellen Souveränitäts- und Gerechtigkeitsgesichtspunkte in den Vordergrund: SCHULTZ, Auslieferungsrecht, S. 313; GARBANI, S. 44; GRÜTZNER, ZStW 68, 512; derselbe, „Auslieferung", S. 120; vgl. auch LAMMASCH, Auslieferungspflicht, S. 44.

[57] Formulierung von KRAUS, 34. DJT, II, S. 331.

[58] Vgl. z. B. METTGENBERG, AöR 25, 136/8.

[59] Hier anders JESCHECK, ZStW 66, 531 f.

[60] Gegen JESCHECK besonders GRÜTZNER, ZStW 68, 512.

[61] S. FN 5 in Kapitel I, § 1, S. 4.

[62] LE POITTEVIN, Nr. 160, S. 195.

[63] Auslieferungspflicht, S. 43; vgl. auch HAMAKER, AöR 1, 291 f., und 306.

[64] Gegen diese Ansicht besonders SCHULTZ, Auslieferungsrecht, S. 14 f.; BENZ, S. 7—14; H. MEYER, Einlieferung, S. 10 ff., 14; BINDING, S. 397 f.

[65] S. dazu vor allem H. MEYER, a. a. O., S. 15 f.; BEHR, S. 100 ff.

jahter Zulässigkeit die Auslieferung zu verweigern, wenn keine vertraglichen Verpflichtungen bestehen (darauf wird noch einzugehen sein), liegt die Entscheidung über ein Auslieferungsbegehren letztlich in den Händen der politischen Behörden[66]. Die Einschaltung der Gerichte, die zum ersten Mal durch das belg. AuslGes. von 1833 bestimmt wurde, hat zudem ganz andere Gründe. Sie sollte den ersuchten Staat für den Fall der Auslieferungsverweigerung von Vorwürfen des ersuchenden Staates freistellen[67], einen Mißbrauch der Auslieferungsbewilligung verhindern und dem Verfolgten die Sicherungen eines geordneten Verfahrens geben[68].

2. Außerdem werden viele Fälle, in denen auch der ersuchte Staat einen Strafanspruch hat, meist nicht zur Auslieferung führen; er bestraft dann grundsätzlich selbst[69]. Bei den üblichen Umschreibungen des internationalen Strafrechts[70] der einzelnen Länder besitzt zudem

---

[66] Das belg. AuslGes. von 1874 weist dem gerichtlichen Spruch nur die Bedeutung einer gutachtlichen Stellungnahme zu (Art. 3 III, VI). In der Schweiz haben die Gerichte dann die alleinige Entscheidungsbefugnis darüber, ob eine Auslieferung stattfindet oder nicht, wenn der Verfolgte Einwände aus dem schwz. AuslGes., dem Staatsvertrag oder einer Gegenrechtserklärung erhebt (Art. 23, 34 AuslGes.). Ob trotzdem die Regierung noch eigene Regelungsbefugnisse hat, ist umstritten, vgl. Schultz, Auslieferungsrecht, S. 250 f. In den anderen Fällen entscheidet jedenfalls die Regierung, wie sich aus Art. 1 I, 16, 22, 29 AuslGes. ergibt, und das sind praktisch 99 % der Begehren (s. Delaquis, ZStW 48, 483; Schultz, a. a. O., S. 155). In vielen Staaten bindet, wie oben im Text ausgeführt, das gerichtliche Erkenntnis die Regierung nur, wenn es die Zulässigkeit der Auslieferung verneint (brit. AuslGes. von 1870, sec. 10, 11; schwed. AuslGes., §§ 18 I, 20 I 2; norw. AuslGes., §§ 11 I, 16 S. 1, 17 I 1; DAG, §§ 7, 44). In manchen Ländern geschieht die Auslieferung im Verfolg der traditionellen Auffassung ohne Einschaltung der Gerichte, als Staatsakt (z. B. in Dänemark).

S. zum ganzen Grützner, „Auslieferung", S. 122; H. Meyer, a. a. O., S. 15 ff.; Schultz, a. a. O., S. 151 ff.; Doka, S. 80—106; Reisner, Voraussetzungen, S. 117; Spiegel, S. 65—70; Lemontey, S. 54 ff.

[67] Vgl. von Liszt, 16. DJT, I, S. 16; Sommer, LZ 1925, 628.

[68] H. Meyer, Einlieferung, S. 15; von Martitz, II, S. 91; Senftner, S. 56; Nitzsche, DJZ 1929, 888 f.; BGHSt. 2, 44 (47—9); Roux, S. 128; Lemontey, S. 55. Vgl. auch Doerner, DJZ 1930, 403, der auf die beruhigende Wirkung für die Öffentlichkeit hinweist.

[69] So auch Benz, S. 9, 12; Dahm, S. 291 (die Auslieferung sei gegenüber der Bestrafung subsidiär). Allerdings muß der ersuchte Staat den eigenen Strafanspruch nicht als Auslieferungshindernis berücksichtigen, vgl. Art. 7 I, 8 europ. AuslAbk., Art. 7 dt.-österr. AuslVer.

Zur Konkurrenz der Strafkompetenzen und Auslieferungsbegehren mehrerer Staaten vgl. Kapitel III § 5 C, S. 129.

[70] Internationales Strafrecht bedeutet hier die Gesamtheit der Regeln des ersuchten Staats über den örtlichen Geltungsbereich seines Strafrechts. Vgl. dazu Jescheck, InterRDipl 1956, 76; Grützner, NJW 1961, 2185,

der ersuchte Staat für die meisten Auslieferungsfälle (Auslandstaten von Ausländern!) keine Strafkompetenz. Und dann hätte nach dieser Ansicht konsequenterweise eine Auslieferung zu unterbleiben.

3. Auch kommt in der Prüfung der Strafbarkeit der verfolgten Tat nach dem Recht des ersuchten Staates nicht etwa der Strafcharakter der Auslieferung zum Ausdruck. Der ersuchte Staat wendet nicht sein Strafrecht unmittelbar auf den Fall an[71]: Spricht er im Auslieferungsverfahren die Zulässigkeit der Auslieferung aus, so bedeutet das weder eine Verurteilung noch eine Bestrafung des Verfolgten[72].

Die Auslieferung kann nach allem nicht als Ausübung der Strafrechtspflege des ersuchten Staates angesehen werden. Die Forderung, ihre Voraussetzung müsse sein, daß das Zufluchtsland einen Strafanspruch habe, ist nicht haltbar[73]. Damit entfällt diese Begründung für die Notwendigkeit des Prinzips der identischen Norm[74].

---

und von Liszt, 16. DJT, I, S. 15, der auch die anderen möglichen Inhalte dieses Begriffes aufzeigt.

[71] Lammasch scheint bei seiner Auffassung — darauf machen besonders Schultz, Auslieferungsrecht, S. 14, und Benz, S. 11, aufmerksam — vor allem von §§ 39, 40 österr. StG beeinflußt zu sein, die eine subsidiäre österr. Strafkompetenz gegenüber einem nicht ausgelieferten Täter statuieren. — Auf diesen Bestimmungen beruht auch die Regelung von § 4 II Z. 3 StGB.

[72] So besonders H. Meyer, Einlieferung, S. 13, 15 ff.; von Martitz, II, S. 91.

[73] Von Rohland, S. 10, FN 3; Schultz, Auslieferungsrecht, S. 14.

[74] Lammasch hatte seinem Standpunkt entsprechend eine andere Konzeption vom Prinzip der identischen Norm, dem er den Namen gegeben hat, als diese Arbeit. Für ihn bedeutete das Prinzip den Ausdruck der Regel, daß jeder Staat gegen an sich unsittliche Handlungen, deren Unterlassen nicht erst durch ein besonderes staatliches Gebot zur Pflicht werde, einen eigenen Strafanspruch habe (Auslieferungspflicht, S. 29, 42). Diesen Strafanspruch müsse und dürfe ein ersuchter Staat aber in aller Regel nicht selber durchsetzen; er könne ihn an andere Staaten „abtreten", und das sei gemäß dem Satz „nemo plus iuris transferre potest quam ipse habet" nicht möglich, wenn er keinen eigenen Strafanspruch habe.

Genausowenig wie in Lammaschs Sinne darf der Begriff der identischen Norm als „ius commune" (Ausdruck von von Martitz, I, S. 442) verstanden werden, dergestalt, daß die Auslieferung die gleiche Geltung einer Strafnorm in den Teilnahmestaaten voraussetze (dagegen besonders Schultz, Auslieferungsrecht, S. 312: Ist das der Fall, stellt sich die Frage der beidseitigen Strafbarkeit gar nicht erst; vgl. auch Th. Meyer, S. 48; von Bar, GS 34, 485 FN') oder aber etwa die Anerkennung inhaltlich gleicher Strafgesetze in allen zivilisierten Staaten (dagegen Lammasch selbst, bei Holtzendorff, S. 483: Die Strafbarkeit der verfolgten Tat auch in einem dritten Staat braucht den ersuchenden und den ersuchten

IV. *Die Gegner des Prinzips der identischen Norm*

Die hier für die Notwendigkeit des Prinzips beidseitiger Strafbarkeit dargelegten Argumente sind unabhängig davon, welchen Standpunkt man zur rechtlichen Natur der Auslieferung einnimmt. Es ist aber nicht zu verkennen, daß die Bedingung der Strafbarkeit der verfolgten Tat nach dem Recht des ersuchten Staates von der Logik her zunächst einen Widerspruch zum Rechtshilfecharakter dieses Rechtsinstituts darstellt[75]. Ohne die Gebote der Rechtsstaatlichkeit, Souveränität und Gerechtigkeit zu berücksichtigen, verlangen dementsprechend manche Vertreter der Rechtshilfenatur der Auslieferung nur die Strafbarkeit der verfolgten Tat nach dem Recht des ersuchenden Staates und wenden sich entschieden gegen die Voraussetzung der Strafbarkeit nach dem Recht des ersuchten Staates[76]: Diene die Auslieferung dazu, Hilfestellung zur Durchsetzung eines fremden Strafanspruches zu leisten, dürfe es nicht darauf ankommen, wie die Strafbarkeit der Tat nach dem Recht des ersuchten Staates zu beurteilen sei. Rechte des letzteren seien in keiner Weise verletzt worden. Es könnte sogar der Fall eintreten, daß ein Verbrecher nur deshalb nicht ausgeliefert werde, weil eine entsprechende Gesetzesvorlage im ersuchten Staat noch nicht verabschiedet worden sei[77]. Die Gründe, warum der ersuchende Staat im Gegensatz zum ersuchten eine Handlung inkriminiere, könnten zudem die verschiedensten, wegen völlig anders gearteter Verhältnisse durchaus gerechtfertigte Ursachen haben[78]. Und vor allem: Der ersuchte Staat dürfe nicht durch die Forderung auf Nachprüfung der Strafbarkeit nach

---

Staat nicht zu kümmern). Im Sinne eines „ius commune" verstand aber Hélie, II, § 134 a. E., das Prinzip der identischen Norm.

Die Formulierung „identische Norm" ist also, obwohl sie von der neueren Literatur gänzlich in der Konzeption der vorliegenden Arbeit gebraucht wird, nicht unproblematisch.

[75] Das bemerken auch von Martitz (II, S. 61, FN 12) und von Liszt (Völkerrecht, S. 234, im Gegensatz zu 16. DJT, I, S. 13 f., wo er noch gegen die identische Norm eintrat). Beide zeigen aber auf, daß aus der Konstruktion der Auslieferung als Rechtshilfe allein eine solche Konsequenz nicht gezogen werden darf.

[76] Vgl. allgemein Travers, entr'aide, Nr. 58; droit pénal, IV, Nr. 2150, S. 655—657; Clunet 48, 56—60; Fiore-Antoine, II, Nr. 332, S. 498; Bernard, II, S. 23, 210; Donnedieu de Vabres, Revue générale 1928, 566—568 (s. noch traité, Nr. 1786, S. 983 f.); Meitani, S. 55 f.; von Liszt, 16. DJT, I, S. 13 ff. (anders später in seinem Völkerrecht, S. 234). Zweifelnd auch Martens, § 91, S. 52 f., da die Strafrechte der zivilisierten Staaten sowieso alle „à peu près identiques" seien, was aber, wie die Arbeit noch zeigen wird, nicht stimmt. Ebenfalls kritisch Mérignhac, S. 749. In neuester Zeit gänzlich ablehnend Jescheck, ZStW 66, 531.

[77] Travers, entr'aide, Nr. 58.

[78] Travers, droit pénal, IV, Nr. 2150, S. 657; Jescheck, ZStW 66, 531.

seinen Gesetzen dem ersuchenden Staat seine eigenen Anschauungen aufdrängen[79].

1. Diese Begründung und die sonst noch angeführten Argumente sind aber nicht schlüssig.

a) Sicherlich ist es für einen Staat von Vorteil, wenn er soviel fremde Rechtsbrecher ins Ausland ausliefert wie möglich, um nicht zu einem Tummelplatz für sie zu werden. Wenn ein ersuchter Staat jedoch unter Zugrundelegung seines Rechts feststellt, daß der Flüchtling nicht strafwürdig gehandelt hat, ist er eben nach seinen Anschauungen kein Tummelplatz ausländischer Verbrecher. Auch gibt er durch die Verweigerung der Auslieferung von Personen, die durch die Verletzung ausländischer Bestimmungen angeblich einen „compte restreint" gegenüber den Gesetzen überhaupt gezeigt haben, kein „exemple dangereux", wie behauptet wird[80]. Die Mißachtung des inneren Rechts eines anderen Staates, das vom eigenen unterschiedlich ist, braucht ihn auf dem Gebiet des Strafrechts und der Auslieferung nicht zu interessieren. Wieso er dadurch ein gefährliches Beispiel geben sollte, ist nicht recht begreiflich.

b) Selbst wenn man davon ausgeht, der ersuchte Staat sei von der verfolgten Tat unberührt[81], so hat dieser doch — wie oben dargestellt — gute Gründe, sein Strafrecht der Beurteilung des Falles zugrundezulegen[82]: Um herauszufinden, ob er nach seinen Vorstellungen dem Verfolgten durch eine Auslieferung Unrecht tun und so gegen die souveräne Gestaltung des eigenen Strafrechts vorgehen würde und ob er sich für den betreffenden Sachverhalt seinerseits zur Auslieferung verpflichtet hat (Gegenseitigkeit!).

Die im ersuchenden Staat für die vom ersuchten Staat abweichende Gestaltung des Strafrechts maßgeblichen besonderen Umstände können zwar manchmal dem ersuchten Staat gebieten, seine eigene Rechtsgestaltung unberücksichtigt zu lassen, jedoch nur dann, wenn, wie noch behandelt wird, die „besonderen Umstände" nicht die anderen Vorstellungen des ersuchenden Staates von der Gerechtigkeit und der Strafwürdigkeit der verfolgten Tat betreffen. Diesen gegenüber jedenfalls hat der ersuchte Staat seine eigenen Ansichten durchzusetzen. Wenn sich der ersuchende Staat mit einer Bitte an den ersuch-

---

[79] So besonders Travers, entr'aide, Nr. 58; Fiore-Antoine, II, Nr. 332, S. 498. Ähnlich spricht Donnedieu de Vabres (Revue générale 1928, 568) von einer „usurpation de compétence" durch den ersuchten Staat.

[80] Von Travers, droit pénal, IV, Nr. 2150, S. 656.

[81] Dieser Behauptung kann sowieso kaum gefolgt werden: „Schwere Verbrechen verletzen das Rechtsgefühl der Kulturwelt in ihrer Gesamtheit" (Dahm, S. 275; ähnlich Mercier, S. 190; Reisner, Voraussetzungen, S. 4 f.; Hall, S. 68, und vor allem Roux, S. 81, 128, und passim).

[82] Wie hier Benz, S. 18 ff.; Mettgenberg, AöR 25, 52 f.

ten wendet, muß er es schon gelten lassen, daß dieser nach eigenen Anschauungen handelt[83].

Auch rechtfertigt nicht bereits die Tatsache der Bestrafung in einem zivilisierten Staat überhaupt die Auslieferung (hier: zur Strafvollstreckung); denn auch in Staaten gleicher Zivilisationsstufe und mit im wesentlichen gleichen kulturellen Errungenschaften können — entsprechend dem Volkscharakter — die Ansichten auf dem Gebiet des Strafrechts stark auseinandergehen.

c) Die Forderung, der ersuchte Staat dürfe dem ersuchenden nicht seine eigenen Vorstellungen aufdrängen und nicht so tun, als wenn „. . . des Etats étrangers (ne) puissent (pas) avoir une idée propre“[84] ist durchaus „umkehrbar“[85]: Denn darf der ersuchte Staat die Strafbarkeit der verfolgten Tat nach eigenem Recht nicht nachprüfen, so heißt das für ihn, daß er seine eigenen Anschauungen nicht zur Geltung bringen kann und daß ihm fremde aufgezwungen werden.

d) Ebensowenig schlägt der Einwand durch, wegen der Bedingung beidseitiger Strafbarkeit könnte einmal ein Täter trotz einer entsprechenden Gesetzesvorlage im Zufluchtsland nicht ausgeliefert werden. Dies wird sowieso selten sein, und selbst wenn ein solcher Entwurf dann Gesetz geworden ist, wird kaum Strafbarkeit im Sinne eines Auslieferungsdeliktes statuiert werden, da die Vertragsstaaten keine Delikte in den vertraglichen Katalog aufnehmen werden, denen im innerstaatlichen Recht (noch) nicht ein bestimmtes Delikt entspricht[86].

e) Das Argument, da die Auslieferung kein Akt der Strafverfolgung sei, sondern „ein Akt sachlich gebotener Rechtshilfe[87] für

---

[83] So Schultz, Auslieferungsrecht, S. 313 f., besonders für den vertraglichen Rechtshilfeverkehr.

[84] Travers, entr'aide, Nr. 58; droit pénal, IV, Nr. 2150, S. 656 f.

[85] So vor allem Schultz, a. a. O., S. 313; Benz, S. 15, 17 f., 19.

[86] Das gilt besonders für den Fall, da die Auslieferungsdelikte einzeln aufgeführt sind, vgl. Benz, S. 20 f., der auch das Beispiel bringt, wo dieser Einwand einmal erheblich werden könnte: Das Auslieferungsdelikt heißt Diebstahl; Diebstahl unter Verwandten wurde im ersuchenden Staat immer schon bestraft und soll nunmehr auch im ersuchten inkriminiert werden. Bei den für das Auslieferungsrecht besonders wichtigen Taten von schwerer Kriminalität wird eine entsprechende Situation wohl fast nie eintreten. Im übrigen aber fällt dieser Nachteil der beidseitigen Strafbarkeit bei ihren sonstigen Vorteilen nicht ins Gewicht; das gilt auch für die Verträge, die z. B. generell Verbrechen und Vergehen als zur Auslieferung verpflichtende Delikte aufgenommen haben. Dort könnte sich immerhin der von Travers (entr'aide, Nr. 58) befürchtete Fall öfter ereignen.

[87] Überhaupt darf die Charakterisierung der Auslieferung als Rechtshilfeakt nicht dazu führen, daß die Unterschiede zur Rechtshilfe im innerstaatlichen Bereich übersehen werden. Darauf weisen vornehmlich Benz

befreundete Staaten", komme es auf die Sicherungen nicht an, die das Recht des ersuchten Staates bei einer Strafverfolgung biete[88], verkennt, daß sich rechtsstaatliche Garantiefunktionen keineswegs auf das eigentliche Strafverfahren beschränken. Für den verfolgten Täter bedeutet es einen genauso schweren Eingriff in seine persönliche Freiheit, ob er nun z. B. in Auslieferungshaft oder aber in Untersuchungshaft genommen wird. Ebenso widerspricht es eindeutig rechtsstaatsgemäßem Denken, die beidseitige Strafbarkeit insoweit aufzugehen, als die „gesunde Weltanschauung" Bestrafung fordere[89]. Und im Interesse einer Ausweitung des Auslieferungsverkehrs auf die beidseitige Strafbarkeit zu verzichten, würde bedeuten, daß der ersuchte Staat auch zur Auslieferung für im ersuchenden Staat völlig neu geschaffene, unter Umständen mit seinen Vorstellungen im krassen Gegensatz stehende Delikte verpflichtet würde. Auch hier gebietet mithin der Grundsatz der Rechtsstaatlichkeit dem ersuchten Staat das Beharren auf dem Prinzip beidseitiger Strafbarkeit[90].

2. Immerhin läßt auch die Gegenmeinung ein Auslieferungsbegehren dann scheitern, wenn die Bewilligung dem ordre public des ersuchten Staates zuwiderlaufen würde[91]. Doch der Begriff des ordre public ist zu unbestimmt, um allein eine sichere Grundlage des Auslieferungsverkehrs abzugeben[92]. Vor allem besteht im vertraglichen Verkehr, wenn man unbeschränkt die Berufung des ersuchten Staats auf seinen ordre public zuläßt, die Gefahr, daß dieser willkürlich vertraglich übernommene Pflichten verletzt[93]. Im außervertraglichen Auslieferungsverkehr steht einer Berücksichtigung des ordre public nichts entgegen; doch hier ist der ersuchte Staat sowieso in seiner Entscheidung frei, da er gemäß herrschender Meinung im Völker-

---

(S. 14 f.) und H. Meyer (Einlieferung, S. 17 f.) hin. Die nationale Rechtshilfe z. B. als Unterstützung eines Gerichts durch das andere (s. §§ 156 ff. GVG) geschieht unter einer für beide Partner gleicherweise geltenden Rechtsordnung; bei ihr kann sich die Frage des Verstoßes gegen das geltende Recht unter Aspekten wie hier für das ersuchte Gericht nicht stellen.

[88] S. neuestens Jescheck, ZStW 66, 531 f.

[89] So aber Schniederkötter, S. 83 ff. (86).

[90] Das stellt auch Delaquis (ZStrR 40, 165 f.) heraus, obwohl er — mit Recht — eine Ausdehnung des Auslieferungsverkehrs stark befürwortet.

[91] Travers, droit pénal, IV, Nr. 2150, S. 657 (mit Bezug auf die Rechtsgrundsätze der zivilisierten Staaten); Fiore-Antoine, II, Nr. 330, S. 497; Nr. 341, S. 521 ff.

[92] Vgl. die kritische FN von Antoine (S. 532, Nr. 1, bei Fiore) zu dem von Fiore im Zusammenhang mit der Auslieferung bei drohender Todesstrafe gebrachten „loi de la nature" („vague et ... peu précis").

[93] Zum ganzen Schultz, Auslieferungsrecht, S. 239 f. Die Berücksichtigung des ordre public lehnten ab BGE 76 I 130 (137 f. E 4) und (sehr vorsichtig) 78 I 235 (244 E 3 a) bb). Die französische Praxis ist allerdings hier recht großzügig, vgl. Lemontey, S. 185 f. S. auch Kreppel, S. 151—154.

recht ohne Bestehen eines Auslieferungsvertrages nicht zur Auslieferung verpflichtet ist[94].

Der Ansicht, die die Voraussetzung der beidseitigen Strafbarkeit der verfolgten Tat für die Zulässigkeit der Auslieferung ablehnt, kann nach allem nicht zugestimmt werden.

C. Das Ergebnis

1. Die bisherigen Ausführungen haben gezeigt, daß die Wahrung des Grundsatzes beidseitiger Strafbarkeit im Auslieferungsrecht den angemessenen Ausgleich der sich in einem Auslieferungsfall gegenüberstehenden Interessen und Rechte ermöglicht, nämlich des Interesses des ersuchenden Staates an der Durchsetzung seines Strafanspruches, des Interesses der internationalen Öffentlichkeit an der gerechten Bestrafung von Verbrechern, des Rechtes des Verfolgten auf Wahrung seiner persönlichen Freiheit, des Grundsatzes, daß einem Verbrecher die Flucht ins Ausland nichts nutzen soll, des Rechtes des ersuchten Staates auf Asylgewährung[95] und Durchsetzung seiner strafrechtlichen Vorstellungen auf dem für die Souveränität so

---

[94] DAHM, S. 279; BERBER, S. 390; VON LISZT, Völkerrecht, S. 231; VERDROSS, S. 646 f.; GUGGENHEIM, S. 323 f.; OPPENHEIM-LAUTERPACHT, § 327, S. 696; WOLGAST, S. 27; FRANK, KAMPF, S. 8; VON BAR, Lehrbuch, S. 292; SCHULTZ, Auslieferungsrecht, S. 8 f.; MOORE, §§ 9—15, S. 13 ff.; HACKWORTH, § 306, S. 12; LAWRENCE, S. 236; HALL, S. 69; CALVO, § 1253, S. 404; SAINT-AUBIN, traité, I, S. 36 f.; DESPAGNET, § 276, S. 401; MERCIER, S. 180 f.

Abweichend vor allem die französische Doktrin, vgl. HÉLIE, II, S. 662; BERNARD, II, S. 18; FAUCHILLE-BONFILS, Nr. 457, S. 993 (ein Recht, die Auslieferung zu verweigern, bestehe nur bei einem „injuste" oder „irrégulière" erscheinenden Ersuchen); ähnlich auch MEILI, § 206, S. 374 (für die zivilisierten Staaten); BULMERINCQ, Asylrecht, S. 157 f.; RIVIER, I, S. 348; SCHNIEDERKÖTTER, S. 54 f.

Eine andere Frage ist, ob das Bestehen eines Vertrages eine Voraussetzung der Auslieferung darstellt. Das ist nach deutschem Recht nicht der Fall (METTGENBERG-DOERNER, S. 145; RiVASt Nr. 14 III; dagegen — de lege ferenda — FRANK, Kampf, S. 48 f.); anders verfahren z. B. Belgien, Großbritannien, Luxemburg, die Niederlande und die USA (vgl. METTGENBERG-DOERNER, a. a. O., SCHULTZ, Auslieferungsrecht, S. 8; TRAVERS, droit pénal, IV, Nr. 1951, S. 313, und zum ganzen RITTER, S. 33; REUCHER, S. 43; METTGENBERG, Neugestaltung, S. 15 f.; SENFTNER, S. 33 f.). Der Grundsatz der Gegenseitigkeit gebietet, daß auch ein von diesen Ländern um Auslieferung ersuchter Staat nur bei Existenz eines Vertrages ausliefert, da er sonst eine Gegenleistung nicht erhält (so REISNER, Voraussetzungen, S. 9; REUCHER, S. 77 f.). Mit den oben erwähnten Staaten hat Deutschland Auslieferungsverträge.

[95] Bzw. des diesem möglicherweise entsprechenden Rechts des Verfolgten auf Asylgewährung.

wichtigen Gebiet des öffentlichen Rechts und nicht zuletzt sein Interesse, seinen Verwaltungsapparat sachgerecht einzusetzen[96].

2. Der Grundsatz, daß die Tat, wegen der die Auslieferung begehrt wird, nach dem Recht des ersuchenden und des ersuchten Staates strafbar sein muß, wird deshalb von der großen Mehrheit der Literatur[97] bejaht und hat auch heute noch seine Berechtigung[98].

3. Eins muß hier abschließend betont werden: Das Erfordernis der Strafbarkeit nach dem Recht des ersuchten Staates stellt die Wahrung der Souveränität, der Vorstellungen des letzteren von Gerechtigkeit und Rechtsstaatlichkeit in den Vordergrund, will seinem Sinn nach unmittelbar diese Werte schützen. Die dadurch für den

---

[96] Vgl. die Darstellung der Konfliktslage bei GRÜTZNER, „Auslieferung", S. 116 f.

[97] S. zur Ausgestaltung des Prinzips im positiven Auslieferungsrecht Deutschlands Kapitel II § 1, S. 51 ff.

[98] HOLTZENDORFF, S. 38; LAMMASCH, Auslieferungspflicht, S. 56; VON MARTITZ, II, S. 58; KOHLER, S. 167, 181; DELIUS, AöR 6, 410, und Auslieferungsrecht, S. 27; VON BAR, Lehrbuch, S. 297, und GS 34, 488; Th. MEYER, S. 48 f.; GROSCH, S. 14; EPPINGER, S. 28 f.; METTGENBERG, AöR 25, 50, und passim; NiemZ 18, 410 f.; „Auslieferungsrecht", S. 447, und 34. DJT, I, S. 47; KRAUS, 34. DJT, II, S. 331; LEDERLE, AöR nF 30, 85; REISNER, Voraussetzungen, S. 39 f.; SCHOETENSACK, S. 71, besonders FN 31; SCHOBER, S. 14; SENFTNER, S. 8 f.; SPIEGEL, S. 50 f.; SCHMITZ-MORKRAMER, S. 20; SCHOENEBERG, S. 37 f.; EBERT, S. 10/12; RINTELEN, S. 16; SACK, S. 16; GROS, S. 20; REGER, S. 27 f.; HOLD-FERNECK, S. 34; ULLMANN, S. 396; VON LISZT, Völkerrecht, S. 234; WALDKIRCH, S. 298; GUGGENHEIM, S. 324 f.; WOLGAST, S. 57; MEUKEL, S. 3 f.; LOHMANN, S. 66; LIEBERMANN, S. 15; BERBER, S. 394; DAHM, S. 281; STRUPP, S. 145; H. MEYER, Einlieferung, S. 109 f.; BULMERINCQ, Völkerrecht, S. 243; LINKE, öJZ 1958, 123; GRÜTZNER, ZStW 68, 512 f.; „Auslieferung", S. 120; METTGENBERG-DOERNER, S. 204.

TEICHMANN, S. 362; BRÜSTLEIN, ZStrR 3, 128; ZÜRCHER, ZStrR 22, 323; VON CLERIC, SJZ 18, 116, und 27, 141, 161; GARBANI, S. 10, 42 ff.; LANGHARD, S. 11 f.; LIENHART, S. 32; SCHWARZENBACH, S. 92 f.; BENZ, S. 14; SCHULTZ, Auslieferungsrecht, S. 314; MOORE, § 373, S. 569; VIOLET, S. 171; SAINT-AUBIN, traité, I, S. 679—682; FAUCHILLE-BONFILS, Nr. 470, S. 1031 f.; RIVIER, I, S. 352; RENAULT, S. 628; BARD, Nr. 24, S. 36; DESPAGNET, § 289, S. 417; MERCIER, S. 189; DALLOZ, Nr. 16, S. 537; BIRON-CHALMES, S. 11; HUDSON, AJIL 28, 285; SPIROPOULOS, S. 198; FIELD, Nr. 214, S. 100; Nr. 221, S. 123; COSENTINI, Art. 49 Z. 2, S. 8; These 11 der Oxforder Resolutionen; Art. 1 Typus-AuslVer.; Harvard Convention, art 2 (a), (b) und comment S. 82

Auch BILLOT gehört zu den Anhängern des Grundsatzes beidseitiger Strafbarkeit, vgl. S. 26, 92. Er wird allerdings von vielen zu den Gegnern gerechnet, und zwar wegen der Stelle S. 121 (so z. B. SCHULTZ, Auslieferungsrecht, S. 311, FN 1; BENZ, S. 13, FN 20, S. 14, FN 21). Doch dort spricht sich BILLOT nur dagegen aus, daß die verfolgte Tat ein Auslieferungsdelikt nach dem Recht des ersuchten Staates darstellen müsse. (Darauf weist treffend METTGENBERG, AöR 25, 53, hin.)

Verfolgten bewirkte Sicherung ist mehr eine indirekte Folge, eine Art Reflex[99]. Wenn also der Verfolgte auch nach den Anschauungen des ersuchten Staates strafwürdig gehandelt hat, selbst wenn dieser, wäre er an Stelle des ersuchenden Staates, nicht gegen ihn vorgehen könnte, entfällt — das wird bei den in den folgenden §§ 3 und 4 erörterten Problemen noch erheblich werden — der Sinn des Grundsatzes und damit der Schutz für den Verfolgten.

§ 2. Die Ausgestaltung des Grundsatzes beidseitiger Strafbarkeit

A. Strafbarkeit der verfolgten Tat als Auslieferungsdelikt nach dem Recht des ersuchenden Staates

Mit der Strafbarkeit der Tat nach dem Recht des ersuchenden Staates überhaupt ist es nicht getan. Die verfolgte Tat muß auch noch als Auslieferungsdelikt strafbar sein, und zwar deshalb, weil gerade die Beschränkung der Auslieferungsverpflichtung auf die Auslieferungsdelikte[100] die anderen nicht genannten Delikte von der Auslieferung ausschließen sollte[101]. Daß der ersuchende Staat bei der Erstellung der Liste der auslieferungsfähigen Taten (auch) von seinem Rechtssystem ausgegangen ist, wird von niemand bestritten. Würde man hier anders entscheiden, ergäbe sich ein Widerspruch zu dem vertraglich oder gesetzlich niedergelegten Willen den Vertragspartner oder eines einzelnen Staates, nur wegen Taten von gewisser

---

[99] In diesem Sinne auch SCHWARZENBERGER, International Law, S. 259: „In a merely incidental manner, and in keeping with the standards of the rule of law on the international level, civilized nations also stipulate in such (extradition-)treaties for a minimum of safeguards for the accused or convicted criminal." Ähnlich (für die Gegenseitigkeit) SCHOENEBERG, S. 75. Zu den Rechten des Ausgelieferten aus dem Auslieferungsverhältnis zwischen ersuchendem und ersuchtem Staat allgemein s. Kapitel II § 5, S. 65 ff.

[100] Zur Feststellung der tatbestandlichen Voraussetzungen, die eine strafbare Gesetzesübertretung haben muß, um einer Auslieferung Anlaß zu geben, bieten sich zwei Wege an: der der Aufzählung, der Enumeration, also der ins einzelne gehenden positiven Erfassung, und der Weg der negativen Abfassung, der Elimination, der „Ausscheidung" (METTGENBERG-DOERNER, S. 201) neben einer umfassenden positiven Formulierung („Verbrechen und Vergehen" z. B.). Der letzteren Methode sollte als der weitreichenderen und anpassungsfähigeren der Vorzug gegeben werden. In diesem Sinne auch GRÜTZNER, „Auslieferung", S. 117; METTGENBERG, ZStrR 36, 236; SCHMITZ-MORKRAMER, S. 19 f.; PFENNINGER, ZSR nF 54, 76; DELAQUIS, ZbJV 73, 205; SCHOBER, S. 25; JESCHECK, ZStW 66, 532 f. Anders SCHULTZ, Auslieferungsrecht, S. 263, besonders FN 28: Die Enumerationsmethode mache die Auslieferungsverpflichtungen und die entsprechenden Rechte klarer und bestimme sie eindeutiger. Ebenso VON MARTITZ, II, S. 59 f.; GARBANI, S. 46, 48, besonders FN 110; ähnlich LIEBERMANN, S. 68—72.

[101] SCHULTZ, Auslieferungsrecht, S. 324 f.; BENZ, S. 5, 41.

Schwere auszuliefern[102]. Dieser letzte Umstand ist gleichfalls eine Folge aus dem Grundsatz der Verhältnismäßigkeit. Dieser verbietet auch, für Taten von Bagatellbedeutung den ganzen Auslieferungsapparat in Bewegung zu setzen und den Verfolgten durch die Auferlegung der Auslieferungshaft praktisch bereits die allenfalls zu erwartende Strafe verbüßen zu lassen. Sehr oft wird nämlich die Auslieferungshaft nicht auf die im ersuchenden Staat erkannte Strafe angerechnet werden können, so daß dem Verfolgten zweimal ein Übel wegen derselben Tat zugefügt würde[103]. Zu diesem humanitären und ökonomischen Gründen tritt noch das bereits erwähnte Prinzip, daß der ersuchte Staat sein Asylrecht nicht ohne erhebliche Gründe beschränken soll[104].

B. Strafbarkeit der verfolgten Tat als Auslieferungsdelikt nach dem Recht des ersuchten Staates

I. Die Forderung, daß die verfolgte Tat auch nach dem Recht des ersuchten Staates als Auslieferungsdelikt strafbar sein muß[105], ergibt

---

[102] SCHULTZ, a. a. O., LAMMASCH, Auslieferungspflicht, S. 178 f.; VON LISZT, Völkerrecht, S. 232; MERCIER, S. 196; SPIEGEL, S. 51/4.

[103] § 7 StGB läßt nur die Anrechnung einer im Ausland verbüßten Strafe zu. Immerhin ist eine analoge Heranziehung von § 60 StGB bei der Auslieferung zur Strafverfolgung möglich — die ausländische Auslieferungshaft wird dann wie eine inländische Untersuchungshaft behandelt (**BGH LS GA** 1956, 120). Bei der Berechnung der Dauer der Strafe eines zur Vollstrekkung Ausgelieferten kommt eine Berücksichtigung der Auslieferungshaft dagegen wohl nicht in Frage (vgl. OLG Celle, GA 1955, 184 f.—185—).

[104] GRÜTZNER, ZStW 68, 515.

Die Beschränkung des Auslieferungsverkehrs auf Taten von einiger Schwere ist einer der Grundsätze des Auslieferungsrechts überhaupt, vgl. METTGENBERG, 34. DJT, I, S. 47; VON LISZT, Völkerrecht, S. 232; VON BAR, Lehrbuch, S. 294 f.; BRÜSTLEIN, ZStrR 3, 129; GROS, S. 16; Th. MEYER, S. 36; LANGHARD, S. 10; SCHMITZ-MORKRAMER, S. 19 f.; HAHN, S. 30 f.; TOPF, ZStW 48, 647; REISNER, Voraussetzungen, S. 29; MÉRIGNHAC, S. 750; RENAULT, S. 629; FAUCHILLE-BONFILS, Nr. 463, S. 1010; BARD, Nr. 40, S. 33; SPIROPOULOS, S. 196; DESPAGNET, § 289, S. 417; DALLOZ, Nr. 17, S. 537; These 12 der Oxforder Resolutionen. —

Dieses Erfordernis gilt vor allem bei der Auslieferung an entfernt liegende Staaten; mit benachbarten Ländern kann großzügiger verfahren werden.

[105] Sie wird von der großen Mehrzahl der Schriftsteller erhoben. Vgl. LAMMASCH, Auslieferungspflicht, S. 168 f.; VON MARTITZ, II, S. 59/61; VON BAR, Lehrbuch, S. 298 f.; KOHLER, S. 167, 180; DELIUS, Auslieferungsrecht, S. 27/9; LOHMANN, S. 72; STRUPP, S. 145; SCHWARZENBACH, S. 97; ULLMANN, S. 396 f.; LIEBERMANN, S. 50; SCHEIM, ZStrR 51, 31; RIVIER, I, S. 352. Auch TRAVERS, droit pénal, IV, Nr. 2153, S. 662, bezeichnet dieses Ergebnis als eine Konsequenz des Prinzips der identischen Norm, das er selber ablehnt. S. noch BERNEY, S. 73.

sich vor allem aus dem bei Abschluß eines Auslieferungsvertrages zum Ausdruck gekommenen Willen der Vertragspartner[106].

Beim Abschluß eines Auslieferungsvertrages versprechen sich die beteiligten Staaten Auslieferung nur im Rahmen der aufgezählten Delikte; damit bringen sie zum Ausdruck, daß sie diesen Delikten das Gewicht beimessen, das eine Auslieferung rechtfertigt. Jenes Gewicht will aber jeder Staat entsprechend seiner Stellung als gleichberechtigter souveräner Partner nach seinen Vorstellungen bei der Vertragsabfassung festgestellt wissen. Die abweichende Ansicht[107] widerspricht dem Anspruch auf Achtung, den jeder Staat im Völkerrecht hat. So bestand Frankreich in seinen Auslieferungsverträgen des vorigen Jahrhunderts darauf, daß sich die Frage nach der Strafbarkeit überhaupt und als Auslieferungsdelikt nach seinen Gesetzen — unabhängig von seiner Stellung als ersuchender oder ersuchter Staat — richte[108]: Das gelang nur aufgrund seiner dominierenden Stellung[109]. Kein Staat wird freiwillig in solchem Umfang auf seine Rechte verzichten[110].

Wenn der ersuchte Staat für eine Handlung ausliefert, die nach eigenem Recht kein Auslieferungsdelikt darstellt, erhält er zudem für den umgekehrten Fall nie die Gelegenheit, gleichfalls die Auslieferung zu fordern; denn gemäß dem Vertrag hat er ein Recht auf Einlieferung nur wegen der ausdrücklich dort aufgezählten Delikte; lediglich wegen dieser sind eine Auslieferungspflicht bzw. ein entsprechendes Recht vereinbart worden[111]. Im übrigen wird er schon deshalb Wert darauf legen, allein wegen eines Auslieferungsdeliktes nach eigenem Recht auszuliefern, weil er andererseits auch nur ein Interesse daran hat, eine Einlieferung wegen eines solchen Deliktes

---

Sehr anschaulich formuliert in diesem Zusammenhang der dt.-niederl. AuslVer., Art. 1 I: „Die Vertragschließenden Teile verpflichten sich ... einander auszuliefern, sofern die betreffende Handlung zugleich nach der Gesetzgebung des ersuchten Staates als eine der nachstehend aufgezählten Straftaten anzusehen ist."

[106] Die Forderung kann nicht allein aus dem Gerechtigkeitsgedanken heraus verstanden werden. Dieser ist gewahrt, wenn die Tat nach dem Recht des ersuchten Staates lediglich überhaupt strafbar ist; denn dann setzt dieser keinen nach eigenem Recht Unschuldigen den Härten der Auslieferung aus.

[107] Garbani, S. 45; Despagnet, § 290, S. 419; Billot, S. 121; die Gegner der identischen Norm.

[108] Lammasch, a. a. O., S. 166; Mettgenberg, AöR 25, 72; Th. Meyer, S. 49 f.; Reisner, Voraussetzungen, S. 39, besonders FN 9; Grosch, S. 14.

[109] Pfenninger, SJZ 10, 65; Th. Meyer, a. a. O.

[110] Benz, S. 29; Deuringer, S. 9 f.

[111] Den Gegenseitigkeitsgedanken betonen besonders Schultz, Auslieferungsrecht, S. 325; Benz, S. 25 f.; Schwarzenbach und von Martitz, a. a. O. (FN 105); Spiegel, S. 51.

zu erhalten; die Ahndung von Bagatellstraftaten im Wege der aufwendigen Auslieferung zu betreiben, wird ihm fernliegen[112].

Es braucht sich jedoch nicht um das gleiche Auslieferungsdelikt nach den Rechten beider Staaten handeln[113]. Die völlig voneinander abweichenden strafrechtlichen Systeme in zwei Staaten können sogar zur Konsequenz haben, daß ein Staat im Interesse einer wünschenswerten internationalen Zusammenarbeit die Aufnahme von Auslieferungsdelikten in den Vertrag zuläßt, die ganz der Systematik des anderen Partners entstammen, und sich verpflichtet, entsprechend diesen Auslieferungsdelikten auszuliefern, unabhängig davon, wie er die Tat nach eigenem Recht einordnet[114]. Die Gegenseitigkeit wird dadurch nicht verletzt. Sie darf, auch in ihrer strengen Konzeption, keine Gleichheit bis auf das einzelne Delikt hin bedeuten, sondern nur Gleichheit der Rechte und Pflichten, der ganzen „Summe der gegenseitigen Verpflichtungen"[115]. Stellt sich z. B. eine Tat nach deutschem Recht als betrügerischer Konkurs dar, nach schweizerischem Recht aber als Betrug[116], oder einmal als Urkundenfälschung und zum anderen als Betrug[117], dann können Deutschland oder die Schweiz jeweils vom anderen Partner wegen der Tat Auslieferung verlangen, da die aufgeführten Delikte im Auslieferungskatalog des dt.-schwz. AuslVer. stehen[118]; im ganzen gesehen, entspricht jeder Aus-

---

[112] Pfenninger, SJZ 10, 62 ff., 64, leitet das gleiche Ergebnis aus dem Grundsatz der Spezialität, der Bindung des ersuchenden Staates an den Inhalt der Auslieferungsbewilligung (vgl. §§ 6, 54 DAG und dazu Mettgenberg-Doerner, S. 324 ff., 530 ff.) her: Der ersuchende Staat dürfe nicht bestrafen, wenn sich nachträglich herausstelle, daß das Delikt, wegen dessen die Auslieferung bewilligt worden sei, kein Auslieferungsdelikt konstituiere; dann dürfe der ersuchte Staat auch nicht wegen eines solchen Nicht-Auslieferungsdeliktes ausliefern, und die Frage nach dem Auslieferungsgdeliktscharakter müsse dieser schon nach eigenem Recht beantworten

[113] Schultz, Auslieferungsrecht, S. 326 f.; Benz, S. 26/8; Lammasch, Auslieferungspflicht, S. 172 f.; von Martitz, II, S. 60; Th. Meyer, S. 60; Fraustädter, Anm. 3 zu § 2 DAG, S. 33; Gros, S. 20; Delius, Auslieferungsrecht, S. 29; H. Meyer, Einlieferung, S. 111; Brüstlein, ZStrR 3, 128 f.; Langhard, S. 14; Saint-Aubin, traité, I, S. 689; Lemontey, S. 175; Dalloz, Nr. 16, S. 537; Bouzat-Pinatel, II, Nr. 1741, S. 1329, FN 2; Mercier, S. 192; Constant, S. 86; Hackworth, § 315, S. 42; Green, CLP 6, 277.

[114] Vgl. die Erörterungen zum dt.-brit. AuslVer. und den Auslieferungsdelikten „murder" und „manslaughter" in Kapitel III, § 3 C, S. 85 ff.

Wohl bemerkt: Ein strafbares Delikt, irgendeins, muß die verfolgte Tat nach dem Recht des ersuchten Staates auch hier darstellen.

[115] Benz, S. 27; Schwarzenbach, S. 90; ähnlich von Bar, Lehrbuch, S. 291, FN 9.

[116] BGE 2, 490 (491 f. E 2).

[117] BGE 4, 122 (125 f. E 3).

[118] Vgl. Art. 1 Z. 13 (Betrug und betrügerischer Bankerott) und Z. 17 (Urkundenfälschung).

lieferungspflicht ein korrespondierendes Recht. Auf die unterschiedlichen Benennungen der Delikte in den Partnerstaaten darf es nicht ankommen; es genügt, wenn ein und dasselbe Verhalten überhaupt nach den Rechten beider Staaten als Auslieferungsdelikt strafbar ist. Der ersuchende Staat hat zwar aus einem anderen Grund die Auslieferung begehrt, als sie der ersuchte gewährt; beide Staaten haben sich aber immerhin entschlossen, die Tat generell als zur Auslieferung berechtigend und verpflichtend anzusehen. Damit ist ihren strafrechtlichen Vorstellungen und impliziert ihrer Souveränität ausreichend Genüge getan[119]. Eine größere Übereinstimmung der beiden Strafrechtssysteme darf nicht verlangt werden. „Das Auslieferungsrecht setzt vielmehr voraus, daß die Strafrechte beider Staaten voneinander abweichen".[120]

II. *Im Erfordernis der beidseitigen Strafbarkeit der verfolgten Tat als Auslieferungsdelikt liegen die entscheidenden Auswirkungen des Grundsatzes der identischen Norm*

1. Der ersuchte Staat hat wegen dieser Auslieferungsbedingung das Auslieferungsbegehren getrennt nach zwei Rechtsordnungen zu überprüfen[121]. Dennoch bewendet es für ihn nicht bei der Subsumtion von Tatsachen unter das fremde Recht und das eigene Recht. Er muß sowohl die Rechtsbegriffe des ausländischen Strafrechts als auch die der Auslieferungsdelikte gemäß seinem Rechtssystem als dem des ersuchten Staates einordnen (entsprechen sie diesem oder nicht?), er muß sie qualifizieren. Diese Qualifikation, dieser Vergleich, macht naturgemäß um so mehr Schwierigkeiten, je enger und eingehender die tatbestandlichen Voraussetzungen der Auslieferungsdelikte gefaßt sind[122]. Hier kommen die Nachteile des Grundsatzes der identischen Norm zum Ausdruck: Die zwischen den einzelnen Ländern bestehenden Unterschiede in den Strafrechten sind ein großes Auslieferungs-

---

[119] Benz, S. 27 f., mit einem Hinweis auf die nicht berührte Spezialität.

[120] Schultz, Auslieferungsrecht, S. 394.

Eine Übereinstimmung der einzelnen Strafgesetze beider Staaten in ihren tatbestandlichen Umschreibungen ist also keine Voraussetzung der Bewilligung der Auslieferung, vgl. Mettgenberg, NiemZ 18, 412; AöR 25, 104; von Bar, Lehrbuch, S. 290 f.; Liebermann, S. 55; Mettgenberg-Doerner, S. 204; Benz, S. 43, und FN 2 daselbst; Rivier, I, S. 222; Donnedieu de Vabres, Revue générale 1928, S. 567.

[121] S. die sehr instruktive Formulierung in BGHSt 20, 109 (110): „Maßgebend bei der Prüfung dieser Voraussetzung (der beidseitigen Strafbarkeit) sind bei der Beurteilung nach österreichischem Recht die österreichische Betrachtungsweise und bei der Würdigung nach deutschem Recht die deutsche Rechtsauffassung."

Zum Umfang der Nachprüfung überhaupt vgl. im einzelnen Kapitel III § 2, S. 72 ff.

[122] So auch Lemontey, S. 173.

hindernis[123]. Stets dann, wenn der Tatbestand eines Auslieferungsdeliktes aus dem Recht des ersuchenden Staates nicht irgendeinem Auslieferungsdeliktstatbestand nach dem Recht des ersuchten Staates entspricht, hat dieser die Auslieferung zu verweigern. Ebenso muß der ersuchte Staat verfahren, wenn er im konkreten Fall eingreifende Rechtfertigungsgründe, Schuld- oder Strafausschließungsgründe hat, die der ersuchende Staat überhaupt nicht oder nur in einer engeren Fassung kennt.

2. Zur Verdeutlichung der Qualifikationsproblematik sollen hier — ohne die Darstellung von Einzelheiten — zwei Auslieferungsdelikte des dt.-schwz. AuslVer.[124] in ihren Tatbeständen einander gegenübergestellt werden, nämlich Diebstahl und Brandstiftung[125].

a) Diebstahl

Art. 137 Z. 1 schwz. StGB (Überschrift „Diebstahl") lautet:

> „Wer jemandem eine fremde, bewegliche Sache wegnimmt, um sich oder einen anderen damit unrechtmäßig zu bereichern ..."

§ 242 StGB hat dagegen folgenden Wortlaut:

> „Wer eine fremde bewegliche Sache einem anderen in der Absicht wegnimmt, dieselbe sich rechtswidrig zuzueignen, wird wegen Diebstahls ..."

So verlangt im Gegensatz zum deutschen das schweizerische Recht Bereicherungsabsicht[126]. Außerdem muß nach deutschem Recht der Täter *sich* die Sache zueignen.

Ist nun Deutschland von der Schweiz um Auslieferung eines „Diebes" ersucht worden, der einen anderen bereichern wollte, und kann deshalb das Merkmal der Zueignungsabsicht gemäß § 242 StGB nicht bejaht werden, darf eine Auslieferung wegen Diebstahls nicht erfolgen.

b) Brandstiftung

Art. 221 schwz. StGB (Überschrift „Brandstiftung") formuliert:

> „Wer . . . zum Schaden eines anderen oder unter Herbeiführung einer Gemeingefahr eine Feuersbrunst verursacht. . .

---

[123] Hervorgehoben bei von Martitz, II, S. 57; Holtzendorff, S. 38; Mettgenberg, AöR 25, 91; Münchhausen, S. 35; Pfenninger, SJZ 32, 243; Schultz, Auslieferungsrecht, S. 313; Donnedieu de Vabres, Revue générale 1928, 563.

[124] Vgl. Art. 1 Z. 11 und 20 des Vertrages.

[125] Eine eingehende Behandlung der Qualifikationsproblematik auch auf dem Gebiet der Rechtswidrigkeit, Schuld, Schuld- und Strafausschließungsgründe sowie der Strafaufhebungsgründe an Hand von Beispielen aus Literatur und Rechtsprechung, die das deutsche Recht betreffen, erfolgt in Kapitel III § 3, S. 79 ff.

[126] S. — rechtvergleichend — Schönke-Schröder, Rdn 79 zu § 242 StGB, und für das schweizerische Recht Schwander, Nr. 536, S. 328.

Bringt der Täter ... Leib und Leben von Menschen in Gefahr ..."
Dagegen lautet § 306 StGB:
„Wegen Brandstiftung wird ... bestraft, wer ... in Brand setzt:
1. ein zu gottesdienstlichen Versammlungen bestimmtes Gebäude,
2. ein Gebäude, ein Schiff oder eine Hütte, welche zur Wohnung von Menschen dienen, oder
3. eine Räumlichkeit, welche zeitweise zum Aufenthalt von Menschen dient, und zwar zu einer Zeit, während welcher Menschen in derselben sich aufzuhalten pflegen."

§ 308 StGB hat diesen Wortlaut:

„Wegen Brandstiftung wird ... bestraft, wer ... Gebäude, Schiffe, Hütten, Bergwerke, Magazine, Warenvorräte, welche auf dazu bestimmten öffentlichen Plätzen lagern, Vorräte von landwirtschaftlichen Erzeugnissen oder von Bau- oder Brennmaterialien, Früchte auf dem Felde, Waldungen oder Torfmoore in Brand setzt, wenn diese Gegenstände entweder fremdes Eigentum sind oder zwar dem Brandstifter eigentümlich gehören, jedoch ihrer Beschaffenheit und Lage nach geeignet sind, das Feuer einer der in § 306 Nr. 1 bis 3 bezeichneten Räumlichkeiten oder einem der vorstehend bezeichneten fremden Gegenstände mitzuteilen."

Das schweizerische Recht erfordert also, daß ein anderer durch die Brandstiftung geschädigt, eine konkrete Gemeingefahr oder eine konkrete Gefahr für „Leib und Leben von Menschen" herbeigeführt wird[127]. § 306 StGB setzt die konkrete Gefährdung von Menschen nicht voraus; die Tatobjekte können zur Tatzeit leer gewesen sein[128]; auch kommt es nicht darauf an, wem die Sache gehört[129]. § 308 StGB impliziert nur in der 1. Alternative eine Schädigung anderer; für die 2. Alternative ist umstritten, ob eine konkrete Gefährdung zu verlangen ist[130].

Ersucht Deutschland die Schweiz um Auslieferung eines „Brandstifters", der sein eigenes Haus angezündet und keine konkrete Gemeingefahr bzw. keine konkrete Gefahr für Menschen herbeigeführt hat, wird die Schweiz den Verfolgten nicht wegen Brandstiftung ausliefern, da der eigene Brandstiftungstatbestand nicht erfüllt ist.

Selbst wenn also die beiden Staaten in ihren nationalen Rechtssystemen ein Delikt mit der gleichen Bezeichnung wie das Auslieferungsdelikt haben, ist nicht die Gewähr gegeben, daß die tat-

---

[127] S. besonders zum letzteren SCHWANDER, Nr. 666, Z. 5, S. 437; Nr. 669, S. 438 f.; BGE 83 IV 25 (30 f. E 4).

[128] SCHÖNKE-SCHRÖDER, Rdn 7, 8 zu § 306 StGB.

[129] SCHÖNKE-SCHRÖDER, Rdn 2a zu § 306 StGB.

[130] Vgl. die Darstellung des Meinungsstandes bei SCHÖNKE-SCHRÖDER, Rdn 13, 13 a, b zu § 308 StGB.

bestandlichen Voraussetzungen in diesen beiden Systemen übereinstimmen[131]. Noch schwieriger wird die Aufgabe zu qualifizieren, wenn ein Auslieferungsvertrag Deliktsbezeichnungen enthält, die nur einer der beiden vertragschließenden Teile in seinem nationalen Recht aufweist[132].

3. Der bei der Prüfung eines Auslieferungsbegehrens auf seine Zulässigkeit nach dem Prinzip der identischen Norm erforderliche Rechtsvergleich wird durch die von einigen Autoren angeregte Abfassung der Auslieferungsdelikte nicht erleichtert[133]. So wird vorgeschlagen[134], die Liste der Auslieferungsdelikte doppelt anzulegen. Dabei soll sich jeder Staat verpflichten, „einem Auslieferungsbegehren des anderen wegen der nun folgenden, in seiner, des ersuchten Staates, Terminologie aufgezählten Delicte zu willfahren." Praktisch würde das zur Folge haben, daß die vertragschließenden Partner die nach ihrem Recht ungefähr gleich umschriebenen Delikte aufnehmen, daß also doch nach dem Recht beider über den Auslieferungsdeliktscharakter entschieden wird[135]. Ebensowenig würde es sinnvoll sein, den Auslieferungsdelikten im Vertrag gleich ihre Definiton hinzuzufügen[136]. Diese Definitionen könnten in beiden Staaten verschieden ausgelegt werden, und zum anderen bedeutete ein solches Vorgehen eine Versteinerung der Deliktsdefinitionen und ein Hemmnis für die Beachtung der Fortentwicklung des innerstaatlichen Rechts. Darüber hinaus würde die Formulierung von Generaldefinitionen für abweichende Umschreibung der einzelnen Delikte in den Partnerstaaten kaum durchführbar sein[137]; bei innerstaatlich

---

[131] So auch Grützner, Anm. 6 zu Art. 2 dt.-belg. AuslVer., Rechtshilfeverkehr, II B 1, S. 5.

[132] Vgl. nur die dem britischen Recht entnommenen Auslieferungsdeliktstatbestände des Art. III dt.-brit. AuslVer.; die deutschen Bezeichnungen der Delikte haben den Charakter von Übersetzungen, obwohl an sich dem deutschen Text die gleiche Wirkung zukommt wie dem britischen; s. Grützner, Rechtshilfeverkehr, Anm. 43 zu Art. III a. a. O., II G 5, S. 24b, und BeiLBdAnz Nr. 157, vom 17. 8. 1960, S. 2; H. Meyer, Einlieferung, S. 112; Mettgenberg, AöR 25, 81, sowie Reisner, Voraussetzungen, S. 19, zu den zweisprachig redigierten Verträgen allgemein.

[133] Vgl. dazu die Ausführungen bei Benz, S. 28—31.

[134] Von Lammasch, Auslieferungspflicht, S. 179 f. Das folgende Zitat wurde von S. 180, a. a. O., entnommen.

[135] Diesem Vorschlag stimmt Schultz (Auslieferungsrecht, S. 263, FN 27, dritter Absatz) zu: Zwei Listen abzufassen sei nicht schwieriger, als eine Liste aufzustellen; und beide Staaten würden angehalten, die Unterschiedlichkeiten ihrer nationalen Rechte eingehend zu erwägen. Die lästigen Folgen solcher nationalen Divergenzen jedoch bleiben dann immer noch, das gibt auch Schultz, a. a. O., zu.

[136] So auch Pfenninger, SJZ 10, 65.

[137] Über die hier entstehenden Schwierigkeiten schreibt sehr treffend Mettgenberg, AöR 25, 60 f.

übereinstimmenden Definitionen bedarf es ihrer Aufnahme in den Vertrag nicht[138].

Es bleibt nach allem — unabhängig von der bei der Formulierung der Auslieferungsdelikte verwandten Methode[139] — bei der Notwendigkeit rechtsvergleichender Untersuchungen. Ebenso bewendet es bei der Folge, daß gemäß dem Grundsatz beidseitiger Strafbarkeit als Auslieferungsdelikt ein Auslieferungsbegehren abgelehnt werden muß, wenn einem Auslieferungsdelikt nach dem Recht des ersuchenden Staates kein Auslieferungsdelikt nach dem Recht des ersuchten Staates entspricht[140].

4. Ein wirksames Hilfsmittel, die Durchführung der Qualifikation zu erleichtern, ist dagegen eine möglichst umfassende Formulierung der Tatbestände der Auslieferungsdelikte. Wenn z. B. generell Verbrechen und Vergehen als auslieferungsfähig anerkannt sind, hat die über die Zulässigkeit der Auslieferung entscheidende Behörde genug Spielraum bei ihrer Beurteilung. Sie kann dann häufiger von einem intensiven Eindringen in die Systematik des fremden Rechts absehen. Eine weitere Milderung der durch die Qualifikationsproblematik bewirkten Unzuträglichkeiten bringt das Institut der akzessorischen Auslieferung[141]: Die Gründe für das Gebot der

---

[138] Dennoch ist in einigen Auslieferungsverträgen Deutschlands bei manchen Auslieferungsdelikten so verfahren worden, daß man eigene Tatbestandsformulierungen aufstellte. Vgl. Art. 1 Z. 6 des dt.-norw. Ausl-Ver. („vorsätzliche und rechtswidrige Beraubung der persönlichen Freiheit eines Menschen, insofern sich eine Privatperson derselben schuldig macht"), ähnlich auch Z. 11 (Umschreibung der Unzuchtsdelikte) oder Z. 13 (Umschreibung der Körperverletzung).

Ein besonders hervorstechendes Beispiel findet sich in Art. 1 Z. 13 des dt.-schwz. AuslVer. („. . . vorsätzliche Zerstörung eines Eisenbahnzuges auf der Fahrbahn durch Aufstellung, Hinlegen oder Hinwerfen von Gegenständen, durch Verrückung der Schienen von ihren Unterlagen, durch Wegnahme von Weichen oder Bolzen oder durch Bereitung von Hindernissen anderer Art, welche dazu geeignet sind, den Zug aufzuhalten oder aus den Schienen zu bringen."). Auf diese letztere Bestimmung weist besonders SCHULTZ, Auslieferungsrecht, S. 261 f., FN 10, hin.

Durch eine solche Redaktion der Auslieferungsdelikte wird die Entscheidung des ersuchten Staates über die Strafbarkeit der verfolgten Handlung nach beiden Rechten nicht erleichtert. Denn die Handlung muß ja auch die Tatbestände irgendwelcher innerstaatlichen Strafnormen der beiden Länder erfüllen — diese sind also nach wie vor zu berücksichtigen. Aber auch die Subsumtion des verfolgten Sachverhalts unter die Merkmale des vertraglichen Auslieferungsdelikts dürfte Schwierigkeiten bereiten.

[139] Vgl. dazu allgemein SCHULTZ, Auslieferungsrecht, S. 261 ff. (sehr eingehend), und METTGENBERG, NiemZ 18, 419.

[140] Deshalb ist der Ausdruck „entsprechende Strafbarkeit" (von KRAUS, 34. DJT, II, S. 331) sehr treffend.

[141] S. hierzu GRÜTZNER, ZStW 68, 516 f.; „Auslieferung", S. 117, und BeiLBAnz Nr. 207, vom 26. 10. 1960, S. 2 f.; Art. 2 II europ. AuslAbk.;

Beachtung der Auslieferungsdelikte entfallen dann, wenn bereits ein Auslieferungsdelikt Grundlage der Auslieferungsbewilligung ist und wegen eines Nicht-Auslieferungsdeliktes sozusagen als Anhängsel die Bewilligung erteilt wird.

III. *Der Unterschied zur international-privatrechtlichen Qualifikation*

Noch in einem anderen Rechtsgebiet spielt die Qualifikation eine große Rolle, nämlich im Internationalen Privatrecht. Zur Vermeidung von Mißverständnissen und zur Verdeutlichung sei deshalb hier auf die Andersartigkeit der auslieferungsrechtlichen Qualifikation hingewiesen.

Im Internationalen Privatrecht werden Sachverhalte mit Bezügen zu verschiedenen Rechtsordnungen durch Kollisionsnormen einer einzigen Rechtsordnung zugewiesen. In diesen Zuweisungsvorschriften muß zum Ausdruck kommen, „... welcher Art die Sachnormen, die Rechtsverhältnisse und die Anknüpfungspunkte sind, an die sie denken ...“[142]. So finden sich in den Kollisionsnormen des deutschen Internationalen Privatrechts Begriffe wie Geschäftsfähigkeit oder unerlaubte Handlung, und wenn feststelt, welchen Begriffen dieser Art der zu beurteilende Sachverhalt unterfällt[143], ist die Anwendbarkeit der Kollisionsnorm und damit auch der ausländischen oder inländischen Sachnorm sichergestellt.

Dabei ergeben sich immer dann große Schwierigkeiten, wenn z.B. dem deutschen Recht fremde Rechtsinstitute eingegliedert, qualifiziert werden müssen. Z.B.:[144] Worunter soll die in manchen romanischen Ländern geltende beschränkte Geschäftsfähigkeit der Ehefrau eingeordnet werden, als Folge der Eheschließung unter die persönlichen Beziehungen der Ehegatten (Art 14 EGBGB), unter das ehe-

---

jeweils Art. 2 III dt.-moneg., dt.-portug. und dt.-österr. AuslVer. (letzterer nur für die Auslieferung zur Strafvollstreckung).

Auch wenn die akzessorische Auslieferung nicht vorgesehen ist, hindert im übrigen die Idealkonkurrenz eines Auslieferungsdeliktes mit einem Nicht-Auslieferungsdelikt — ausgenommen sind die generell von der Auslieferung ausgeschlossenen Delikte, wie z. B. die politischen — die Auslieferung nicht. Der ersuchte Staat muß sich darauf verlassen können, daß der ersuchende Staat, ohne sich von dem konkurrierenden Nicht-Auslieferungsdelikt beeinflussen zu lassen (etwa indem er es als Strafschärfungsgrund benutzt), das Auslieferungsdelikt verfolgt und beurteilt. Vgl. hierüber SCHULTZ, Auslieferungsrecht, S. 288; BGE 50 I 249 (260 E 5); 78 I 235 (245 f. E 4a); 79 I 34 (41 f. E 6a); GRÜTZNER, Anm. 18 zu Art. 5 dt.-schwz. AuslVer., Rechtshilfeverkehr, II S 7, S. 8 f.

[142] ENNECCERUS-NIPPERDEY, § 66 II S. 396.

[143] Ob Gegenstand der international-privatrechtlichen Qualifikation eine Tat- oder eine Rechtsfrage ist, ist im übrigen umstritten, vgl. RABEL, ZAIP 5, 243 ff.

[144] S. ENNECCERUS-NIPPERDEY, a. a. O., S. 397.

liche Güterrecht als dessen Folge (Art. 15 I EGBGB) oder unter die allgemeine Geschäftsfähigkeit (Art. 7 I EGBGB)? Im Internationalen Privatrecht muß mithin erst qualifiziert werden, dann steht die Rechtsordnung fest, deren Sachnormen den zu beurteilenden Fall entscheiden.

Bei der Qualifikation im Rahmen des Prinzips der identischen Norm geht es im Gegensatz dazu um die Einordnung fremder Rechtsbegriffe erst dann, wenn die anwendbaren Rechtsordnungen — es sind ja zwei nebeneinander — bereits feststehen. Zudem hat es die Qualifikation im Internationalen Privatrecht naturgemäß nur mit einem zu beurteilenden Sachverhalt zu tun, zu dessen Entscheidung eine bestimmte Rechtsordnung mit ihren Sachnormen gesucht wird. Die Qualifikation im Auslieferungsrecht dagegen steht vor zwei Sachverhalten; einmal dem wirklichen, nach dem die Strafbarkeit gemäß dem Recht des ersuchenden Staates geprüft wird, und dann dem hypothetischen, sinngemäß umgestellten[145], nach dem die Strafbarkeit gemäß dem Recht des ersuchten Staates festgestellt wird.

C. *Strafbarkeit in concreto*

1. Macht man mit dem Grundsatz der beidseitigen Strafbarkeit ernst, dann muß die verfolgte Tat nicht nur allgemein als Auslieferungsdelikt, sondern auch im konkreten Fall nach den Rechten der beiden beteiligten Staaten strafbar sein[146]. Nur so kann den zur Notwendigkeit der beidseitigen Strafbarkeit angeführten Gründen Durchsetzung verschafft werden. Die Zulässigkeit des Vorgehens gegen einen Verfolgten läßt sich schon begrifflich nicht abstrakt, sondern nur nach dem Einzelfall bestimmen. Die Bedingung der Strafbarkeit in concreto bedeutet nicht, daß sich der ersuchte Staat einen Strafanspruch anmaßt, der ihm nicht zusteht. Der Sachverhalt ist zur Prüfung der Strafbarkeit nach seinem Recht — wie bereits erwähnt — sinngemäß umzustellen[147]. Der Verfolgte muß also nach

---

[145] Darüber eingehend Kapitel III § 1 II, S. 69 ff.

[146] BENZ, S. 52, 115, und passim; VON AMMON, DStrR 1937, 287; SCHULTZ, Auslieferungsrecht, S. 314; METTGENBERG, AöR 25, 51, und passim; METTGENBERG-DOERNER, S. 202; LAMMASCH, Auslieferungspflicht, S. 183; VON BAR, Lehrbuch, S. 298 f., 301; KOHLER, S. 167, 181, besonders FN 1.

TRAVERS, droit pénal, IV, Nr. 2153, S. 661 f., bezeichnet dieses Ergebnis, ohne es zu vertreten, als notwendige Konsequenz des Grundsatzes der identischen Norm. Vgl. auch Art. 3 I dt.-us-amerik. AuslVer.: „... nach dem auf den Einzelfall anzuwendenden ... Rechte strafbar ist."

[147] S. dazu Kapitel III § 1 II, S. 69 ff.

Nur die Notwendigkeit der sinngemäßen Umstellung wollen augenscheinlich EBERT (S. 12) und RINTELEN (S. 16 f.) ausdrücken, wenn sie von der Strafbarkeit nach dem Recht des ersuchten Staates „in abstracto" sprechen.

beiden Rechten tatbestandsmäßig, rechtswidrig und schuldhaft gehandelt haben, Strafausschließungs- oder Strafaufhebungsgründe[148] dürfen nicht vorliegen, die betreffende Handlung darf nicht im Einzelfall ein Nicht-Auslieferungsdelikt (z.B. eine Übertretung) nach dem Recht beider Staaten darstellen[149].

2. Es fehlt nicht an Gegenstimmen[150]. Verlange man die Strafbarkeit in concreto, müßten konsequenterweise die Schuldvoraussetzungen nachgeprüft werden, was aber selbst bei der vertraglichen Auslieferung meist nicht geschehe. „Dem kriminalpolitischen Erfordernis, keinen Unschuldigen in Haft zu nehmen, ist doch Genüge getan, wenn in abstracto festgestellt wird, daß die (verfolgte) Tat ... auch nach den eigenen Gesetzen strafbar sein würde."[151]

3. Die Strafbarkeit in abstracto genügen zu lassen, kann schon deshalb nicht richtig sein, weil es an Maßstäben dafür fehlt, wann diese abstrakte Strafbarkeit ausreichend gegeben sein soll. Bezüglich aller die Strafbarkeit einer Handlung konstituierenden oder sie ausschließenden Merkmale bestehen gegensätzliche Auffassungen in den einzelnen Ländern. Diese Differenzen würden dann bei der Suche nach geeigneten Kriterien für die Umgrenzung der abstrakten Strafbarkeit „unerfreuliche Auseinandersetzungen zwischen den beteiligten Staaten" herbeiführen[152]. Soll gemäß dem Grundsatz der identischen Norm die Tat bei sinngemäßer Umstellung der Sachlage im ersuchten Staat materiell strafbar sein, dann müssen eben alle die materielle Strafbarkeit ausmachenden Voraussetzungen bei der einzelnen konkreten, den Gegenstand des Auslieferungsverfahrens bildenden Tat gegeben sein. Irgendwo eine Zäsur zu machen, würde willkürlich sein; bei der Frage der Strafbarkeit ist jede Voraussetzung (Tatbestandsmäßigkeit, Rechtswidrigkeit, Schuld usw.) gleich wichtig, so daß nicht von da her sachgerechte Einschränkungen gemacht werden können. Die seltene Prüfung der Schuldmerkmale bedeutet nicht einen Verzicht des ersuchten Staates auf die Verifizie-

---

[148] Für letzteres auch — inkonsequent — REISNER, Voraussetzungen, S. 55.

[149] Vgl. zu den Einzelheiten der Nachprüfung der konkreten Strafbarkeit Kapitel III §§ 1—3, S. 69 ff.

[150] Sie beziehen sich auf das Erfordernis der Strafbarkeit in concreto nach dem Recht des ersuchten Staats: GRÜTZNER, ZStW 68, 512 f.; REISNER, Voraussetzungen, S. 47 f.; LOHMANN, S. 70 f.; GROSCH S. 16; VON CLERIC, SJZ 18, 113 ff., 116; Th. MEYER, S. 54 f.; HAHN, S. 32. Zu den Meinungen über die Beschränkung des Prüfungsrechts des ersuchten Staates in dieser Richtung s. Kapitel III § 2, S. 72 ff.

[151] GRÜTZNER, a. a. O., S. 513. — Daß die verfolgte Tat nach dem Recht des ersuchenden Staates in concreto strafbar sein muß, wird als selbstverständlich vorausgesetzt. Die Ausführungen in Kapitel I § 1 A (S. 3 f.) sind hier sinngemäß anwendbar.

[152] SCHULTZ, Auslieferungsrecht, S. 324.

rung der Schuld überhaupt, sondern nur, daß er lediglich bei offensichtlichen Zweifeln an der Schuld des Verfolgten eine Auslieferung ablehnt, weil in praxi eine genaue Untersuchung jedes Einzelfalles zu schwierig sein würde. Ganz abgesehen wird nach deutscher, noch darzulegender Auffassung nur von der Prüfung der Begründetheit des Tatverdachts.

D. Die Bedeutung von unterschiedlichen Strafarten und Strafmaßen im ersuchenden und ersuchten Staat

Nicht allein darüber, was überhaupt strafbar sein soll, gehen die Anschauungen der Staaten auseinander, sondern auch darüber, mit welchen Strafarten und Strafhöhen gegen die einzelnen Delikte reagiert werden soll.

I. *Unterschiedliche Strafarten*

Eine Frage soll hier im Vordergrund stehen: Der Staat X hat eine Strafart verfassungsrechtlich oder strafgesetzlich verboten (wie z. B. Deutschland in Art. 102 GG die Todesstrafe) oder läßt die Auslieferung zur Anordnung oder Vollstreckung einer Strafart nicht zu (wie z. B. Art. 5 schwz. AuslGes. für körperliche Strafen)[153]. X schließt mit dem Staat Y, in dem die betreffenden Strafarten zulässig sind, einen Auslieferungsvertrag ab. Dieser Vertrag sieht für die einschlägigen Fälle keine zwingende Umwandlungspflicht für Y in eine auch nach dem Recht des Staates X zulässige Strafe vor und gibt X auch nicht das Recht, die Auslieferung von der Zusicherung abhängig zu machen, die unzulässige Strafart werde nicht vollstreckt werden. Darf bei solcher Lage der ersuchte Staat X unter Berufung auf sein innerstaatliches Recht die Auslieferung verweigern, wenn er keine entsprechende Zusicherung erhält? Gerade wenn es sich dabei um die Todesstrafe handelt, ist die Entscheidung wichtig; dann sind schwerste Delikte betroffen, für die eine Auslieferung besonders wünschenswert ist.

1. Das Gebot, die innerstaatliche Ächtung einer bestimmten Strafart auch im vertraglichen Auslieferungsverkehr gegenüber dem anderen Staat durchzusetzen, könnte sich aus dem Prinzip der identischen Norm ergeben[154]. Die Argumentation würde dann etwa so

[153] So auch Art. 25 Z. 3 des RHilfeGes. des Nordt. Bd. (Auslieferungsverbot, wenn im ersuchten Staat im Gegensatz zum ersuchenden die drohende Todesstrafe oder körperliche Strafe nicht zulässig waren). Vgl. dazu auch ENDEMANN, S. 110 f.

[154] BENZ, S. 47; EBERT, S. 21 f., und SCHEIM, ZStrR 51, 31, machen treffend auf die Verbindung dieses Problems mit dem Prinzip der identischen Norm wegen der dadurch angesprochenen Gerechtigkeitsvorstellungen aufmerksam. Es sind ja meist kumanitäre Bewegungen, die die Aufnahme des Verbots einer Strafart bewirken; vgl. SCHULTZ, Auslieferungsrecht, S. 393.

lauten: Das Prinzip der identischen Norm soll bewirken, daß — vom Standpunkt des ersuchten Staates aus — dem Verfolgten kein Unrecht geschieht. Ein solches Unrecht ist für den ersuchten Staat die Anordnung, vor allem aber die Vollstreckung der bei ihm unzulässigen Strafart; also verlangen seine Souveränität und seine öffentliche Meinung die Durchsetzung seiner Anschauungen durch Verweigerung der Auslieferung, selbst wenn der in Frage stehende Auslieferungsvertrag eine solche Auslieferungsbeschränkung nicht vorsieht[155].

Außerdem könnte man den Standpunkt einnehmen, daß eine Norm wie Art. 102 GG nicht nur die gesetzliche Anordnung der Todesstrafe, den Befehl der Vollstreckung oder den Vollzug durch die zuständigen deutschen Behörden verbietet, sondern auch jede Hilfestellung deutscher Behörden zu ihrer Anordnung oder Vollstreckung im Ausland[156].

Schließlich ist möglicherweise die Gegenseitigkeit noch auf die Folgen der Tat zu erstrecken, weil der ersuchte Staat im umgekehrten Fall die bei ihm verbotene Strafart anzuwenden nicht in der Lage ist, mithin mehr geben muß, als er seinerseits jemals erhalten kann[157].

2. Weder Gegenseitigkeit noch Gerechtigkeit gebieten jedoch dem ersuchten Staat die Beachtung seiner Auffassung über eine Strafart bei einer Auslieferung auf Grund eines Vertrages, der keine entsprechende Beschränkung vorsieht[158].

a) Ein Umstand hat entscheidende Bedeutung: Für Staaten mit dem nationalen Verbot einer Strafart gilt es, einen Kompromiß zu schließen zwischen ihrer Auffassung und der Notwendigkeit, an einer international wirksamen Auslieferung von Kapitalverbrechern mitzuwirken. Kein Land lebt in der Isolation; jeder Staat ist auf einen ordentlich funktionierenden Rechtshilfeverkehr in Strafsachen geradezu angewiesen. Nur durch Auslieferungsverträge lassen sich wirkungsvolle Auslieferungsbeziehungen zwischen den Staaten schaffen[159]. Die weitestmögliche Durchsetzung der eigenen Vorstellungen ist eine Sache der zwischenstaatlichen Verhandlungen vor einem Vertragsabschluß. Gelingt die Durchsetzung einem Staat nicht oder nicht ganz, mag er von der

---

[155] Dieser Ansicht ist Liebermann, S. 65 f.

[156] Als mögliches Argument aufgezeigt in BVerfGE 18, 112 (116).

[157] Diese Konsequenz der Gegenseitigkeit wird bejaht von Scheim, ZStrR 51, 37.

[158] Vgl. zum folgenden besonders die Ausführungen in BVerfGE 18, 112 (116—121); sowie bei Geck, JuS 1965, 224—228; und bei Benz, S. 47—50.

[159] Zu den Vorteilen von Auslieferungsverträgen allgemein s. Roux, S. 126; Mérignhac, S. 379, Delaquis, ZStrR 48, 299 (der Auslieferungsverkehr wird gesichert, da ja sonst keine Verpflichtungen bestehen); Holtzendorff, S. 47 (Abschreckung der Verbrecher); und Herbaux, S. 1057 (Abkürzung der Auslieferungsprozedur).

Eingehung eines Vertrages Abstand nehmen; kein Land muß eine fremde Rechtsordnung durch den Verzicht auf die eigene Ächtung einer Strafart anerkennen. Beim Aushandeln von Verträgen sind die Staaten grundsätzlich frei; sie können nicht gezwungen werden, von ihren Auffassungen abweichende internationale Verträge zu treffen[160]. Hat sich aber ein Staat im Interesse einer effektiven internationalen Verbrechensbekämpfung kompromißbereit gezeigt und sich zum Abschluß einer Auslieferungsvereinbarung bewegen lassen, obwohl er seine Vorstellungen nicht oder nicht ganz durchsetzen konnte, so ist das Zustandekommen des Vertrages überhaupt ein dieses Zurückweichen bei weitem überwiegender Vorteil. Die vertraglich dann allerdings unbeschränkt übernommene Verpflichtung darf der ersuchte Staat einseitig nicht mehr einschränken; das würde einen schweren Eingriff in die vom ersuchenden Staat durch den Vertrag erworbenen Rechte bedeuten[161].

Zudem stellte das Beharren z.B. auf dem eigenen Verbot der Todesstrafe eine unzulässige Einmischung in die innerstaatlichen Zuständigkeitsregeln des ersuchenden Staates, in die Strafgewalt seiner Gerichte und das Begnadigungsrecht des Staatsoberhauptes dar[162]. Und schließlich sollen Auslieferungsverträge möglichst auf lange Sicht abgeschlossen werden und unabhängig von den gerade bei den Strafarten stets Änderungen unterworfenen Anschauungen der einzelnen Partnerstaaten sein.

b) Durch die Auslieferung an einen Staat mit einer ihm verbotenen Strafart erbringt der ersuchte Staat zudem kein Mehr. Wie nämlich der ersuchende Partner ohne Rücksicht auf den ersuchten Staat sein Strafensystem entfalten kann, so darf im umgekehrten Fall der ersuchte Staat sein Reaktionensystem anwenden, ohne fremdes Recht berücksichtigen zu müssen. Die gegenseitigen Rechte und Pflichten bleiben, so betrachtet, gleich.

c) Darüber hinaus würde eine Nichtauslieferung wegen z. B. drohender Todesstrafe in vielen Fällen dazu führen, daß schwerste Kriminalität ungesühnt bliebe, dann nämlich, wenn der ersuchte Staat keine Befugnis hat, gegen Auslandstaten von Ausländern vorzugehen. Bestimmungen wie § 4 II Z. 3 StGB mögen, indem sie bei unterbliebener Auslieferung dem ersuchten Staat eine entsprechende Strafkompetenz geben, das Ergebnis erträglicher gestalten. Jedoch ist dabei von vornherein zu berücksichtigen, daß eine gerechte Aburteilung wegen der Schwierigkeiten der Sachaufklärung — Auslands-

---

[160] DAHM, S. 275; GECK, JuS 1965, 225; derselbe, „Anerkennung fremder Hoheitsakte", S. 56, und „Anerkennung fremder Urteile...", S. 57.

[161] So noch SCHULTZ, Auslieferungsrecht, S. 398.

[162] Ähnlich auch HONIG, JCLQ 6, 564.

taten von Ausländern! — kaum möglich sein wird[163]. Überhaupt ist § 4 I Z. 3 StGB eine rechtspolitisch sehr bedenkliche Bestimmung[164]. Denn ohne ihre Existenz würde Deutschland keineswegs, wie vorgetragen wird[165], zu einem „Asyl für ausländische Verbrecher"[166]. Eine Norm wie § 4 II Z. 3 StGB ist nämlich im europäischen Raum außerordentlich selten, und man kann von den Ländern, die diese Kompetenzregel nicht haben, nicht behaupten, sie seien ein Tummelplatz fremder Rechtsbrecher.

d) Das oben Ausgeführte gilt gleichfalls für die Rechtslage in der Bundesrepublik Deutschland. Daran ändert auch Art. 102 GG nichts[167]. Eine Beschränkung des vertraglichen Auslieferungsverkehrs ist durch diese Bestimmung nicht gewollt[168]. Die Bundesrepublik hat

---

[163] Vgl. Oehler, Grünhut-Erinnerungsgabe, S. 117, 127; Dahm, S. 275 f.; BVerfGE 18, 112 (120 f.).

[164] S. zum ganzen Oehler, JZ 1964, 382 f., zu BGHSt 18, 283.

[165] Vgl. z. B. Rietzsch, S. 566.

[166] Formulierung von Oehler, JZ 1964, 383.

[167] So — neben Geck und dem BVerfG a. a. O. — noch Grützner, BeiLBdAnz Nr. 212, vom 10. 11. 1965, S. 16; Herlan, JZ 1966, 176. Die Bundesregierung ist gleicher Ansicht, vgl. Grützner, BeiLBdAnz Nr. 171, vom 15. 9. 1964, S. 4.

[168] And. Ans. Schüssler, S. 1897 f.; Maurach, S. 104 f., und, besonders eingehend, Kreppel, S. 190—224. Vor allem Kreppel weist dem Verbot der Todesstrafe eine weitergehende Bedeutung zu (S. 203: „Die Achtung vor dem Menschenleben, die die Abschaffung der Todesstrafe forderte, verlangt ... daß in das Leben auch nicht auf dem Wege der Auslieferung eingegriffen wird.") Ein Werturteil über andere Strafensysteme werde durch eine Auslieferungsverweigerung nicht abgegeben; jeder Staat dürfe seine Anschauungen im internationalen Bereich durchsetzen. Die Gesetze zu den Verträgen, die eine unbeschränkte Auslieferungspflicht normierten, seien wegen Verstoßes gegen die Verfassungsnorm Art. 102 GG nichtig (S. 216 f.). Eine wesentliche Beeinträchtigung des Auslieferungsverkehrs sei wegen der geringen Zahl von Auslieferungsersuchen bei drohender Todesstrafe nicht zu befürchten. Außerdem wird auf den bereits behandelten § 4 II Z. 3 StGB hingewiesen.

Diesen Argumenten kann nicht zugestimmt werden. Es ist doch gerade die Frage — die m. E. nach dem oben Gesagten verneint werden muß — ob Art. 102 GG auch für den (vertraglichen) Auslieferungsverkehr gelten sollte. Daß jeder Staat im internationalen Bereich seine Auffassungen durchsetzen darf, gilt auch für den ersuchenden Staat; gerade wegen dieser Befugnis der beiden an der Auslieferung beteiligten Länder ist ja im Vertrag bezüglich der gegenseitigen Vorstellungen, die voneinander abweichen, ein Kompromiß geschlossen worden. Trotz der geringen Zahl einschlägiger Fälle würde darüber hinaus eine sich auf Art. 102 GG versteifende Haltung Deutschlands den Auslieferungsverkehr erheblich stören; denn die Verweigerung der Auslieferung auch nur in einem Fall, wo der betreffende Vertrag eine unbeschränkte Auslieferungsverpflichtung normiert, würde das durch den Vertragsabschluß zum Ausdruck gekommene Verrauensverhältsich unter dem Einfluß ihrer geschichtlichen Situation zwischen 1933 und 1945 gegen die Todesstrafe entschieden, andere Kulturstaaten der westlichen Welt bejahen diese Strafart. Die Bundesrepublik hat zwar jeweils unter Berufung auf Art. 102 GG bei fast allen unter der Geltung des GG abgeschlossenen Auslieferungsverträgen die Aufnahme der Bestimmung erwirkt, die die vertragliche Auslieferungspflicht von dem bindenden Versprechen des anderer Staaten abhängig macht, ein etwa ergangenes Todesurteil nicht zu vollstrecken, oder nach der die Todesstrafe automatisch in z. B. lebenslängliche Freiheitsstrafe umgewandelt wird[169]. Das gelang jedoch für den Vertrag mit Frankreich nicht; dieser sieht in Art. 18 nur eine entsprechende Empfehlung vor, trotz der Frankreich auf Todesstrafe erkennen und sie vollstrecken kann[170]. Bei dieser Rechtslage muß Deutschland an Frankreich unbedingt ausliefern.

---

nis zwischen den Partnern erschüttern, und das gerade auf dem so anfälligen Gebiet der außenpolitischen Beziehungen.

Die Gegenmeinung verkennt m. E., daß bei einer Auslieferung zur Vollstreckung einer im ersuchten Staat verbotenen Strafart die Verantwortlichkeit des letzteren eine geringere ist, als wenn er die Srafart selber anwendete. Er ordnet die unzulässige Strafe nicht selber an, unterstützt vielmehr unselbständig eine fremde Strafgewalt (Geck, JuS 1965, 226). Und dazu: „Es gibt keinen Schutz für das etwa bestehende Vertrauen, des in der Bundesrepublik ... befindlichen Ausländers, daß er stets unter den Verfassungsgarantien der Bundesrepublik stehen wird." (Geck, a. a. O., S. 227).

[169] So jeweils Art. 9 dt.-belg. und dt.-moneg. AuslVer. (Versprechen der Nichtvollstreckung) und jeweils Art. 11 dt.-österr. und dt.-portug. AuslVer. (zwingende Umwandlung). Ähnlich auch Art. 11 des europ. AuslAbk. (Zusicherung der Nichtvollstreckung). Vgl. in diesem Zusammenhang noch die Bekanntmachung vom 7. 9. 1956 über die Wiederanwendung des dt.-us-amerik. AuslVer. (BGBl. 1956 II 900), in der Deutschland darauf hinwies, es werde nicht ausliefern, wenn die Vollstreckung einer Todesstrafe zu erwarten sei. S. noch Z. 1 der Bekanntmachung vom 15. 2. 1957 über die Wiederanwendung des dt.-niederl. AuslVer. (BGBl. 1957 II 22): Eine Auslieferung findet nicht statt, „wenn nicht hinreichend gesichert ist, daß der ersuchende Staat eine ... Todesstrafe nicht vollstreckt ..." Auch Art. III Abs. 3 des dt.-brit. AuslVer. sieht bei drohender Todesstrafe ein Ablehnungsrecht Deutschlands vor.

Durch solche vertraglichen Regelungen wird das Problem allerdings (entgegen Honig, S. 564, 568) befriedigend gelöst; ein unzulässiger Eingriff durch die Exekutive des ersuchenden Staates, die z. B. die Nichtvollstrekkung der Todesstrafe versprochen hat, in die Unabhängigkeit der Gerichte findet nicht statt. Sobald nämlich der Vertrag die Wirksamkeit eines innerstaatlichen Gesetzes erhalten hat, besteht auch eine entsprechende gesetzliche Anordnung an die Gerichte, Vgl. Grützner, BeiLBdAnz Nr. 207, vom 26. 10. 1960, S. 4.

[170] Art. 18 dt.-franz. AuslVer. war Gegenstand des Beschlusses BVerfGE 18, 112. Eine ähnliche Norm ist Art. 15 Typus-AuslVer. Treffend hebt Pfenninger, ZSR nF 54, 90, hervor, daß „eine solche Empfehlung nichts weiter denn ein pium desiderium wäre". S. auch Constant, S. 87.

e) Als Ergebnis ist festzuhalten: Im vertraglichen Auslieferungsverkehr dürfen Unterschiede in den Strafarten, die nach den Rechten beider Staaten zulässig sind, keine Berücksichtigung finden, wenn die betreffenden Verträge keine Einschränkungen machen[171]. Das gilt sowohl für die Todesstrafe als auch für körperliche Strafen[172]. Im Rahmen der vertraglosen Auslieferung mag ein Staat dagegen das Verbot einer Strafart gemäß seinem nationalen Recht zum Anlaß nehmen, eine Auslieferung zu verweigern[173]. Das DAG hat allerdings eine solche Bestimmung absichtlich nicht aufgenommen[174]. Doch dem kommt keine besondere Bedeutung zu, wenn man davon ausgeht, daß ein Staat ohne einen Vertrag nicht zur Auslieferung verpflichtet ist[175].

II. *Unterschiedliche Strafmaße*

Ebensowenig wie verschiedene Strafarten dürfen unterschiedliche Strafmaße im ersuchten und ersuchenden Staat zu einer Einschränkung der vertraglichen (und hier auch der vertraglosen) Auslieferung

---

171 SCHULTZ, Auslieferungsrecht, S. 398; BENZ, S. 49; REISNER, Voraussetzungen, S. 55 f.; LAMMASCH, Auslieferungspflicht, S. 499; METTGENBERG-DOERNER, S. 148 ff.; BGE ZStrR 13, 379 (381 E 2); sowie die bereits Zitierten. SCHEIMS Standpunkt (ZStrR 51, 36; ähnlich auch LIEBERMANN a. a. O., und EBERT, S. 24, 33), der von einem stillschweigenden vertraglichen Vorbehalt ausgeht, kann nach dem Vorstehenden nicht zugestimmt werden. So ausdrücklich auch GRÜTZNER, „Auslieferung", S. 119.

172 Todesstrafe und körperliche Strafe sind ein aliud, vgl. SCHULTZ, a. a. O., S. 397; LANGHARD, S. 93.

173 So besonders SCHULTZ, a. a. O., S. 393 (für das auslieferungsgesetzliche Verbot); LAMMASCH, a. a. O., S. 499; EBERT, S. 23; KREPPEL, S. 213, und passim.

174 METTGENBERG-DOERNER, S. 149 f.; KREPPEL, S. 194.

175 Aber auch bei vertraglosem Zustand bleibt eine Auslieferung grundsätzlich immer wünschenswert (MERCIER, S. 180; DAHM, S. 278), und es ist durchaus die Frage, ob Art. 102 GG nicht auch im vertraglosen Auslieferungsverkehr unbeachtlich ist. Dafür scheinen METTGENBERG-DOERNER, S. 148 ff. (allerdings wieder einschränkend S. 150), einzutreten. Vgl. noch GRÜTZNER, BeiLBdAnz Nr. 212, vom 10. 11. 1965, S. 16.

So berichtet DELIUS (AöR 8, 27, besonders FN 31) von der alten Praxis der Niederlande, die, obwohl sie die Todesstrafe abgeschafft hatten, die drohende Vollstreckung der Todesstrafe im ersuchenden Staat nicht als Auslieferungshindernis betrachteten. Zur Unbeachtlichkeit von verschiedenen Strafarten in beiden Staaten auch für den vertraglosen Verkehr vgl. noch SAINT-AUBIN, traité, I, S. 689); LANGHARD, S. 93 (beide für die Todesstrafe); FRAUSTÄDTER, Anm. 5 zu § 1 DAG, S. 28 (für die Prügelstrafe), und PFENNINGER, ZSR nF 54, 89 f. (für Todesstrafe und körperliche Strafen). Natürlich gehen die zitierten Autoren nicht auf die durch Art. 102 GG bewirkte Problematik ein.

führen[176]. Hat der ersuchende Staat für das Delikt, wegen dessen ausgeliefert werden soll, eine höhere Strafdrohung als der ersuchte, muß dieser dennoch ausliefern und darf jener bei der Bestrafung die eigene hohe Strafdrohung zugrundelegen[177]. Das Prinzip der identischen Norm verlangt seinem Sinn nach lediglich eine Berücksitigung des Rechts des ersuchten Staates insoweit, als feststehen muß, daß sich der Verfolgte eines strafbaren Auslieferungsdelikts schuldig gemacht, daß er eine Strafe überhaupt verdient hat[178]. Dann sieht der ersuchte Staat seine Anschauungen von Recht und Unrecht bestätigt; es steht eine gewisse minimale Übereinstimmung der beiden Strafsysteme fest. Mehr will das Prinzip der identischen Norm nicht. Jedem Staat verbietet seine Unabhängigkeit, sein Strafensystem dem eines anderen Staates anzugleichen; es muß jedem Land selbst überlassen bleiben, wie es das System seiner Reaktionen auf Straftaten einrichtet[179]. Die Berücksichtigung der Höhe der Strafdrohung im ersuchten Staat würde außerdem immer dann scheitern, wenn bei gänzlich verschiedenen Strafensystemen Vergleichsmaßstäbe fehlten[180].

Und schließlich darf der Verfolgte wegen seiner Flucht allein nicht besser gestellt werden, als wenn er im ersuchenden Staat verblieben wäre — schon wegen des sonst bestehenden Anreizes zum Grenzübertritt —, abgesehen von den ohnehin schon erheblichen Auswirkungen, die die Straflosigkeit seiner Tat überhaupt oder als Auslieferungsdelikt nach dem Recht des ersuchten Staates hat[181].

---

[176] Benz, S. 42—45; Schultz, Auslieferungsrecht, S. 326 f.; Lammasch, Auslieferungspflicht, S. 503 f.; Saint-Aubin, traité, I, S. 691; Mettgenberg, AöR 25, 101; Delius, AöR 6, 421; Ebert, S. 19 f.; Th. Meyer, S. 61; Reisner, Voraussetzungen, S. 55; Lohmann, S. 73; Calvo, § 1270, S. 423; OLG Düsseldorf GA 1958, 375 f. (376).

[177] Benz (S. 44) weist mit Recht darauf hin, daß die vertraglichen oder gesetzlichen Regeln, die eine Auslieferung von einer bestimmten Mindesthöhe der zulässigen Strafe abhängig machen, kein anderes Ergebnis nahelegen. Sie sollen nur erreichen, daß der Aufwand der Auslieferung nur für Delikte von einigem Gewicht eingesetzt wird. Ist allerdings entgegen dem Recht des ersuchenden Staates eine bestimmte Tat nach dem Recht des ersuchten Staates mit einer Höchststrafe bedroht, die unter dem Auslieferungsdeliktsrahmen liegt, muß mangels Auslieferungsdeliktsqualität der verfolgten Tat nach dem Recht des ersuchten Staates die Auslieferung unterbleiben (Vgl. z. B. Reisner, Voraussetzungen, S. 55).

[178] Benz, S. 47; s. noch Fuld, NiemZ 2, 278. And. Ans. Berney, S. 79, aus Humanitätsgründen.

[179] Schultz, Auslieferungsrecht, S. 394; ähnlich Jescheck, ZStW 66, 532.

[180] „Ganz verfehlt“ würde es sein, den Verfolgten nur bis zur Höhe der nach dem Recht des ersuchten Staates zulässigen Strafe im ersuchenden Staat zu verurteilen (etwa in Analogie zum innerstaatlichen Gebot der Anwendung der lex mitior, vgl. z. B. § 2 II 2 StGB). Ein solches Verfahren widerspräche dem Rechtshilfecharakter der Auslieferung völlig. So besonders Schultz, a. a. O., S. 327, FN 89.

[181] Schultz, a. a. O., S. 394.

§ 3. Die Einschränkung des Prinzips der identischen Norm

1. Nicht immer gebieten Souveränität und Rechtsstaatlichkeit dem ersuchten Staat, die Auslieferung von der Strafbarkeit der Tat nach eigenem Recht abhängig zu machen. Die Nichterwähnung eines Delikts im ersuchten Staat, das der ersuchende Staat als auslieferungsfähig ansieht, als strafbar oder auslieferungsfähig muß nämlich nicht darauf beruhen, daß jener es als solches oder in der weitergehenden Fassung des Rechts des ersuchenden Staates nicht als strafwürdig oder den Aufwand einer Auslieferung lohnend anerkennt, sondern kann daraus folgen, daß „... à cause des institutions particulières ou de la situation géographique du pays de refuge, les circonstances de fait qui constituent le délit ne peuvent se produire", wie die 11. These der Oxforder Resolutionen formuliert[182].

In den hier angesprochenen Fällen[183] ist die Inkriminierung überhaupt oder die Anerkennung der Auslieferungsfähigkeit aufgrund von Unterschieden unterblieben, die „von den sozial-ethischen Rechtsanschauungen (des ersuchten Staates) unabhängig sind ..."[184] Wenn das Zufluchtsland hier durch eine Bewilligung der Auslieferung auf die besondere tatsächliche Situation des ersuchenden Staates Rücksicht nimmt, kommt es einem Gebot der „zwischenstaatlichen Courtoisie"[185] nach [186].

---

[182] Ähnlich, jedoch mit einer noch zu besprechenden wesentlichen Ausnahme, Art. 4 schwz. AuslGes.: „Die Auslieferung wegen einer in Artikel 3 erwähnten Handlung kann auch dann bewilligt werden, wenn die Handlung zwar nach den Gesetzen des ersuchenden Staates strafbar, in dem Strafgesetze des Zufluchtskantons jedoch nicht besonders erwähnt ist, sofern diese Nichterwähnung lediglich eine Folge äußerer Verhältnisse ist, wie z. B. der Verschiedenheit der geographischen Lage beider Länder."

Eine solche Bestimmung scheint sich in sonst keinem Auslieferungsgesetz zu finden, vgl. Schultz, Auslieferungsrecht, S. 319, FN 46.

[183] Ein Land kennt z. B. das Delikt der Störung des Telegraphenbetriebes nicht, weil es diese Einrichtung nicht hat. Oder die besondere Sachbeschädigung von Deichen und Dämmen, oder der besondere Fall des Raubes, der Seeraub, sind nicht erwähnt, weil der Staat ein Binnenstaat ist. Vgl. zum ganzen Schultz, a. a. O., S. 319, FN 48.

[184] Art. 2 des Typus-AuslVer. (S. 223, a. a. O.). im englischen Text heißt es „social morals" (S. 211, a. a. O.), im französischen „morale sociale" (S. 196, a. a. O.).

Der ersuchte Staat müßte also, hätte er die gleiche geographische Lage oder den gleichen Zivilisationsstand wie der ersuchende Staat, das betreffende Verhalten selber als strafbares Auslieferungsdelikt behandeln wollen (vgl. von Bar, GS 34, 492).

[185] Besonders hervorgehoben von Benz, S. 67; ähnlich Lammasch, Auslieferungspflicht, S. 181; Garbani, S. 44; Pfenninger, ZSR nF 54, 74.

[186] Im umgekehrten Fall würde er allerdings keine Einlieferung erhalten; daß das eine Verletzung der streng konzipierten Gegenseitigkeit bedeutet, ist zu betonen.

2. Die praktische Bedeutung des Grundsatzes ist allerdings nur gering[187]. So werden z. B. Seeraub oder Piraterie, Deich- oder Dammbeschädigung im Binnenstaat als Raub oder Sachbeschädigung in aller Regel strafbare Auslieferungsdelikte darstellen[188]. Trotzdem ist die Einschränkung nicht überflüssig; ihr dogmatisch-theoretisches Gewicht ist vielmehr erheblich. Sie zeigt, daß das Prinzip der identischen Norm nicht schematisch gehandhabt werden darf, sondern im Zusammenhang mit seinem Sinn und dem der Auslieferung gesehen werden muß[189].

Auch wenn sie nur dann praktiziert werden kann, wenn sie vertraglich oder gesetzlich normiert worden ist[190], so ist sie doch vor allem Richtschnur für die Staaten bei der Abfassung von Ausliefe-

---

[187] Ob die unterschiedlichen Schutzaltersgrenzen bei der Unzucht mit Minderjährigen in nördlichen und südlichen Staaten hierunter fallen, ist zweifelhaft. Würde das der Fall sein, stünde das Prinzip der identischen Norm nicht der Auslieferung eines Täters, der in einem nördlichen Staat Unzucht an einer 13jährigen Person verübt hat, aus einem südlichen Land entgegen, auch wenn dort das Schutzalter mit 12 Jahren endet, im nördlichen Staat aber mit 14 Jahren (in diesem Sinn Art. 1 Z. 13 dt.-span. AuslVer.; METTGENBERG, AöR 25, 105 f.; DELIUS, AöR 11, 524; LAMMASCH, Auslieferungspflicht, S. 181; REISNER, Voraussetzungen, S. 50).

Das früher endende Schutzalter im südlichen Staat mag eine Konsequenz der im Süden allgemein früher eintretenden Geschlechtsreife sein. Aber: Die angeführte Klausel hat lediglich solche Unterschiede im Auge, die nichts mit den sozial-ethischen Anschauungen des ersuchten Staates zu tun haben. Wenn man dann die verschiedenen Schutzaltersgrenzen in den nahe benachbarten Schweizer Kantonen in Betracht zieht, kann man nicht mehr behaupten, diese Altersgrenzen seien lediglich Ausfluß z. B. einer unterschiedlichen geographischen Lage (so, gegen BENZ, S. 66 ff., SCHULTZ, Auslieferungsrecht, S. 319, FN 48). In der Tat ist anzuerkennen, daß die Frage der Grenze des Schutzalters nicht sozusagen geographisch-biologisch wertneutral beantwortet wird, sondern auch unter Anlegung sozialethischer Maßstäbe danach, wann die „geschlechtliche Reinheit und Unerfahrenheit“ zu schützen ist (vgl. SCHÖNKE-SCHRÖDER, Rdn 22 zu § 176 StGB).

[188] Vor allem wird die Einschränkung fast illusorisch, wenn die „nicht besonders erwähnten“ Handlungen Auslieferungsdelikte darstellen müssen, wie Art. 4 schwz. AuslGes. verlangt. Unter den Auslieferungsdelikten in Art. 3 finden sich nur der Seeraub (Z. 19) und das Versenken eines Schiffes (Z. 29). Ersteres ist als Raub, letzteres als Sachbeschädigung sowieso einer Auslieferung zugänglich (SCHULTZ, Auslieferungsrecht, S. 319 f.).

[189] BENZ, S. 64 ff., 66; SCHULTZ, a. a. O., S. 319; ähnlich VON MARTITZ, II, S. 57 f., FN 4 a; VON BAR, GS 34, 491 f.; RENAULT, S. 628 f.; MERCIER, S. 190; SAINT-AUBIN, traité, I, S. 680; FAUCHILLE-BONFILS, Nr. 470, S. 1032; PFENNINGER, GARBANI, a. a. O. In gewisser Weise wohl auch METTGENBERG, AöR 25, 104 f., wenn er die „relative Gegenseitigkeit“ behandelt.

[190] S. SCHULTZ, a. a. O., S. 319; FRAUSTÄDTER, Anm. 3 zu § 2 DAG, S. 33.

rungsverträgen[191] oder -gesetzen. Außerdem macht sie die Revisionsbedürftigkeit der strengen Gegenseitigkeitskonzeption deutlich, die die Beachtung der Unterschiedlichkeiten der Strafgesetze in beiden Ländern ohne Rücksicht auf die Gründe dieser Divergenzen verlangt[192]. Das Kriterium der sozial-ethischen Fundierung wird auch noch bei der Voraussetzung beidseitiger Verfolgbarkeit (vgl. den folgenden §) eine große Rolle spielen.

§ 4. Die Erweiterung des Prinzips der identischen Norm — die beidseitige Verfolgbarkeit und Vollstreckbarkeit

Allgemein wird die Auslieferungsvoraussetzung der beidseitigen Verfolgbarkeit[193] in der Literatur — vgl. für das positive Auslieferungsrecht Kapitel II § 2 — kaum abgehandelt. Das Schwergewicht der Erörterungen liegt, im übrigen durchaus zu Recht, auf den einzelnen Voraussetzungen der Strafverfolgbarkeit bzw. den einzelnen Verfahrenshindernissen. Generelle Aussagen über die beidseitige Verfolgbarkeit sind auch nur in beschränktem Maße möglich; denn die einzelnen Erfordernisse der Strafverfolgbarkeit entspringen jeweils ganz unterschiedlichen Überlegungen[194].

A. Verfolgbarkeit im ersuchenden Staat

Die Verfolgbarkeit der Tat nach dem Recht des ersuchenden Staates ist wie die Bedingung der Strafbarkeit nach seinem Recht als selbstverständliche Voraussetzung der Auslieferung anzusehen[195].

---

[191] Ihren Niederschlag hat sie z. B. in Art. 1 Z. 1 dt.-luxemb. AuslVer. gefunden, der unter anderem eine Auslieferungspflicht für „vorsätzliches und rechtswidriges Zerstören eines Schiffes" bestimmt, Delikte, für die Luxemburg bei Vertragsabschluß 1876 selber keine Einlieferung erhalten hätte (METTGENBERG, a. a. O., S. 85). Heute haben allerdings auch viele Binnenstaaten unter eigener Flagge fahrende Schiffe (für die Schweiz s. SCHULTZ, a. a. O., S. 320, FN 52), so daß also die vertragliche Ausnahme immer mehr an Bedeutung verliert.

[192] Daß die Gegenseitigkeit „den verschiedenen Verhältnissen in den Ländern Rechnung tragen muß" (GROS, S. 31), wird in dieser Arbeit noch öfter erheblich.

[193] Entsprechendes gilt für die Vollstreckbarkeit; sie wird im folgenden nicht mehr gesondert erwähnt.

[194] Vgl. zu den Schwierigkeiten bei der Einteilung der Prozeßvoraussetzungen überhaupt SCHÄFER, bei LÖWE-ROSENBERG, Kapitel 10 A 2, S. 72 f. (Einleitung).

[195] H. MEYER, Einlieferung, S. 115; MÜNCHHAUSEN, S. 49 f.; HERLAN, MDR 1951, 182 f. (183), zu OLG Düsseldorf daselbst, S. 181 f.; RGSt 38, 334 (334 f.).

Z. eingeschränkten Umfang der Nachprüfung der Voraussetzung der Verfolgbarkeit im ersuchenden Staat durch den ersuchten Staat vgl. unten Kapitel III § 2 IV, S. 79.

Denn wenn der Täter im ersuchenden Staat nicht verfolgt oder wenn die erkannte Strafe gegen ihn dort nicht vollstreckt werden darf, besteht für den ersuchten Staat kein Anlaß, dem dergestalt an der Durchsetzung gehinderten Strafanspruch des ersuchenden Staates Hilfe zu leisten; eine Auslieferung würde sinnlos und zwecklos sein. Auch der Grundsatz der Gegenseitigkeit führt zu diesem Ergebnis: Erhielte der ersuchende Staat für von ihm nicht verfolgbare Taten eine Einlieferung, erhielte er mehr, als er im umgekehrten Fall an den ersuchten Staat zu leisten hätte; denn letzterer käme, da er seinen Strafanspruch nicht durchsetzen könnte, nicht in die Lage, ein Auslieferungsbegehren zu stellen[196].

B. Verfolgbarkeit nach dem Recht des ersuchten Staates

I. Das Prinzip der Gegenseitigkeit in seiner strengen Ausformung erfordert die Verfolgbarkeit der Tat nach dem Recht des ersuchten Staates. Lieferte dieser nämlich für eine Tat aus, deren Verfolgung nach eigenem Recht unzulässig sein würde, erbrächte er mehr, als ihm jemals zugestanden würde — im umgekehrten Fall würde er nie ein Auslieferungsbegehren stellen, und wenn er ein solches Begehren an den dann ersuchten Staat richtete, würde dieser, eben wegen der gerade erörterten Voraussetzung der Verfolgbarkeit der Tat im ersuchenden Staat, die Auslieferung verweigern. Die Tragfähigkeit der formal konzipierten Gegenseitigkeit für dieses Ergebnis ist jedoch recht zweifelhaft[197].

1. Das Bestehen eines Staates auf der strengen Gegenseitigkeit kann für den Verfolgten einen großen Nachteil haben — es kann das Auslieferungsverfahren ungebührlich in die Länge ziehen mit der Konsequenz, daß sich auch die Auslieferungshaft entsprechend verlängert. Das zeigt anschaulich der von GRÜTZNER mitgeteilte Durchlieferungsfall[198] — für die Durchlieferung gelten dieselben Bedingungen wie für die Auslieferung, § 33 I DAG —: Deutschland hätte durch das Beharren auf Beibringung der Verfahrensvoraussetzung des Strafantrags, dessen Erforderlichkeit noch dazu zweifelhaft war, den ersuchenden Staat Österreich gezwungen, die Durchlieferung des Verfolgten aus Belgien über Frankreich und Italien zu be-

---

[196] Anders SCHULTZ, Auslieferungsrecht, S. 336, 338, wohl als Konsequenz seiner die Berücksichtigung der Verfolgungsvoraussetzungen nach dem Recht des ersuchten Staates ablehnenden Meinung.

[197] Im übrigen hat auch das DAG den Grundsatz der Verfolgbarkeit nach deutschem Recht als dem Recht des ersuchten Staates getrennt von der Voraussetzung der Verbürgung der Gegenseitigkeit aufgeführt (§ 4 Z. 1 und Z. 2); es scheint also selber davon ausgegangen zu sein, daß sich ersterer nicht zwangsläufig aus letzterer ergibt. So sehr treffend KÖHLER, JW 1933, 986, zu OLG Hamburg daselbst.

[198] ZStW 68, 508; ähnlich hebt auch HERLAN, JZ 1966, 176 die Unzuträglichkeiten für den Verfolgten hervor.

antragen. Wenn man bedenkt, wie sehr sich dadurch das Durchlieferungsverfahren hätte verzögern können (Deutschland zeigte sich allerdings großzügig und verzichtete auf Darlegung des Antrags), und dazu berücksichtigt, daß die im Ausland erlittene Auslieferungshaft kaum wird auf die im ersuchenden Staat schließlich erkannte Strafe angerechnet werden können[199], liegen die Unzuträglichkeiten dieser Verfahrensweise auf der Hand.

2. Ebenso unbefriedigend wird oft die unbedingte Statuierung des Erfordernisses der Verfolgbarkeit nach eigenem Recht als Auslieferungsvoraussetzung für den ersuchten Staat selbst sein. Denn dieser kann sich gezwungen sehen, eine Auslieferung zu verweigern, die er eigentlich gerne bewilligt hätte, und zwar dann, wenn das im konkreten Fall eingreifende Prozeßhindernis rein außerstrafrechtlichen Erwägungen entspringt, mit Schuld und Verwerflichkeit des Handelns des Täters nichts zu tun hat, das auch nach eigenem Recht trotz des Prozeßhindernisses strafwürdig erscheint. Bei solcher Lage den Täter nicht auszuliefern und noch straflos zu lassen, nur weil ihm die Flucht gelang, ist in höchstem Grade ungerecht, kriminalpolitisch unbefriedigend und unerwünscht; denn dadurch wird ein starker Anreiz zur Flucht gegeben[200]. Prozeßvoraussetzungen[201] als Auslieferungshindernisse zu berücksichtigen, die lediglich aus Zweckmäßigkeitsgründen, aus Gründen der Prozeßökonomie statuiert sind,

---

[199] Vgl. die vorstehende FN 103, und OLG Karlsruhe NJW 1968, 2206 (2207).

[200] Ähnlich auch Mercier, S. 200; Saint-Aubin, Revue générale 1928, 14 f.; Lammasch, Auslieferungspflicht, S. 91.

Der Gedanke des Loswerdenwollens lästiger und unerwünschter ausländischer Rechtsbrecher und die hier hinderliche Wirkung der Gegenseitigkeit wird ebenfalls von Gegnern des Prinzips der identischen Norm überhaupt vorgebracht (Travers, Clunet 48, 60; Donnedieu de Vabres, Revue générale 1928, 559). Es ist jedoch zu betonen, daß dieser Gesichtspunkt nur auf dem Gebiet der beidseitigen Verfolgbarkeit eine Rolle spielen darf; selbst wenn nämlich die Gegenseitigkeit als Begründung für den Grundsatz beidseitiger Strafbarkeit nicht gelten sollte, sprechen, wie bereits hervorgehoben, überwiegende Erfordernisse der Rechtsstaatlichkeit für eine Nichtauslieferung von nach dem Recht des ersuchten Staates straflosen Tätern. Lästige Ausländer können unter bestimmten Voraussetzungen abgeschoben werden (vgl. das AusläGes., §§ 13 ff.); die Auslieferung hat andere Aufgaben.

Ob im übrigen auch eine Ausweisung unzulässig sein kann, wenn eine Auslieferung nicht erlaubt ist, soll hier nicht behandelt werden; vgl. dazu Ritter, S. 3 f., 68; Fraustädter, Vorbem. zu §§ 2—6 DAG, S. 29—32.

[201] Die in dieser Arbeit nebeneinander gebrauchten Ausdrücke „Prozeßvoraussetzung" und „Prozeß-" bzw. „Verfahrenshindernis" beinhalten keine Unterschiede, sie bringen den gleichen Gedanken in negativer oder positiver Form zum Ausdruck" (Schäfer, bei Löwe-Rosenberg, Kapitel 10 A 1, S. 71).

sich aus den besonderen inneren Verhältnissen des ersuchten Staates ergeben und mit der Strafbarkeit des Verfolgten im eigentlichen Sinne, der sozial-ethischen Verwerflichkeit seines Handelns nichts zu tun haben[202], würde den Auslieferungsverkehr in einer Art und Weise beschränken, die keinesfalls den Erfordernissen einer wirksamen Verbrechensbekämpfung auf internationaler Ebene und dem Sinn des Prinzips der identischen Norm entspräche.

Andererseits können Prozeßvoraussetzungen Ausfluß der Gerechtigkeitsvorstellungen des ersuchten Staates sein und in so naher Verbindung zum materiell-rechtlichen Inhalt einer Strafrechtsnorm stehen, daß ihr Fehlen einer Tat den Charakter der Strafwürdigkeit völlig nimmt[203]. Dann gebietet der Grundsatz der souveränen Eigengestaltung seines Strafrechts dem ersuchten Staat, die betreffende Voraussetzung gegenüber dem ersuchenden Staat durchzusetzen, sie als Auslieferungshindernis anzusehen.

II. *Diesen Gegebenheiten ist die Bedingung der Verfolgbarkeit der Tat nach dem Recht des ersuchten Staates anzupassen*

1. Eine pauschale Bejahung[204] oder Verneinung[205] des Erfordernisses ist nicht gerechtfertigt. Für jede Prozeßvoraussetzung ist gemäß ihrem Sinn und gemäß ihren Grundlagen gesondert zu entscheiden, ob sie im Auslieferungsverkehr beachtlich oder unbeachtlich sein soll[206].

a) Die sich daraus ergebende Folge, daß manche Verfahrensvoraussetzungen nicht berücksichtigt werden, verstößt nicht gegen die Erfordernisse von Rechtsstaatlichkeit und Souveränität, wie sie oben in § 1 dargelegt wurden. Sicherlich könnte der ersuchte Staat bei entsprechend umgekehrter Sachlage gegen einen Täter bei Fehlen einer Prozeßvoraussetzung, gleichgültig, welchen Sinn diese im Einzelfall hat, kein Sachurteil erlassen. Zwangsmaßnahmen gegen ihn würden also nach seinem Recht unzulässig sein. Es ist jedoch nicht zu verkennen, daß der ersuchte Staat in Wahrheit eben überhaupt kein

---

[202] Daß das bei Prozeßvoraussetzungen der Fall sein kann, wird treffend hervorgehoben von Donnedieu de Vabres, Revue générale 1928, 565.

[203] Vgl. z. B. zum materiell-rechtlichen Gehalt der Verjährung nach deutschem Recht Kapitel III § 5 A, S. 100 f.

[204] Wie von H. Meyer, Einlieferung, S. 114 ff.; Mettgenberg-Doerner, S. 292 ff.; Schoeneberg, S. 67; Reisner, Voraussetzungen, S. 50, allerdings für das vom DAG vorgezeichnete Recht (s. dazu Kapitel II § 2 II, S. 58); wohl auch Benz, S. 52; Topf, ZStW 48, 647 (für das französische Recht).

[205] S. Schultz, Auslieferungsrecht, S. 336, ohne Begründung. So auch Moore, § 373, S. 569 („... the question whether the offence should be prosecuted ... seems properly to belong to the country whose laws have been violated.").

[206] Dieser Gedanke klingt auch bei Jescheck, ZStW 66, 538, FN 63, an, allerdings nur für den Strafantrag als Verfahrensvoraussetzung.

Recht zu einem strafrechtlichen Vorgehen gegen den Verfolgten hat — das ist der klassische Fall der Auslieferung — und lediglich prüft, ob eine Strafe auch nach seinen Vorstellungen von Recht und Unrecht vertretbar sein würde oder nicht. Erscheint die Tat trotz des Fehlens einer Prozeßvoraussetzung auch nach eigenem Recht als strafwürdig, ist dem Interesse des ersuchten Staates an der Durchsetzung seines öffentlichen Rechts, seiner Souveränität und der Wahrung der Rechte des Verfolgten Genüge getan; der Schutz letzterer ist ja, wie schon gesagt, lediglich ein Reflex des Bestrebens des ersuchten Staates, die eigenen Vorstellungen zur Geltung zu bringen.

b) Auch die Gegenseitigkeit darf einer solchen differenzierenden Betrachtungsweise nicht entgegenstehen. Wenn man der Unzuträglichkeit der Berücksichtigung aller Verfahrensvoraussetzungen oder -hindernisse aus dem Weg gehen will, muß man die Gegenseitigkeit im Sinne einer materiellen Gleichwertigkeit konzipieren[207]. Die so verstandene Gegenseitigkeit allein steht einer Auslieferung dann nicht entgegen, „... wenn der eigene Staat keine wirkliches Interesse an dem in Frage stehenden Äquivalent haben kann"[208]. Da im Auslieferungsverkehr sowieso tatsächlich ungleiche Belastungen der einzelnen Länder bestehen, ist es für den ersuchten Staat nicht „würdelos"[209], Verpflichtungen auf sich zu nehmen, mit denen nicht in jedem Fall eine Gegenleistung korrespondiert[210]. Der Gedanke der materiellen Gleichwertigkeit, der auch Eingang in den internationalen Bereich gefunden hat[211], läßt dem ersuchten Staat die Freiheit,

---

[207] METTGENBERG, der diesen Begriff durchaus anerkennt, spricht von der „relativen, unvollständigen, unvollkommenen" Gegenseitigkeit, die nur nach dem kriminellen Gewicht bestimmt wird (AöR 25, 104 f.). Denn daß eine ideale Gegenseitigkeit, die eine zahlenmäßige Gleichheit von Aus- und Einlieferungen voraussetzte, weder erreichbar noch wünschenswert ist, kann nicht bestritten werden, vgl. DONNEDIEU DE VABRES, Revue générale 1928, 566; METTGENBERG, a. a. O., S. 104; VON BAR, Lehrbuch, S. 291, FN 9; ähnlich LEDERLE, ZStW 48, 468—470.

[208] JESCHECK, ZStW 66, 528.

[209] Vgl. aber z. B. REISNER, Voraussetzungen, S. 38; METTGENBERG, 34. DJT, I, S. 44; SCHOENEBERG, S. 72.

[210] GRÜTZNER, ZStW 68, 510; für eine großzügige Handhabung auch SAINT-AUBIN, traité, I, S. 737 f.; LIEBERMANN, S. 10; RENAULT, S. 623; BARD, Nr. 28, S. 37 f.; KREPPEL, S. 169.

[211] So hat Frankreich gerade im Hinblick auf eine materiell verstandene Reziprozität darauf verzichtet, das Erfordernis der Gegenseitigkeit in sein AuslGes. aufzunehmen (DONNEDIEU DE VABRES, principes, S. 259, FN 24; TRAVERS, Clunet 48, 59; entr'aide, Nr. 30, S. 28; TOPF, ZStW 48, 640). Es sollte keine „politique de transactions et de marchandages" getrieben werden (DONNEDIEU DE VABRES, Revue générale 1928, 570).

Das neue schwed. AuslGes. v. 6. 12. 1957 erwähnt die Gegenseitigkeit ebenfalls an keiner Stelle. Im übrigen sind auch das finn. und norw.

Auslieferungen zu bewilligen, die nicht mit seinen sozial-ethischen Anschauungen von Recht und Unrecht in Widerspruch stehen und die nur deshalb verweigert werden müßten, weil der formale Hinderungsgrund des strengen Grundsatzes vom do-ut-des eingreift. Gerade beim Problem der beidseitigen Verfolgbarkeit — dieses ist das Hauptanwendungsgebiet für eine materiell gleichwertig konzipierte Reziprozität — wird deutlich, daß der Gegenseitigkeit nicht die beherrschende Position im Auslieferungsrecht eingeräumt werden darf, vor allem nicht innerhalb der identischen Norm, wenn untragbare Ergebnisse vermieden werden sollen; die kriminalpolitischen Bedürfnisse, so vor allem, daß die Flucht allein einem Verbrecher nichts nutzen soll, haben eine mindestens ebenso große Bedeutung.

Das Erfordernis der Gegenseitigkeit soll damit — entgegen einigen Stimmen[212] — für den Auslieferungsverkehr keineswegs aufgegeben werden[213]; es soll nur anders als z.B. im DAG verstanden werden. Gegen einen Verzicht auf die Reziprozität überhaupt spricht neben ihren bereits dargelegten Vorzügen der Gedanke, daß die völkerrechtliche Ordnung große Lücken hat und ihre Durchsetzung ohne die Gegenseitigkeit nur mangelhaft gesichert sein würde[214].

AuslGes. und war das schwed. AuslGes. vom 4. 6. 1913 zurückhaltend in der Normierung der Gegenseitigkeit; sie verlang(t)en sie nur für bestimmte Leistungen (vgl. Wolgast, S. 57; Senftner, S. 40 f.; Schoeneberg, S. 73 f.; Schmitz-Morkramer, S. 23 — für das schwed. AuslGes. von 1913 —; Reger, S. 30 — für das norw. AuslGes. —; und die Regierungsbegründung zum norw. AuslGes., zitiert und übersetzt bei Wolgast, S. 130).

[212] Vgl. z. B. Lammasch, Auslieferungspflicht, S. 65 f., 90 f., auf von Mohl, S. 725 ff., 728 f. fußend, der allerdings auf die Gegenseitigkeit nur dann verzichten wollte, wenn der ersuchte Staat großzügiger verfuhr als der ersuchende. Wie Lammasch noch Bernard, II, S. 75—7; Bomboy-Gilbrin, S. 19; Despagnet, § 280, S. 405.

[213] So auch für das französische Recht Donnedieu de Vabres, Revue générale 1928, 555/8 (die Gegenseitigkeit fixiere die Praxis der Staaten und verpflichte sie im vertraglichen Verkehr zur Großzügigkeit); Travers, Clunet 48, 59 f.; 54, 497.

Die Gegenseitigkeit kann, was ihre grundsätzliche Geltung angeht, als eine international allgemein anerkannte Rechtsregel angesehen werden: H. Meyer, Einlieferung, S. 51 ff.; Mettgenberg, AöR 25, 5, 12 ff.; Marmann, NJW 1955, 251; Herbaux, S. 1031; ähnlich RGSt 70, 304 (309). Das bedeutet allerdings nicht, es bestehe eine internationale Regel, daß nur unter der Voraussetzung ausgeliefert werden dürfe; vgl. Saurma-Jeltsch, S. 21 f.; Gros, S. 280; Senftner, S. 10, 40; Lederle, ZStW 48, 468; RiVASt Nr. 15 II.

Die Gegenseitigkeit gilt auch grundsätzlich für den gesamten vertraglichen Auslieferungsverkehr Deutschlands; vgl. Mettgenberg, NiemZ 18, 423; Mettgenberg-Doerner, S. 287; H. Meyer, BeiLBdAnz vom 4. 4. 1953, Nr. 65, S. 2; RGSt 70, 304 (309).

[214] Hervorgehoben von Schaumann, „Gegenseitigkeit", S. 632.

2. Danach ergeben sich vier allgemeine Richtlinien:

a) Verfahrensvoraussetzungen und -hindernisse sind, ganz im Sinne der 11. These der Oxforder Resolutionen, dann als Auslieferungshindernisse zu berücksichtigen, wenn ihr Fehlen oder ihre Existenz zeigen, daß kein „Sühnebedürfnis“[215] (mehr) besteht. Sie sind nicht zu beachten, wenn trotz ihres Vorliegens oder Fehlens die Tat (noch) strafwürdig ist[216]. Der ersuchte Staat kann nach der materiell aufgefaßten Reziprozität keine Interesse daran haben, solche Voraussetzungen im zwischenstaatlichen Bereich gegenüber dem ersuchenden Staat durchzusetzen. Das muß besonders für die westeuropäische Sphäre gelten, weil dort alle Staaten an der Aufrechterhaltung der innerstaatlichen Ordnung der Nachbarländer wesentlich interessiert sind[217]. Die hier gemeinten unbeachtlichen Verfahrensvorschriften des ersuchten Staates sind für sein Gerechtigkeitsdenken, seine öffentliche Meinung, seine Souveränität nicht so bedeutungsvoll wie seine materiell-strafrechtlichen Normen[218].

b) Eine Berücksichtigung der Prozeßvoraussetzungen ist dann geboten, wenn auch der ersuchte Staat einen originären Strafanspruch hat. Er käme sonst in die Versuchung, die betreffenden Verfahrensvorschriften „in wenig rechtsstaatlicher Weise“ zu umgehen und den Täter entgegen dem hier im technischen Sinne auf den Fall anwendbaren eigenen Recht auszuliefern[219]. Bei der häufig weit gespannten Strafkompetenz eines Staates (vgl. nur die §§ 3 ff. StGB) wird diese Regel allerdings zu einer erheblichen Beschränkung des Auslieferungsverkehrs führen[220].

---

[215] GRÜTZNER, BdAnz vom 9. 7. 1952, Nr. 130, S. 7.

[216] GRÜTZNER, ZStW 68, 513. Vom Kriterium her ergeben sich hier die gleichen Schwierigkeiten wie bei der Frage zur Einschränkung der identischen Norm (s. oben § 3, S. 41 ff.), ob die unterlassene Inkriminierung eines bestimmten Verhaltens auf von den sozial-ethischen Anschauungen des ersuchten Staates unabhängigen Umstände beruht. Die Behandlung der einzelnen Verfahrensvoraussetzungen und -hindernisse in Kapitel III § 5 (S. 99 ff.) wird aber zu zeigen versuchen, daß trotzdem eine sichere Entscheidung möglich ist.

[217] Vgl. JESCHECK, ZStW 66, 531 (in Zusammenhang mit seiner ablehnenden Einstellung zur Normidentität); GRÜTZNER, GA 1957, 377 (mit einem Hinweis auf den „Integrationsgedanken“ in Europa).

[218] Das wird auch von METTGENBERG, AöR 25, 94, besonders FN 111, anerkannt, zumindest für das Auslieferungsverfahren; ebenso KRAUS, 34. DJT, II, S. 332, der sich noch zusätzlich auf die Prozeßordnungen der beteiligten Staaten bezieht. S. auch DONNEDIEU DE VABRES, Revue générale 1928, 565.

[219] Hervorgehoben von GRÜTZNER, ZStW 68, 513; „Auslieferung“, S. 120; ähnlich JESCHECK, ZStW 66, 537 f., für die Verjährung.

[220] Deshalb schlägt JESCHECK, a. a. O., die Anwendung dieses Grundsatzes nur für die Fälle vor, da der ersuchte Staat seine Strafkompetenz darauf stützt, daß Taten auf seinem Gebiet, gegen ihn selbst oder seine Bürger begangen worden sind.

c) Wenn der ersuchte Staat bestimmte Umstände als materiellrechtliche Tatbestandsmerkmale seiner Strafgesetze eingeordnet, muß er sie wegen des Grundsatzes der Strafbarkeit der verfolgten Tat nach eigenem Recht beachten, auch wenn der ersuchende Staat die gleichen Umstände als Prozeßvoraussetzungen qualifiziert[221].

d) Andererseits kommt es bei der Beurteilung der Zulässigkeit der Auslieferung nicht darauf an, wie der ersuchte Staat die Sachverhaltsfeststellung geregelt hat, wie er ein Strafverfahren durchführt[222]. Selbst für die unbedingte beidseitige Verfolgbarkeit ist nur von Bedeutung, ob gemäß dem Recht des ersuchten Staates „die Voraussetzungen zur Einleitung eines Strafverfahrens . . . gegeben sein würden." Wie ein Land seine „rein strafprozessualen Verfahrensvorschriften" gestaltet, ist seine Sache[223].

Bei der Behandlung der einzelnen für die beidseitige Verfolgbarkeit bedeutsamen Merkmale in Kapitel III § 5 (S. 99 ff.) wird vor allem darauf einzugehen sein, ob und warum der „besondere Rechtfertigungsgrund"[224] vorliegt, der eine „Verletzung" der Gegenseitigkeit gestattet[225].

---

[221] Ein Beispiel: Der ersuchende Staat behandelt den Strafantrag als Prozeßvoraussetzung, der ersuchte jedoch materiell-rechtlich als Strafbarkeitsbedingung, vgl. dazu Kapitel III § 5 B III, S. 123 ff.

[222] VON AMMON, DStrR 1934, 52; METTGENBERG-DOERNER, S. 293, dort auch das folgende Zitat.

Beispiele für solche unbeachtlichen Vorschriften: die erforderliche Voruntersuchung (§§ 178 ff. StPO), s. BGHSt. 20, 198 (201); die beim Täter nach der Tat auftretende Geisteskrankheit, s. RGSt. 65, 269 (270).

[223] BENZ, S. 163.

Auf die Frage, ob bezüglich der Verfahrensgestaltung im ersuchenden Staat gewisse Mindesterfordernisse zu statuieren sind, kann im Rahmen dieser Arbeit nicht eingegangen werden (vgl. hierzu DAHM, S. 292; REISNER, Voraussetzungen, S. 55 f.; These 15 der Oxforder Resolutionen). Das Prinzip der identischen Norm gibt hierfür nämlich keine Lösung.

[224] S. die bereits zitierte Stelle bei SCHAUMANN, „Gegenseitigkeit", S. 630.

[225] Die hier entwickelten Grundsätze gelten unbedingt allerdings nur für den Verkehr mit den uns in der Auffassung von der Rechtsstaatlichkeit im wesentlichen gleichen Staaten, mit denen sich der deutsche Auslieferungsverkehr auch hauptsächlich abwickelt. Gegenüber hier „unterentwickelten" Staaten kann zunächst einmal das Beharren auf der strengen Gegenseitigkeit als Vorsichtsmaßnahme gerechtfertigt sein.

Kapitel II

Das Prinzip der identischen Norm im positiven Auslieferungsrecht Deutschlands

§ 1. Die Voraussetzung beidseitiger Strafbarkeit

A. Die deutschen Auslieferungsverträge

I. Zwei Verträge verlangen ausdrücklich, daß die verfolgte Tat nach dem Recht beider Staaten strafbar sei, der Vertrag mit Belgien[1], Art. 2 I, und der mit Finnland[2], Art. 3 I. Das Erfordernis wird noch mehrfach besonders aufgestellt, im Vertrag mit Belgien für Versuch und Teilnahme, Art. 2 II, und für Taten, die außerhalb des Territoriums des ersuchenden Staates begangen sind, Art. 5 II[3], im Vertrag mit Finnland gleichfalls für Versuch und Teilnahme, Art. 3 II 2, sowie für Hehlerei und Begünstigung, Art. 3 II 3[4].

II. Die Mehrzahl der deutschen Auslieferungsvereinbarungen macht die Auslieferung davon abhängig, daß die verfolgte Tat nach dem Recht beider Staaten ein Auslieferungsdelikt darstellt.

1. Das sind zunächst die Verträge — in dieser Gruppe von Vereinbarungen sind die Auslieferungsdelikte enumerativ aufgezählt — mit:

Großbritannien, Art. II, in Verbindung mit der Vereinbarung über die Auslieferung flüchtiger Verbrecher, Art. III Abs. 1, unter Bezugnahme auf die innerstaatliche Umschreibung der Auslieferungsfähigkeit, wiederholt für die Teilnahme, Art. III Abs. 2,

---

[1] Die Auslieferungsdelikte sind enumerativ aufgezählt.

[2] Auslieferungsdelikte sind die Taten, die nach deutschem Recht mit einer Gefängnisstrafe von mindestens einem Jahr und nach finnischem Recht mit einer schwereren Strafart als Gefängnis bedroht sind, Art. 2 II.

[3] Ausdrücklich wird hier allerdings nur auf das Recht des ersuchten Staates verwiesen.

[4] Aus der zusätzlichen Niederlegung des Erfordernisses beidseitiger Strafbarkeit an einzelnen Stellen im Vertrag dürfen keine besonderen Schlüsse gezogen werden; hier handelt es sich um überflüssige Wiederholungen des bereits allgemein normierten Postulats, vgl. SCHULTZ, Auslieferungsrecht, S. 314 f.

den Niederlanden, Art. 1 I[5], wiederholt für den Versuch, Art. 1 II[6], Norwegen, Art. 1 I[7], wiederholt für Taten, die außerhalb des Gebiets des ersuchenden Staates begangen worden sind, Art. 1 II[8], und den USA, Art. 3 I[9], wiederholt für Versuch, Teilnahme, Begünstigung und Hehlerei, Art. 3 II.

2. Ebenso verfahren die folgenden Verträge — hier sind die Auslieferungsdelikte im Wege der Elimination festgestellt — mit:
Frankreich, Art. 3 I[10],
Italien, Art. 3 I, II[10], wiederholt für Taten, die in einem Drittstaat begangen worden sind, Art. 6 II lit. b[11],
Monaco[12], Österreich[13] und Portugal[13], jeweils Art. 2 I,
und der Türkei, Art. 3 I[12], wiederholt für Versuch und Teilnahme, Art. 3 II 1, Hehlerei und Begünstigung, Art. 3 II 2 sowie für Taten, die in einem Drittstaat begangen worden sind, Art. 6 Z. 3[11].

3. Noch einmal erwähnt ist die Bedingung beidseitiger Strafbarkeit für die Auslieferung zur Strafvollstreckung — durch Verweisung auf die Voraussetzungen der Auslieferung zur Strafverfolgung oder durch besondere Hervorhebung — in den Verträgen mit Finnland, Art. 3 III, Frankreich, Art. 3 II[14], Italien, Art. 3 III, Mo-

---

[5] Die Bedingung beidseitiger Strafbarkeit wird dadurch ausgedrückt, daß die verfolgte Tat „zugleich“ nach dem Recht des ersuchten Staates ein Auslieferungsdelikt darzustellen hat.

[6] Dieser muß „auch“ nach den Gesetzen des ersuchten Staates strafbar sein.

[7] Die aufgezählten Delikte sind dann Auslieferungsdelikte, wenn sie nach deutschem Recht ein Verbrechen oder Vergehen konstituieren und nach norwegischem Recht mit einer Mindeststrafe von mehr als drei Monaten Gefängnis bedroht sind.

[8] Ausdrücklich wird hier allerdings nur auf das Recht des ersuchten Staates verwiesen.

[9] Die enumerierten Delikte werden dann zu Auslieferungsdelikten, wenn sie nach dem Recht beider Staaten als Verbrechen oder Vergehen strafbar sind.

[10] Auslieferungsdelikte sind mit einer Höchststrafe von mindestens einem Jahr Gefängnis bedrohte Verbrechen oder Vergehen.

[11] Ausdrücklich wird hier allerdings nur auf das Recht des ersuchten Staates verwiesen.

[12] Auslieferungsdelikte sind mit einer Höchststrafe von mindestens einem Jahr Gefängnis bedrohte Handlungen.

[13] Auslieferungsdelikte sind mit einer Höchstfreiheitsstrafe von mindestens einem Jahr bedrohte Handlungen.

[14] Es ist zwar nur von der Strafbarkeit nach dem Recht des ersuchten Staates die Rede; das Erfordernis der Strafbarkeit nach dem Recht des ersuchenden Staates ergibt sich aber daraus, daß der Urteilserlaß im ersuchenden Staat Voraussetzung der Bewilligung einer Auslieferung zur Strafvollstreckung ist, vgl. Grützner, Anm. 10 zu Art. 3 dt.-franz. AuslVer., Rechtshilfeverkehr, II F 4, S. 11.

naco, Österreich und Portugal, jeweils Art. 2 II, sowie der Türkei Art. 3 I 2.

4. Auch bei dieser Ausgestaltung folgen die Verträge dem Prinzip der beidseitigen Strafbarkeit[15]. In der Verweisung auf die Strafbarkeit der verfolgten Tat als Auslieferungsdelikt nach beiden Rechten liegt als Minus die Forderung eingeschlossen, daß die Tat auch nach beiden Rechten als überhaupt strafbar angesehen werde[16].

III. *Manche Verträge legen die Bedingung beidseitiger Strafbarkeit nicht ausdrücklich allgemein nieder, sondern nur bei einzelnen Delikten oder Deliktsgruppen*

1. Vier Verträge folgen dieser Methode, nämlich die Vereinbarungen mit:

Griechenland, Art. 2 II (Versuch), Art. 2 III Z. 2 (Auslieferung zur Strafverfolgung von Vergehen),

Luxemburg, Art. 1 Z. 7 (Hausfriedensbruch), Z. 12 (Gewaltunzucht), Z. 15 (erschwerte vorsätzliche Körperverletzung), Z. 17 Unterschlagung und Untreue), Z. 18 (Betrug), Z. 21 (falsche Aussage oder falsches Sachverständigengutachten), Z. 33 (Beschädigung öffentlicher Sachen als Verbrechen oder Vergehen), Z. 34 (Hehlerei), Art. 1 II (Taten, die außerhalb des Territoriums des ersuchenden Staates begangen worden sind)[17] und Art. 2 (Versuch),

der Schweiz, Art. 1 Z. 9 (Kuppelei), Z. 12 (Unterschlagung), Z. 13 (Betrug, betrügerischer Bankerott und betrügerische Benachteiligung der Konkursmasse) und Art. 1 II (Versuch), und

Spanien, Art. 1 Z. 7 (Hausfriedensbruch), Z. 12 (Gewaltunzucht), Z. 17 (Unterschlagung, Untreue und Erpressung), Z. 18 (Betrug), Z. 21 (falsche Aussage und falsches Sachverständigengutachten), Z. 33 (Beschädigung öffentlicher Sachen als Verbrechen oder Vergehen), Z. 34 (Hehlerei), Art. 1 II (außerhalb des Territoriums des ersuchenden Staates begangene Taten)[17] und Art. 2 (Versuch).

---

[15] Schultz, Auslieferungsrecht, S. 315; Benz, S. 73; von Bar, Lehrbuch, S. 297 f.; Bardet, S. 27 f. (allerdings nur für den schwz.-österr. AuslVer., der in Art. 1 II die Androhung einer bestimmten Mindeststrafe nach dem Recht beider Länder als Auslieferungsvoraussetzung vorsieht).

[16] So speziell für den eben erwähnten schwz.-österr. AuslVer. BGE 38 I 617 (620).

[17] Ausdrücklich ist hier allerdings nur auf das Recht des ersuchten Staates verwiesen worden, wie in allen anderen in diesem § aufgeführten Bestimmungen, die den örtlichen Geltungsbereich der Strafnormen betreffen. Das Erfordernis der Strafbarkeit dieser Auslandstaten auch nach dem Recht des ersuchenden Staates ergibt sich aber von selbst und bedarf keiner besonderen vertraglichen Erwähnung. Zu den falschen Konsequenzen, die sich aus ähnlichen vertraglichen Formulierungen ergeben können, wird in dieser Arbeit noch häufig zurückzukommen sein.

2. Aus der ausdrücklichen Erwähnung des Prinzips beidseitiger Strafbarkeit nur in Einzelfällen ist e contrario der Schluß gezogen worden, der ersuchte Staat sei bezüglich der anderen Auslieferungsdelikte auch dann zur Auslieferung verpflichtet, wenn die betreffenden Taten nach seinem Recht nicht strafbar seien[18]. Das kann nicht richtig sein.

a) Warum nämlich jeweils der Versuch aller Auslieferungsdelikte beidseitig strafbar sein soll[19], nicht aber ihre Vollendung[20], wieso beim Betrug beidseitige Strafbarkeit gefordert wird[21], nicht aber beim viel schwereren Verbrechen Mord[22], ist nicht einzusehen.

b) Vor allem berücksichtigt dieser formale Schluß e contrario nicht die Besonderheiten des Auslieferungsrechts[23]. Ebensowenig, wie in

---

[18] COHN, S. 16 f.; EBERT, S. 15 f.; RINTELEN, S. 17 f.; SCHOENEBERG, S. 38 f.; LANGHARD, S. 12 f.; besonders für den dt.-schwz. AuslVer. WELTI, S. 30 (sein Ergebnis selber bedauernd); BGE 12, 136 (139 E 1); 13, 295 (302 E 4); 18, 186 (187 f.); 21, 76 (78 f.); 25 I 271 (273 E 2); 31 I 685 (692 E 3); GUGGENHEIM, S. 325, FN 497, der allerdings den Grundsatz beidseitiger Strafbarkeit bei Verträgen, die z. B. nur auf das Recht des ersuchenden Staats verweisen, also generell zur Strafbarkeit nach dem Recht des ersuchten Staates schweigen, gelten lassen will; wie GUGGENHEIM auch BARDET, S. 26. Vgl. dazu noch RGSt 36, 345 (348), zum dt.-span. AuslVer.

Ähnlich wie die hier Aufgeführten auch der Oberste Gerichtshof der USA, 290 US 276, 290 = AJIL 28, 149, 152, 155—159 (Factor-Fall). Das Urteil hat allerdings im Schrifttum starke Kritik erfahren, vgl. HUDSON, AJIL 28, 292 ff., 301 ff., und Harvard comment, S. 82. Es muß dabei berücksichtigt werden, daß hier Besonderheiten des amerikanischen Bundesstaatsrechts eine Rolle spielen; die verfolgte Tat war im Zufluchtsstaat der USA nicht strafbar, jedoch in anderen Einzelstaaten, vgl. SCHULTZ, Auslieferungsrecht, S. 317, FN 38. Dem Erkenntnis zustimmend BORCHARD AJIL 28, 745.

S. zum dt.-schwz. AuslVer. noch VON CLERIC, SJZ 18, 114; MAMELOK, SJZ 2, 216.

[19] Wie in den Verträgen Deutschlands mit Griechenland und der Schweiz, jeweils Art. 1 II, sowie Luxemburg und Spanien, jeweils Art. 2, also in allen hier einschlägigen Vereinbarungen.

[20] Hervorgehoben von BENZ, S. 84 f.

[21] Wie in den Verträgen Deutschlands mit Luxemburg und Spanien, jeweils Art. 1 Z. 18, sowie der Schweiz, Art. 1 Z. 13.

[22] Beispiel von LAMMASCH, Auslieferungspflicht, S. 171 f.

[23] Vgl. allgemein LAMMASCH, a. a. O., S. 170; Th. MEYER, S. 50—53, mit der Einschränkung, daß der ersuchte Staat bei Verträgen dieser Redaktionsart nur die „allgemeine Charakterisierung (der verfolgten Tat) als Auslieferungsdelikt" nach eigenem Recht nachprüfen dürfe; LOHMANN, S. 66—68; DELIUS, AöR 6, 113; Auslieferungsrecht, S. 28, METTGENBERG, AöR 25, 68—71; NiemZ 18, 411—415; MÜNCHHAUSEN, S. 34; GROS, S. 22; SENFTNER, S. 9; REISNER, Voraussetzungen, S. 40 f.; H. MEYER, BeilLBdAnz Nr. 65, vom 4. 4. 1953, S. 4; SCHULTZ, Auslieferungsrecht, S. 315—318; BENZ, S. 77—83 (für den Fall des völligen Schweigens eines Vertrages),

den Verträgen mit ausdrücklicher genereller Positivierung des Erfordernisses beidseitiger Strafbarkeit seine Wiederholung in einzelnen Fällen zu irgendwelchen Konsequenzen Anlaß geben kann, darf hier der Grundsatz beidseitiger Strafbarkeit „nur so beiläufig ausgeschlossen werden“[24]. Die Befugnis des ersuchten Staates nachzuprüfen, ob die verfolgte Tat auch nach eigenem Recht ein Auslieferungsdelikt darstellt, „liegt so sehr in der Natur des Instituts der Auslieferung, daß es einer besonderen ausdrücklichen Bestimmung bedürfte, um dieselbe dem . . . ersuchten Staate absprechen zu können“[25]. Es kann nicht angenommen werden, daß die vertragschließenden Staaten, die auf eine ausdrückliche allgemeine Niederlegung des Grundsatzes beidseitiger Strafbarkeit verzichtet haben, von den durch seine Beibehaltung gewährleisteten Prinzipien der Gerechtigkeit und Gegenseitigkeit abrücken wollten. Die Voraussetzung beidseitiger Strafbarkeit hat auslieferungsrechtlich solches Gewicht, daß auch gänzlich dazu schweigende Verträge sie nicht abrogieren können. Die vertragschließenden Partner wissen, daß allein die Befolgung des Grundsatzes ihre Interessen angemessen berücksichtigt; schließen sie dann seine Geltung nicht ausdrücklich aus, so haben sie ihn sozusagen zur Vertragsgrundlage gemacht[26].

Die Gegenmeinung verkennt, daß die besondere Erwähnung der Voraussetzung beidseitiger Strafbarkeit an einzelnen Stellen eines Vertrages als besonderer Hinweis auf ihre grundsätzliche Geltung gewertet werden kann: Wo sich die Vertragsstaaten der Abweichungen ihrer nationalen Strafrechtssysteme bewußt sind, bietet sich die ausdrückliche Normierung des Grundsatzes an; fallen ihrer Ansicht nach die Abweichungen ihrer Rechte nicht ins Gewicht, so können sie auf eine generelle Statuierung der Voraussetzung verzichten, ohne ihre Geltung damit notwendigerweise auszugeben[27], wie die Gegner dieser Ansicht ausführen[28].

IV. Aus diesen Überlegungen ergibt sich, daß die Voraussetzung beidseitiger Strafbarkeit im gesamten vertraglichen Auslieferungs-

---

83—93 (für die Erwähnung der beidseitigen Strafbarkeit nur bei einzelnen Delikten); SCHWARZENBACH, S. 93—95; PFENNINGER, ZSR nF 54, 74.

[24] SCHULTZ, Auslieferungsrecht, S. 316, FN 33.

[25] LAMMASCH, a. a. O.

[26] Diesen Gesichtspunkt betonen besonders DOKA, S. 114; ZÜRCHER, ZStR 22, 324; ähnlich LOHMANN, S. 66.

[27] SCHULTZ, Auslieferungsrecht, S. 317; BENZ, S. 84 f., 88; SCHWARZENBACH, S. 94 f.; METTGENBERG, NiemZ 18, 414 f.; AöR 25, 68, 70; DELIUS, AöR 6, 113; H. MEYER, Einlieferung, S. 111; HUDSON, AJIL 28, 294 f.

[28] S. z. B. EBERT, RINTELEN, a. a. O.

So waren sich Deutschland und Griechenland bei Abschluß des Auslieferungsvertrags einig, daß der Grundsatz beidseitiger Strafbarkeit generell gelten sollte, vgl. die bei MEUKEL, S. 150, FN 1, und LOHMANN, S. 64, zitierte Stelle aus dem deutsch-griechischen Depeschenwechsel.

verkehr Deutschlands gilt und die recht unterschiedlichen Formulierungen der Verträge keine Bedeutung haben[29].

B. Das DAG und das europ. AuslAbk.

Auch das DAG geht vom Grundsatz beidseitiger Strafbarkeit aus[30]: In § 1 verlangt es, daß der Verfolgte im Ausland wegen einer strafbaren Handlung verfolgt werde oder verurteilt sei, also Strafbarkeit nach dem Recht des ersuchenden Staates, in § 2 I statuiert es als Voraussetzung der Auslieferung die Notwendigkeit der Strafbarkeit der verfolgten Tat als Verbrechen oder Vergehen nach deutschem Recht[31].

---

[29] Mettgenberg, AöR 25, 70, 90, und passim, auch für den Fall, daß ausdrücklich nur Strafbarkeit nach dem Recht des ersuchten Staates verlangt wird; derselbe, NiemZ 18, 411; Delius, AöR 6, 113 f.; von Ammon, DStrR 1937, 281 f.; Reisner, Voraussetzungen, S. 40 f.; H. Meyer, Einlieferung, S. 111; Benz, S. 87 f. Ebenso für den vertraglichen Auslieferungsverkehr der Schweiz Benz, S. 92 f.; Schultz, Auslieferungsrecht, S. 318. Das schweizerische Bundesgericht ist dementsprechend nicht bei seiner Gegenmeinung verblieben und hat besonders für den dt.-schwz. AuslVer. die allgemeine Geltung des Grundsatzes beidseitiger Strafbarkeit anerkannt, vgl. BGE 42 I 208 (218—220 E 2); 44 I 180 (183—186 E 2); 50 I 249 (254 E 2, ohne besondere Hervorhebung); 54 I 338 (342 E 1); zu dieser Rechtsprechung generell Schultz, a. a. O., S. 316 f., und Benz, S. 88 ff., 91 f.

Es hat auch keine Bedeutung, daß in einigen Verträgen formuliert wird, die verfolgte Tat müsse beidseitig strafbar sein (z. B. in den Vereinbarungen mit Belgien, Art. 2 I, Finnland, Italien und den USA, jeweils Art. 3 I), in anderen dagegen, die Tat müsse beiderseits mit Strafe bedroht sein (z. B. in den Verträgen mit Frankreich, Art. 3 I, Griechenland, Art 2 III Z. 2, Monaco, Österreich und Portugal, jeweils Art. 2 I, der Türkei Art. 3 I). Keineswegs darf angenommen werden, die zuletzt aufgeführten Verträge stellten an die verfolgten Taten nur die Anforderungen, die §§ 48/9 StGB an Anstiftung und Beihilfe stellen. Die verfolgten Taten haben immer in concreto strafbar zu sein — sollen Gehilfen ausgeliefert werden, verbleibt es natürlich bei den Anforderungen der jeweiligen nationalen Gesetze —. Daß durch die Worte „strafbar" oder „mit Strafe bedroht" keine Unterschiedlichkeiten ausgedrückt werden sollten, zeigen schon der dt.-luxemb., dt.-schwz. und dt.-span. AuslVer., die beide Formulierungen nebeneinander innerhalb der Auslieferungsdeliktskataloge verwenden, vgl. z. B. einerseits Art. 1 Z. 7 dt.-span. und dt.-luxemb. AuslVer. sowie Art. 1 Z. 12 dt.-schwz. AuslVer. (dort ist von beidseitiger Strafbarkeit die Rede) und andererseits Art. 1 Z. 12 dt.-luxemb. und dt.-span. AuslVer. sowie Art. 1 Z. 9 dt.-schwz. AuslVer. (hier wird beidseitige Bedrohung mit Strafe gefordert).

[30] Ebenso Meyer, Einlieferung, S. 109; Kritik an der Art der Formulierung übt Reisner, Voraussetzungen, S. 41 f.

[31] Das DAG geht damit nach der Eliminationsmethode vor, um, Deutschlands zentraler Lage entsprechend, den Auslieferungsverkehr zu fördern (Mettgenberg-Doerner, S. 200 f.; Schober, S. 26; Reger, S. 38; Mettgenberg, ZStR 36, 257; Senftner, S. 37).

Ebenso sieht das europ. AuslAbk. beidseitige Strafbarkeit vor[32]; Art. 2 I 1 fordert, daß die verfolgte Tat nach dem Recht beider Staaten mit einer Freiheitsstrafe von mindestens einem Jahr bedroht sei[33].

C. *Das positive Auslieferungsrecht Deutschlands folgt mithin ohne Einschränkung dem Grundsatz beidseitiger Strafbarkeit*[34]. *Dieser kann als allgemeine Regel des Völkerrechts gelten*[35].

§ 2. Die Voraussetzung beidseitiger Verfolgbarkeit und Vollstreckbarkeit

I. *Das vertragliche Auslieferungsrecht Deutschlands*

Ausdrücklich beidseitige Verfolgbarkeit und Vollstreckbarkeit als Auslieferungsvoraussetzung verlangen die Auslieferungsverträge Deutschlands mit Finnland, Art. 6 Z. 4, Italien, Art. 6 I lit. b[36] und der Türkei, Art. 6 Z. 4. Der Vertrag mit den USA normiert in Art. 3 die beidseitige Verfolgbarkeit[37] und in Art. 6 die Verfolgbarkeit und Vollstreckbarkeit nach dem Recht des ersuchten Staates als Bedingung einer Auslieferung. Die anderen Abkommen erwähnen ausdrücklich nur jeweils bestimmte Verfahrensvoraussetzungen oder -hindernisse, so alle die Verjährung, einige die Amnestie und den Strafantrag. Ob hier wie bei der beidseitigen Strafbarkeit gesagt

---

[32] Es ist für Deutschland noch nicht in Kraft, vgl. Grützner, Rechtshilfeverkehr, III 1, Vorbem. S. 1.

[33] Nicht unbedenklich ist die Formulierung von Art. 2 I 2 a. a. O., der die Auslieferung zur Strafvollstreckung nur von einer Mindesthöhe der im ersuchenden Staat ausgesprochenen Strafe abhängig zu machen scheint, da dann der ersuchte Staat für eine Tat ausliefern müßte, „which is (nach eigenem Recht) not regarded as deserving a prosecution" (Honig, ICLQ 6, 553). Der Zusammenhang mit Art. 2 I 1 weist aber darauf hin, daß auch bei einer Auslieferung zur Strafvollstreckung die Tat nach dem Recht des ersuchten Staats mit einer Höchstfreiheitsstrafe von mindestens einem Jahr bedroht sein muß.

[34] Die Formulierungen der Auslieferungsgesetze anderer Staaten sind recht unterschiedlich. Manchmal wird generell beidseitige Strafbarkeit verlangt, manchmal Strafbarkeit als Auslieferungsdelikt nach beiden Rechten, manchmal nur Strafbarkeit nach dem Recht des ersuchten Staates. Die divergierenden Ausdrucksweisen spielen jedoch auch hier keine Rolle.

Vgl. z. B. Art. 4 I, II franz. AuslGes., Art. 437 lit. a, b griech. StPO, Art. 13 II ital. StGB, § 2 I norw. AuslGes., § 4 schwed. AuslGes. vom 6. 12. 1957, Art. 3 I schwz. AuslGes., Art. 6 Z. 9 span. AuslGes. Ebenso der Codigo Bustamante, Art. 353, und das AuslAbk. von Montevideo, Art. 1 lit. b.

[35] H. Meyer, Einlieferung, S. 114; Benz, S. 84.

[36] S. Reisner, DJ 1943, 395.

[37] Hervorgehoben von Mettgenberg, JW 1931, 707.

werden kann, der Grundsatz beidseitiger Verfolgbarkeit sei stillschweigende Vertragsgrundlage, ist zweifelhaft.

Wenn nämlich ein Vertrag die beidseitige Strafbarkeit lediglich für den Versuch eines Auslieferungsdelikts anordnet, so muß diese Bedingung erst recht für die Vollendung des betreffenden Delikts gelten. Die einzelnen Verfahrensvoraussetzungen stehen aber gleichwertig nebeneinander, aus der vertraglichen Anerkennung einer bestimmten Voraussetzung kann nicht zwangsläufig geschlossen werden, auch die anderen müßten gegeben sein. Zudem ist im Schrifttum die Notwendigkeit der beidseitigen Verfolgbarkeit — im Gegensatz zu der der beidseitigen Strafbarkeit — umstritten. Als allgemeine Regel des Völkerrechts dürfte höchstens die Beachtlichkeit der Verjährung gelten[38]. Haben die Partner bei den Vertragsverhandlungen zum Ausdruck gebracht, nur in den vertraglich vorgesehenen Ausnahmefällen dürfe eine Auslieferung unterbleiben, sind jedenfalls die nicht erwähnten Verfahrensvoraussetzungen nach dem Recht des ersuchten Staates nicht zu berücksichtigen[39].

Einzelheiten zu diesem Problemkreis werden in Kapitel III § 5 dargestellt (S. 99 ff.).

II. *Das DAG und das europ. AuslAbk.*

Sehr weit geht das DAG, § 4 Z. 2, in der Berücksichtigung der Verfolgungs- und Vollstreckungsvoraussetzungen: Alle nach deutschem Recht als dem Recht des ersuchten Staates erforderlichen Voraussetzungen müssen bei der Prüfung der Zulässigkeit der Auslieferung beachtet werden[40]. Soweit ersichtlich, folgt nur das griechische Recht in dieser Beziehung dem DAG[41].

---

[38] Vgl. H. Meyer, Einlieferung, S. 126, und Kapitel III § 5 A dieser Arbeit (S. 100 ff.).

[39] Vgl. z. B. Grützner, Anm. 15 zu Art. V dt.-brit. AuslVer., Rechtshilfeverkehr, II G 5, S. 16.

[40] Die Aufzählung in § 4 Z. 2 DAG (Verjährung, Gnadenerlaß) ist nur exemplarisch („oder aus anderen Gründen"), vgl. Mettgenberg-Doerner, S. 293; Saurma-Jeltsch, S. 26; Fraustädter, Anm. 2 zu § 4 DAG, S. 38; Schoeneberg, S. 68.

Begründet wird diese Regelung mit den Erfordernissen der Gegenseitigkeit, s. Mettgenberg-Doerner, S. 292; H. Meyer, Einlieferung, S. 126.

Kritisch besonders zu § 4 Z. 2 DAG Meitani, S. 56.

[41] Art. 438 griech. StPO, allerdings nur die Lage bis zur Bewilligung der Auslieferung berücksichtigend. Der dt.-griech. AuslVer. von 1907, der zur Voraussetzung beidseitiger Verfolgbarkeit generell schweigt, dürfte von dieser übereinstimmenden Regelung wohl kaum berührt worden sein. Die Neuaufnahme einer entsprechenden ausdrücklichen Bestimmung mußte sich aufdrängen; sie ist aber unterblieben.

Lediglich die Verjährung nach dem Recht beider Staaten als Auslieferungshindernis berücksichtigen das franz. AuslGes., Art. 5 Z. 5 (wenn sie

Wesentlich zurückhaltender ist das europ. AuslAbk. Gemäß Art. 10 ist lediglich die Verjährung der Strafverfolgung oder -vollstreckung nach beiden Rechten ein Auslieferungshindernis[42]; andere Verfahrensvoraussetzungen, das wurde bei der Beratung des Abkommens ausdrücklich festgestellt, sollten einer Auslieferung nicht entgegenstehen[43].

III. Auf eins sei abschließend hingewiesen. Daß die Verfolgbarkeit und Vollstreckbarkeit nach dem Recht des ersuchenden Staates grundsätzlich[44] — auch wenn die Verträge schweigen oder ausdrücklich nur das Recht des ersuchten Staates erwähnen — beachtet werden müssen, ist, wie bereits ausgeführt, eine selbstverständliche Forderung, die sich aus dem Zweck der Auslieferung ergibt.

§ 3. Das Verhältnis der Auslieferungsverträge zum DAG

Soweit die Auslieferungsverträge Deutschlands Abweichungen vom DAG aufweisen, also auch vom Prinzip der identischen Norm, wie es dort konzipiert ist, gelten ihre Regeln. Für vor Erlaß des DAG abgeschlossene Verträge ergibt sich das aus dem Grundsatz, daß internationale Verträge nicht durch einseitige innerstaatliche Akte eines der Partner abgeändert werden können. Dieser Satz dürfte als allgemeine Völkerrechtsregel gelten[45]. Er ist als selbstverständlich nicht

---

vor Stellung des Auslieferungsersuchens eingetreten ist), und das schwz. AuslGes., Art. 6. Beachtung des Eintritts der Verjährung nach eigenem Recht verlangen für den Fall, daß sie ersuchte Staaten sind, folgende Länder in ihren Auslieferungsgesetzen: Belgien (Gesetz von 1874), Art. 7; Luxemburg, Art. 8; Niederlande, Art. 5; Norwegen, § 4 Z. 3, und Schweden, § 10 (für die Verjährung der „Strafe").

Die Formulierung in diesen letzteren Gesetzen schließt die Beachtlichkeit des Verjährungseintritts nach dem Recht des ersuchenden Staates nicht aus, vgl. dazu Kapitel III § 5 A I 5, S. 103 f.

[42] Ebenso der Codigo Bustamante, Art. 359, und das AuslAbk. von Montevideo, Art. 3 lit. a.

[43] Grützner, „Auslieferung", S. 120 sub 3 c.

[44] Vorbehaltlich besonderer Bestimmungen, die das Prüfungsrecht des ersuchten Staates hier einschränken.

[45] Besonders für das Auslieferungsrecht: Billot, S. 123; Travers, entr'aide, Nr. 18, S. 19; von Martitz, II, S. 525; Bruns, S. 721; Frank, DJZ 1926, 1274; Schoetensack, S. 64 f.; Reisner, Voraussetzungen, S. 16 f.; Schoeneberg, S. 26; Reger, S. 24; Ritter, S. 33; Münchhausen, S. 12 f.; Reucher, S. 26, 31; Senftner, S. 30; Hahn, S. 17; Schwarzenbach, S. 55; von Cleric, SJZ 10, 136 f.; 27, 142; Langhard, S. 108; Benz, S. 98 f.; Schultz, Auslieferungsrecht, S. 134; Mettgenberg-Doerner, S. 77 ff.; Dahm, S. 278; Grützner, „Auslieferung", S. 116; BeiLBdAnz Nr. 171, vom 15. 9. 1964, S. 15; Geck, JuS 1965, 222; RiVASt Nr. 14 II.

RGSt. 64, 108 (109 f.); 66, 87 (87 f.); 67, 150 (155); 70, 304 (305); BGE 18 I 189 (193 E 3); 31, 685 (689 E 1).

ins DAG aufgenommen worden[46]. Gleiches gilt für nach Erlaß des DAG getroffene Vereinbarungen — hier ist allerdings § 46 DAG zu beachten[47]. Sie gehen, unabhängig von ihrem Rang, ins innerstaatliche Recht umgesetzt, dem DAG als die neueren Gesetze vor[48].

Die Verträge haben allerdings dann keine derogierende Kraft — das wird im nächsten § erheblich —, wenn sie selber ins innerstaatliche Recht verweisen oder aber erkennen lassen, „daß mit einseitigen Änderungen in dem Recht der vertragschließenden Teile gerechnet worden ist“[49]. Auch soweit ein Vertrag zu einer bestimmten Frage schweigt, kann das DAG, und zwar nicht nur mit seinen verfahrensrechtlichen Regeln, neben ihm angewendet werden, wenn dadurch nicht die vertraglich übernommenen Pflichten eingeschränkt werden[50].

Der Vorrang der Verträge vor dem DAG läßt jedoch immer die Frage offen, ob die betreffende vertragliche Regelung vom Standpunkt der Gerechtfertigkeit zu begrüßen ist, vor allem dann, wenn aufgrund eines Vertrages vom innerstaatlichen Verfassungsrecht gewährleistete Grundrechte eines Verfolgten mißachtet werden müssen[51].

§ 4. Änderung der Strafgesetzgebung nach Abschluß des Vertrages in einem der vertragschließenden Staaten

Der Grundsatz, daß die Bestimmungen eines Auslieferungsgesetzes vertraglich übernommene Pflichten nicht einschränken dürfen, hat

---

[46] METTGENBERG-DOERNER, S. 78.

[47] Einem dem DAG nicht entsprechenden Vertrag muß der Bundestag zustimmen, vgl. dazu HERLAN, JZ 1966, 176.

[48] GECK, a. a. O.; RiVASt a. a. O.; SCHULTZ, a. a. O., S. 142; ähnlich REUCHER, S. 40 f. Daß sich im übrigen Deutschland so weit wie möglich im Rahmen des DAG zu halten versucht, ist eine andere Sache (vgl. METTGENBERG, Neugestaltung, S. 17; SENFTNER, S. 31—33; HAHN, S. 15).

[49] METTGENBERG-DOERNER, S. 84.

[50] METTGENBERG-DOERNER, S. 83 f.; SCHOENEBERG, S. 26 f.; SCHMITZ-MORKRAMER, S. 13; SCHULTZ, Auslieferungsrecht, S. 135; SENFTNER, S. 31.
Ausdrücklich die Anwendbarkeit innerstaatlichen Verfahrensrechts bestimmt Art. 8 dt.-griech. AuslVer.

[51] Möglicherweise ist dann die vertragliche Bestimmung in ihrer innerstaatlichen Gestalt (als „Vertragsgesetz“) wegen Verfassungsverstoßes nichtig, während das Abkommen als solches zwischen den Staaten völkerrechtlich wirksam bleibt, vgl. BVerfGE 6, 290 (295); SEIDL-HOHENVELDERN, S. 19; GECK, JuS 1965, 228; KREPPEL, S. 159 ff.
Die Ausführungen zu Art. 102 GG haben allerdings gezeigt, daß dabei stets Sinn und Zweck der betroffenen „Grundrechte“ in Betracht zu ziehen sind, vor allem, daß jeweils zu prüfen ist, ob sie auch im Rahmen des internationalen Auslieferungsverkehrs Bedeutung haben oder durch völkerrechtliche Verträge übernommene Verpflichtungen einschränken wollen bzw. sollen.

auch Bedeutung für das Problem, ob nachträgliche Änderungen in der Strafgesetzgebung der Vertragsstaaten im Rahmen der Nachprüfung eines Auslieferungsbegehrens aufgrund des Prinzips der identischen Norm zu berücksichtigen sind. Durch eine solche Gesetzesänderung kann nämlich eine Handlung straflos werden, die zur Zeit des Vertragsabschlusses als strafbares Auslieferungsdelikt eine Auslieferungspflicht konstituierte. Und dann bedeutete die Beachtung einer Gesetzesänderung möglicherweise die einseitige Einschränkung vertraglich übernommener Pflichten. Deshalb wird der Standpunkt vertreten, der Grundsatz der unbedingten Einhaltung, der Unverbrüchlichkeit völkerrechtlicher Verträge gebiete, eine Änderung der Strafgesetze durch einen der Vertragspartner bei der Bewilligung der Auslieferung nicht in Betracht zu ziehen[52]: Kein Staat solle durch eine nachträgliche Änderung seiner Strafgesetze einen der Fälle, für den zur Zeit des Vertragsabschlusses seine Auslieferungspflicht feststand, aus dem Vertrag herausnehmen und sich so seiner völkerrechtlichen Bindung entziehen dürfen[53].

Diese Ansicht führt zu folgenden Ergebnissen: Wird durch die Änderung eines Strafgesetzes eine Handlung, die zur Zeit des Vertragsschlusses als strafbar angesehen wurde, nunmehr nach dem Recht des ersuchenden oder ersuchten Staates straflos oder nur unter erschwerten Bedingungen strafbar, so muß doch die Auslieferung gemäß dem alten Rechtszustand erfolgen, wenn das betreffende Auslieferungsdelikt — eben wegen des damaligen Standes der Gesetzgebung — weiter gefaßt war[54]. Oder umgekehrt: Wenn auch der ersuchende oder ersuchte Staat nach Vertragsabschluß eine Handlung inkriminieren, die früher nicht oder nur unter erschwerten Bedingungen strafbar war, und wenn auch der vertragliche Auslieferungsdeliktstatbestand eine entsprechend weite Fassung hat, bleibt es trotzdem bei der Nichtauslieferung gemäß der Beurteilung der beidseitigen Strafbarkeit nach dem alten Rechtszustand; denn durch einen einseitigen innerstaatlichen Vorgang kann konsequenterweise keine neue Auslieferungsverpflichtung begründet werden[55]. Hierzu ein Beispiel. Gemäß einem Auslieferungsvertrag liefert Deutschland nur für Verbrechen oder Vergehen aus. Danach ist wegen einer Tat, die

---

[52] Lammasch, Auslieferungspflicht, S. 185—188; von Bar, Lehrbuch, S. 289, 296, FN 3; Billot, S. 123; Cohn, S. 22; Grosch, S. 17; Delius, NiemZ 1, 179; 2, 1 ff., 4; Auslieferungsrecht, S. 33 f.; Spiegel, S. 9; Liebermann, S. 19; RGSt. 21, 180 (181); 36, 345 (348), beide Entscheidungen jeweils ohne Begründung.

[53] Das Strafrecht der Vertragsstaaten ist nach dieser Ansicht in der Gestalt, wie es zur Zeit des Vertragsschlusses gilt, sozusagen wesentlicher Bestandteil des Auslieferungsvertrages geworden.

[54] Ausdrücklich so Delius, Auslieferungsrecht, S. 34.

[55] Vgl. noch die Fälle bei Benz, S. 105; Schultz, Auslieferungsrecht, S. 322 f.

nach deutschem Recht eine Übertretung darstellt — wie der „Mundraub", §§ 370 I Z. 5, 1 III StGB — eine Auslieferung nicht möglich. Würde nun der E 1962 Gesetz und damit der „Mundraub" zu einem Vergehen, §§ 242 II, 12 II E 1962, so könnte Deutschland aufgrund des Vertrages nicht verpflichtet sein, wegen „Mundraubes" auszuliefern, da dieser zur Zeit des Vertragsschlusses als Übertretung kein Auslieferungsdelikt darstellte.

1. Diese Konsequenzen befriedigen nicht. Wird durch eine Gesetzesänderung eine früher strafbare Handlung nunmehr erlaubt oder ein erlaubtes Verhalten nunmehr verboten, so ist das für den betreffenden Staat Ausdruck seiner gewandelten Anschauungen von Recht und Unrecht; trotzdem könnte er diesen Anschauungen keine Durchsetzung verschaffen[56]. Damit widerspricht eine Nichtberücksichtigung des neuen Rechts eindeutig dem Gerechtigkeitsgedanken. Außerdem wird das Gegenseitigkeitsprinzip verletzt[57]. Der ersuchte Staat würde für den Fall, daß das „alte" Delikt nunmehr z. B. auf seinem Gebiet begangen würde, keine Einlieferung erhalten, wenn er es nicht mehr als strafbar ansieht, obwohl er selber im umgekehrten Fall ausliefern müßte. Denn bei der Stellung von eigenen Auslieferungsbegehren hat er grundsätzlich[58] von seinem nunmehr geltenden Strafrecht auszugehen (vgl. auch § 2 II 1 StGB), nach diesem hat er aber keinen Strafanspruch mehr. Völlig unzureichend ist auch der nach dieser Ansicht zulässige Umfang der Nachprüfung eines Auslieferungsbegehrens nach dem Recht des ersuchenden Staates; der ersuchte Staat müßte hier gleichfalls vom alten Rechtszustand ausgehen und könnte — zum Schaden der ersuchenden Staates — neu strafbar gewordene Handlungen nicht berücksichtigen[59].

Gerechtigkeit und Gegenseitigkeit fordern mithin die Anwendung des jeweils zur Zeit der Durchführung der Auslieferung geltenden Rechts[60]. Mögen die Staaten beim Eingehen eines Auslieferungsver-

---

[56] S. Benz, S. 106 f.

[57] So besonders von Martitz, II, S. 67; Mettgenberg, NiemZ 18, 420.

[58] Wenn die Änderung des Strafrechts nach Begehung der Tat erfolgt, gilt das unter 2 c Gesagte.

[59] Hervorgehoben von Delius, NiemZ 2, 5.

[60] Von Martitz, II, S. 67—69; Kohler, S. 168, 181; Th. Meyer, S. 64; Mettgenberg, NiemZ 18, 418—422; Anm. 29, S. 19, Verträge mit der Tschechoslowakei; Senftner, S. 15; Sack, S. 18; Reucher, S. 34; Schmitz-Morkramer, S. 71; Lohmann, S. 75; Deuringer, S. 13 f.; Mettgenberg-Doerner, S. 204; Schultz, Auslieferungsrecht, S. 322 ff.; Benz, S. 105 ff.; Schwarzenbach, S. 100 f.; Saint-Aubin, traité, I, S. 693; Mercier, S. 186 f.; Harvard convention, art. 2 (b), für das Recht des ersuchten Staates; Fiore-Antoine, II, Nr. 333, S. 499 f., und Travers, droit pénal, IV, Nr. 2027, S. 511 f., beide für das Recht des ersuchenden Staates.

Vgl. noch § 29 DAG, der die Möglichkeit der erneuten Nachprüfung eines Auslieferungsbegehrens vorsieht, wenn sich die „Umstände" geändert trages und bei der Aufstellung der Auslieferungsdelikte von ihrem damals in Kraft befindlichen Strafrecht ausgegangen sein, so kann doch nicht angenommen werden, daß sie damit ein für allemal für das so wichtige Gebiet des Auslieferungsrechts darauf verzichten wollten, ihren gewandelten Anschauungen von Recht und Unrecht Durchsetzung zu verschaffen. Vom Standpunkt des handelnden Staates aus stellen Gesetzesänderungen doch immer einen Fortschritt dar[61]. Bei dieser Willensrichtung der Parteien wird die Berücksichtigung ihrer gewandelten Auffassungen nicht etwa durch den Gedanken der Unverbrüchlichkeit völkerrechtlicher Verträge gehindert; diese selbst stehen unter dem Vorbehalt der Änderung der Strafgesetze[62]. Die unterschiedliche Deutung des Charakters des Auslieferungsdelikts, nämlich ob es ein selbständiger Begriff des vertraglichen oder gesetzlichen Auslieferungsrechts ist oder nicht[63], hat keinen Einfluß auf das Ergebnis. Entweder richtet sich sein Inhalt nach der Gesetzgebung in den Vertragsstaaten, dann zeigen die obigen Ausführungen, daß es das jeweils geltende Recht sein muß. Oder aber das Auslieferungsdelikt führt ein selbständiges völkerrechtliches Leben; damit verbleibt sein Begriff, wie er bei Vertragsschluß vereinbart wurde, er wird durch die Änderung des Gesetzes in einem der beiden Vertragsstaaten gar nicht berührt[64].

2. Bei der Prüfung der Strafbarkeit einer Handlung nach dem Recht des ersuchenden und ersuchten Staates ist also das jeweils in beiden Ländern geltende Recht heranzuziehen[65].

a) Die Auslieferungspflicht vermindert sich trotz einer weiten Fassung der Auslieferungsdeliktsumschreibung bei einer Einschränkung eines früher weit definierten inländischen Strafgesetzes[66]. Der ersuchende Staat kann sich solchenfalls nicht darauf berufen, er erhalte, wenn der ersuchte Staat unter Berufung auf sein neues milderes Recht nicht mehr ausliefere, für eine Handlung keine

---

haben, womit auch Gesetzesänderungen gemeint sind (vgl. METTGENBERG-DOERNER, S. 415).

[61] Hervorgehoben von KOHLER, S. 168.

[62] Vgl. BENZ, S. 111 ff.; REISNER, Voraussetzungen, S. 44 f.; SCHULTZ, Auslieferungsrecht, S. 144; MERCIER, S. 186; MEYER, Einlieferung, S. 111; VON MARTITZ, II, S. 69; MÜNCHHAUSEN, S. 39.

[63] „Ja" SCHULTZ, a. a. O., S. 259; „Nein" PFENNINGER, SJZ 10, 62, 63; GARBANI, S. 45; BENZ, S. 3, 5; VON MARTITZ, II, S. 67 f.

[64] SCHULTZ, a. a. O., S. 322. Nach SCHULTZ gilt das Resultat auch für den Fall, daß ein Auslieferungsdelikt in seinem Tatbestand dem eines Gesetzes eines der vertragschließenden Staaten entsprechen soll. Denn dann liegt in der Anziehung des Strafrechts eines der Vertragsstaaten die Hinnahme einer etwaigen späteren Änderung (vgl. SCHULTZ, a. a. O., S. 261, FN 16).

[65] Für die vertraglose Auslieferung gilt selbstverständlich das gleiche (H. MEYER, Einlieferung, S. 110; HAHN, S. 32).

[66] Ausdrücklich für Änderungen im ersuchten Staat: MERCIER, S. 191 f.

Auslieferung mehr, für die er selber ausgeliefert habe oder hätte zumindest ausliefern müssen, und damit sei die Reziprozität verletzt. Denn bis zur fraglichen Gesetzesänderung im ersuchten Staat hätte der ersuchende Staat immer eine Einlieferung erhalten. Nach der Änderung hat auch der ersuchte Staat, wenn er eine Auslieferung begehrt, keinen Erfolg. Die Gegenseitigkeit bleibt nach allem gewahrt; sie wird lediglich auf eine neue Berechnungsbasis gestellt[67].

b) Erweitert dagegen ein Land seine Strafgesetze, bis sie den Rahmen der vertraglichen Auslieferungsdelikte ganz ausfüllen, ververgrößert sich entsprechend die Auslieferungsverpflichtung[68]. Ein Beispiel[69]: Auslieferungsdelikt ist unter anderem die „falsche Anschuldigung". Der ersuchte Staat bestraft bei Inkrafttreten des Vertrages nur die unrichtige Behauptung, ein anderer habe ein Verbrechen oder Vergehen begangen, als „falsche Anschuldigung", später ändert er sein Recht dahingehend um, daß auch die wahrheitswidrige Aussage, ein anderer habe eine Übertretung verübt, nunmehr als „falsche Anschuldigung" strafbar ist. Er muß mithin, wenn die übrigen Voraussetzungen vorliegen, im letzteren Fall ausliefern.

c) Das alles gilt aber nicht uneingeschränkt. Das Verbot der Rückwirkung von Strafgesetzen und das Gebot der Anwendung der lex mitior bleiben zu beachten[70]. Ergeht ein neues Gesetz im ersuchenden oder ersuchten Staat nach Begehung der Tat, und hebt es die Strafbarkeit auf oder bestraft es die Tat so, daß sie kein Auslieferungsdelikt mehr darstellt, entfällt die beidseitige Strafbarkeit[70]. Genausowenig ist die Auslieferung zu gewähren, wenn die Tat im ersuchenden Staat zur Zeit ihrer Begehung straflos war, aber zur Zeit des Eingangs des Auslieferungsbegehrens durch eine Gesetzesänderung strafbar geworden ist. Dabei ergibt sich allerdings noch die Zweifelsfrage, ob der ersuchte Staat bei der Prüfung der Strafbarkeit nach dem Recht des ersuchenden Staates anders entscheiden, also ausliefern muß, wenn dieser einer verschärfenden Gesetzesänderung rückwirkende Kraft beigelegt hat und das gegen funda-

---

[67] Vgl. Benz, S. 110; Mettgenberg, NiemZ 18, 420.

[68] S. von Martitz, II, S. 68, besonders FN 18.

[69] Nach Schultz, Auslieferungsrecht, S. 323, FN 66.

[70] Voraussetzung ist, daß es sich nicht um ein sogenanntes Zeitgesetz handelt (§ 2 III StGB) und daß der betreffende Staat das Gebot der Anwendung der lex mitior (gesetzlich) anerkennt. Wenn die Gesetzesänderung nach Urteilserlaß eingetreten ist, bleibt die Auslieferung zur Strafvollstreckung zulässig; das mildere Gesetz muß gemäß § 2 II 2 StGB nur „bis zu ... (der) Aburteilung" der Tat angewandt werden. Vgl. zum ganzen zustimmend Reisner, Voraussetzungen, S. 46; Münchhausen, S. 43 f.; H. Meyer, Einlieferung, S. 112. Zur Auslieferung wegen des Verstoßes gegen ein Zeitgesetz s. KG JW 1932, 2350 (2351).

mentale Rechtgrundsätze im ersuchten Staat verstößt, wie in Deutschland z. B. gegen Art. 103 II GG[71].

Wieder eine andere Stellungnahme ist geboten, wenn die verfolgte Tat nach dem Recht des ersuchten Staates zwar nicht zur Zeit der Begehung, jedoch zum Zeitpunkt der Entscheidung über das Auslieferungsbegehren durch den ersuchten Staat strafbar ist. Dieser hat allerdings einen auch zu diesem Zeitpunkt Unschuldigen vor sich[72], gegen den er nicht vorgehen könnte, wenn er den Sachverhalt selber zu beurteilen hätte. Denn sein neues Strafgesetz könnte er nicht anwenden, da es unter dem Vorbehalt des Rückwirkungsverbotes steht. Für Strafverfahrensvorschriften gilt das Rückwirkungsverbot jedoch nicht; verfahrensrechtliche Sätze treten mit dem Gesetz, das sie ausspricht, sogleich in Kraft (und außer Kraft)[73]. Zumindest insoweit sind die Bestimmungen, die das Auslieferungsverfahren regeln, solchen verfahrensrechtlichen Vorschriften gleichzustellen[74]. Der ersuchte Staat wendet bei der Prüfung der Strafbarkeit nach eigenem Recht sein Strafrecht ja nicht dergestalt an, daß er den Täter bestraft; bei der Feststellung der (hypothetischen) Strafbarkeit gemäß dem eigenen Recht untersucht er vielmehr, ob eine Auslieferung im gegenwärtigen Zeitpunkt mit seinen Anschauungen im Einklang stünde, was im konkreten Fall zutrifft[75].

§ 5. Rügerecht des Ausgelieferten vor den Gerichten des ersuchenden Staates wegen einer Auslieferung unter Verletzung des Prinzips der identischen Norm

Allen Auslieferungsverträgen liegt das Prinzip der identischen Norm zugrunde. Wenn nun der ersuchte Staat bei der Bewilligung der Auslieferung dieses Prinzip nicht beachtet, etwa indem er die Strafbarkeit der Tat nach eigenem Recht überhaupt nicht prüft

---

[71] Dafür, daß der ersuchte Staat eine solche Rückwirkungsanordnung mißachtet, MERCIER, S. 191; wohl auch SCHULTZ, Auslieferungsrecht, S. 323, der jedenfalls das Verbot der Rückwirkung im Gegensatz zum Gebot der Anwendung der lex mitior auch ohne gesetzliche Grundlage gelten läßt.

[72] Anders ausdrücklich SCHULTZ, Auslieferungsrecht, S. 323, der aber zum gleichen Ergebnis kommt.

[73] MAUNZ-DÜRIG, Rdn 109 zu Art. 103 GG; SCHÖNKE-SCHRÖDER, Rdn 58 zu § 2 StGB; RGSt. 75, 306 (311); 77, 181 (183), und SCHÖNKE-SCHRÖDER, Rdn 8 zu § 61 StGB (für den Strafantrag); BVerfGE 1, 418 (423), BGHSt. 2, 300 (306—308), und NJW 1952, 271 (für die Verjährung).

[74] SCHULTZ, a. a. O., S. 323; MERCIER, S. 191.

[75] Dazu, daß die Beachtung des Prinzips der identischen Norm keine Anwendung des Strafrechts des ersuchten Staates im technischen Sinne auf den Sachverhalt bedeutet, der dem Auslieferungsbegehren zugrundeliegt, also keine Verurteilung, und zur gegenteiligen Ansicht vgl. oben Kapitel I § 1 B III, S. 13 ff.

oder sie fälschlicherweise bejaht, kann sich dann der Ausgelieferte vor den Gerichten des ersuchenden Staates darauf berufen, die Auslieferung sie unter Verletzung des vertraglich festgesetzten Grundsatzes der identischen Norm geschehen und mithin fehlerhaft? Mit anderen Worten: Kann der Ausgelieferte die Verletzung vertraglicher Bestimmungen, die Recht- und Gesetzmäßigkeit der Auslieferung rügen?

1. Das wird zum Teil bejaht[76], und zwar einmal aus humanitären Gründen[77], zum anderen wegen des Rechtssatzcharakters der vertraglichen Normen, die auch für den Ausgelieferten Rechte erzeugten[78].

2. Gegen diese Ansicht sprechen jedoch sowohl die Aufgabe und die Befugnisse der Gerichte des ersuchenden Staates, als auch Sinn und Zweck der Auslieferungsverträge und der Auslieferung allgemein.

Es ist nicht Aufgabe der Gerichte im ersuchenden Staat, den ordre public des ersuchten Staates zu wahren[79]. Die Durchsetzung der Rechte des Angeklagten nach seinen eigenen Vorstellungen obliegt einzig und allein dem ersuchten Staat; exklusiv in seinem Zuständigkeitsbereich liegt die Entscheidung über die Zulässigkeit der Auslieferung[80]. Der ersuchende Staat kann diese Entscheidung nicht anfechten; ihm fehlt in aller Regel die gesetzliche Grundlage für einen solchen Eingriff in die Hoheitssphäre des ersuchten Staates[81].

Dazu kommt, daß die Auslieferung dem ersuchenden Staat die Ausübung seiner Gerichtsgewalt über den Flüchtling wieder zu ermöglichen bestimmt ist. Die ihm nach Überstellung des Verfolgten auf sein Gebiet möglich gewordene wirksame Erfüllung seiner Strafpflicht

[76] Hélie, II, S. 709; Bernard, II, S. 525—541; Renault, S. 645 f.; These 26 der Oxforder Resolutionen (nach ihrer Revision in Paris 1894 allerdings nur in beschränktem Umfang); H. Meyer, Einlieferung, S. 199—203; Dikkinson, AJIL 28, 231, 238; in gewisser Weise wohl auch Lauterpacht, S. 31 (wie aus seiner Kritik an der entgegenstehenden Praxis hervorgeht); Kohler, S. 185; Delius, NiemZ 16, 190.

[77] So besonders Bernard, Kohler, Renault, Lauterpacht, a. a. O.

[78] H. Meyer, Dickinson, a. a. O.; ebenso Delius, a. a. O.

[79] Donnedieu de Vabres, principes, S. 281 f.; Bard, Nr. 73, S. 107; Schultz, Auslieferungsrecht, S. 254.

[80] So besonders RGSt. 42, 309 (311); 63, 215 (215 f.); 70, 286 (287 f.); BGHSt. 18, 218 (220), mit zustimmender Anm. von von Weber, JZ 1963, 515 f. (516), und von Busch bei LM Nr. 1 zu Art. 3 dt.-belg. AuslVer.

[81] Mettgenberg-Doerner, S. 538; Schultz, Auslieferungsrecht, S. 254; ZStrR 69, 381 f.; ähnlich Müller, S. 15.

soll nicht dadurch beschwert serden, daß sich seine Gerichte mit Fehlern des ausländischen Auslieferungsverfahrens befassen müssen[82]. Auch wollen die Auslieferungsverträge dem Ausgelieferten grundsätzlich keine „die Strafverfolgung beeinträchtigende Rechtsposition" einräumen[83]. Das gilt umsomehr, als die Auslieferungsverträge internationale Verträge sind, die — das ist die Regel — nur den beteiligten Staaten Rechte gewähren und Pflichten auferlegen[84]. Denn Vertragspartner sind die vertragschließenden Staaten; der Auszuliefernde ist lediglich „Object des Vertrages"[85]. Völkerrechtliche Verträge räumen den Angehörigen der vertragschließenden Teile zwar manchmal unmittelbar Rechte ein; auf dem Gebiet des Auslieferungsrechts ist das jedoch weder erstrebenswert noch üblich[86].

3. Aus diesen Gründen darf der Verfolgte mit der Rüge, seine Auslieferung sei unter Verletzung des Prinzips der identischen Norm, also vertraglicher Bestimmungen, bewilligt worden, vor den Gerichten des ersuchenden Staates nicht gehört werden[87]. Die gegebenen

---

[82] Eine entsprechende Nachprüfung würde auch schwierig und zeitraubend sein; die hierfür notwendige Beschaffung der Verfahrensdokumente des ersuchten Staates könnte das Verfahren im ersuchenden Staat auch zum Nachteil des Verfolgten verkomplizieren.

[83] BGHSt. 18, 218 (220), unter Hinweis auf §§ 3 ff. StGB, 151 ff. StPO (Legalitätsprinzip!); s. noch SCHWARZENBERGER, CLP 3, 272.

[84] DAHM, S. 279 f.; BERBER, S. 396; SCHULTZ, Auslieferungsrecht, S. 254, besonders FN 179; BGH a. a. O.

[85] LAMMASCH, Auslieferungspflicht, S. 739; dazu VON MARTITZ, I, S. 434; SPIEGEL, S. 4; STRUPP, S. 145, besonders FN 1); BVerfG GA 1967, 111; s. noch METTGENBERG, NiemZ 23, 289 f.

[86] DAHM, S. 280; RGSt. 33, 99 (101); 42, 309 (310 f.).

[87] Die folgenden Belegstellen gehen allgemein auf die Befugnis des Ausgelieferten ein, vor den Gerichten des ersuchenden Staats Rechts- oder Gesetzwidrigkeit der Auslieferung zu rügen, und zum großen Teil nicht besonders auf die Verletzung des Grundsatzes der identischen Norm durch den ersuchten Staat:

DAHM, BERBER, SCHULTZ, a. a. O.; LAMMASCH, a. a. O., S. 809; COHN, S. 39; DELIUS, Auslieferungsrecht, S. 55 f.; GA 46, 23; KRAUS, Revue de dr. int. et de législ. comp. 54, 173 f.; GRÜTZNER, „Auslieferung", S. 120; BILLOT, S. 324 f.; SAINT-AUBIN, traité, II, S. 887—889; BARD, Nr. 73, S. 108; FIORE-ANTOINE, II, Nr. 449, S. 452 f.; FAUCHILLE-BONEFILS, Nr. 481, S. 1040; TRAVERS, droit pénal, V, Nr. 2418, S. 211; HÉLIE-BROUCHOT, Nr. 56, S. 46. Aus der Rechtsprechung: RGSt. 29, 22 (24), 63 (64), 288 (290 f.); 33, 99 (101); 42, 309 (311 f.); 59, 313 (314); 63, 215 (215 f.); 64, 183 (191); 65, 106 (111); 70, 286 (287—289).

Die Rechtslage gemäß Art. 23 franz. AuslGes. (die Auslieferung ist nichtig, wenn sie erlangt wurde „en dehors des cas prévus par la présente loi") ist, was die Berücksichtigung des Rechts des ersuchten Staats angeht, umstritten. Vgl. TRAVERS, entr'aide, Nr. 405, S. 325; TOPF, ZStW 48, 607—609.

Argumente gelten entsprechend auch für den vertraglosen Auslieferungsverkehr[88] und für die Auslieferung zur Strafvollstreckung[89].

---

[88] Anders konsequent H. MEYER, Einlieferung, S. 199 f. (wegen des Rechtssatzcharakters der Reziprozität). Ausdrücklich wie hier dagegen RGSt. 42, 309 (310).

[89] Von dieser Problematik sind die Fragen zu trennen, ob der Verfolgte die Einhaltung der Bedingungen (Spezialität!) verlangen kann, unter denen die Auslieferung bewilligt wurde (vgl. § 54 DAG und METTGENBERG-DOERNER, S. 538, bejahend), ob ein allgemeiner Vorbehalt der Ordnungsgemäßheit der Auslieferung anzunehmen ist (METTGENBERG-DOERNER, S. 534; H. MEYER, a. a. O., S. 198, verneinend) und wie von Staat zu Staat zu verfahren ist, wenn sich nachträglich herausstellt, daß der ersuchte Staat irrtümlich die Voraussetzungen der Auslieferung angenommen hat (vgl. dazu METTGENBERG-DOERNER, S. 166 ff., 534 ff.; SCHULTZ, a. a. O., S. 254, FN 178; VON AMMON, DtStrR 1937, 288—290.

Kapitel III

Die Prüfung eines Auslieferungsbegehrens nach dem Prinzip der identischen Norm

§ 1. Die Voraussetzungen dieser Nachprüfung in tatsächlicher Hinsicht

I. Bei der Prüfung der Strafbarkeit der Tat, die dem Auslieferungsbegehren zugrundeliegt — hier verstanden als das geschichtliche Ereignis, das z. B. § 158 StPO im Auge hat und das auch § 1 DAG meint[1] — nach dem Recht des ersuchenden Staates übernimmt der ersuchte Staat unverändert die Sachverhaltsschilderung der Auslieferungsdokumente.

II. Auch bei der Prüfung der Strafbarkeit der verfolgten Tat nach eigenem Recht hat der ersuchte Staat von dem dem Begehren zugrundeliegenden Sachverhalt auszugehen, also von den Tatsachen, die die strafbare Handlung ausmachen sollen, nicht den Bezeichnungen dieser Handlung nach dem Recht des ersuchenden Staates, nicht der Subsumtion des Sachverhaltes unter die Merkmale der Strafnormen des ersuchenden Staates[2]. Er prüft die Strafbarkeit nach eigenem Recht ja gerade unabhängig vom Recht des anderen Staates. Dabei sieht er sich vor eine schwierige Frage gestellt: Er ist in den meisten Auslieferungsfällen von der Tat unberührt, hat keinen eigenen Strafanspruch. Wie setzt er trotzdem die strafbare Handlung zum eigenen Recht in Bezug?

1. Einigkeit besteht darüber, daß zur Herstellung dieses Bezuges das geschichtliche Ereignis „sinngemäß umgestellt" oder „sinngemäß umgekehrt" werden muß, wie die allgemein gängige Formel heißt[3]. Die sinngemäße Umstellung soll es dem ersuchten Staat

---

[1] Vgl. METTGENBERG-DOERNER, S. 202. Welcher Tatbegriff im Auslieferungsrecht gilt, insbesondere, wieweit die Auslieferungsbewilligung auf tatsächlichem Gebiet reicht, ist von entscheidender Bedeutung für den Grundsatz der Spezialität, spielt hier aber keine Rolle.

[2] BGHSt. 10, 221 (226); GRÜTZNER, GA 1956, 364, zu OLG Stuttgart daselbst, S. 363 f.; VON AMMON, DJ 1936, 585 f. (586), zu OLG München daselbst, S. 583 ff.; derselbe, DJ 1938, 1836 f. (1837), zu OLG München daselbst, S. 1836; FRAUSTÄDTER, Anm. 3 zu § 2 DAG, S. 33; CONSTANT, S. 86.

[3] METTGENBERG, 34. DJT, I, S. 44; REISNER, Voraussetzungen, S. 43; SCHOENEBERG, S. 39; SCHOBER, S. 14 f.; REGER, S. 42; SENFTNER, S. 36 f.;

ermöglichen, sich in die Lage des ersuchenden Staates zu versetzen[4] und unter Zugrundelegung eigenen Rechts[5] den Sachverhalt zu beurteilen, also das hypothetische Urteil abzugeben, das § 4 Z. 2 DAG durch die Worte „... wenn die Strafverfolgung ... unzulässig sein würde"[6] andeutet. Der Umstellung unterliegen vor allem die Teile des Sachverhaltes, die unter die staats- und völkerrechtlichen Anknüpfungspunkte des gesetzlichen Tatbestandes zu subsumieren sind[7], nämlich die, aus denen der ersuchende Staat im konkreten Fall seine Strafkompetenz hergeleitet hat. Anders könnte der ersuchte Staat nicht nachprüfen, ob auch er für den vorliegenden Fall Strafkompetenz haben würde[8].

Folgende Fälle sind von der Umstellung betroffen[9]: Ist die Tat im ersuchenden Staat — oder, von diesem aus gesehen, — im Ausland begangen worden, ist so zu tun, als wenn Tatort der ersuchte Staat oder — von letzterem aus gesehen — ein anderer Staat sein würde. Geht es um die Verletzung von Rechtsgütern des ersuchenden Staates oder — von diesem aus — ausländischen Rechtsgütern, so hat der ersuchte Staat entsprechend davon auszugehen, daß es sich um eigene bzw. fremde Rechtsgüter handelt[10]. Ebenso ist mit Staatsangehörigkeit von Täter und Opfer zu verfahren.

Es geht nämlich nicht an, daß der ersuchte Staat einfach seine strafrechtliche Kompetenz, seine Gerichtsbarkeit über den Fall unterstellt und alle Tatsachen des Sachverhaltes unverändert übernimmt[11].

MÜNCHHAUSEN, S. 35; VON AMMON, DStrR 1934, 49; SCHULTZ, Auslieferungsrecht, S. 327; DAHM, S. 282, besonders FN 12; GRÜTZNER, „Auslieferung", S. 120; ZStW 68, 512; METTGENBERG-DOERNER, S. 190, 202; RGSt. 70, 74 (77); BGHSt. 1, 222 (225 f.); 7, 265 (268).

[4] BENZ, S. 55, ohne besonderen Hinweis auf die sinngemäße Umstellung.

[5] Deshalb dürfen die Tatbestandsmerkmale der Rechtsnormen des ersuchten Staates nicht umgestellt werden; das betont in diesem Zusammenhang HERLAN, GA 1957, 239.

[6] Hervorhebung vom Verfasser.

[7] METTGENBERG-DOERNER, S. 203; HERLAN, GA 1957, 239; BGHSt. 7, 265 (268); SCHULTZ, Auslieferungsrecht, S. 327, hat diese Kriterien nicht.

[8] Als Grund für die sinngemäße Umstellung treffend herausgestellt von MERZ, GA 1957, 14.

[9] Vgl. die Zusammenstellung bei METTGENBERG-DOERNER, S. 203; HERLAN, GA 1957, 239; SCHULTZ, Auslieferungsrecht, S. 327 f.; BGHSt. 7, 265 (268).

[10] Dazu besonders VON WEBER, DJ 1937, 1177 f.

[11] Deshalb sind die Formulierungen bedenklich, der ersuchte Staat habe zu fingieren, er müsse unter Anwendung eigenen Rechts auf die verfolgte Tat im Gebiet des ersuchenden Staats Gerichtsbarkeit ausüben (GRÜTZNER, GA 1957, 378), oder aber, der ersuchte Staat müsse so tun, als ob die verfolgte Tat gänzlich im „Bereich ... (seiner) Strafgerichtsbarkeit begangen" worden sei (METTGENBERG-DOERNER, S. 190). Denn sie lassen den Sinn der Umstellung nicht klar erkennen. Ähnliches gilt für die Ausführungen, die generell vom Vorliegen der Bestimmungen des ersuchten Staates über den

Ein solches Vorgehen nähme ihm die Möglichkeit, das Vorliegen der Gegenseitigkeit festzustellen[12], also zu überprüfen, ob er für den entsprechend gelagerten Fall einen Strafanspruch haben, mithin eine Auslieferung zu fordern und zu erhalten berechtigt sein würde. Außerdem hat der ersuchte Staat mit der Aufstellung der Kriterien für seine Strafkompetenz (Territorialitäts-, aktives oder passives Personalitätsprinzip[13]) wesentliche Gerechtigkeitsvorstellungen verwirklicht, deren Einhaltung er ohne die Umstellung nicht feststellen könnte[14].

2. Dagegen dürfen — unterstellt, Deutschland ist ersuchter Staat — Täter, Tatort, Opfer oder Rechtsgut — soweit deutsch — nicht umgestellt werden. Diese Charakteristika des Sachverhalts sind zwar vom Standpunkt des ersuchenden Staats aus ausländische, für Deutschland als ersuchten Staat bleiben sie jedoch inländische. Ihre Umstellung „wäre keine sinngemäße, sondern eine sinnwidrige"[15]. Denn gegen Straftaten, die auf seinem Gebiet begangen worden sind, die eigene Staatsangehörige oder eigene Rechtsgüter verletzt haben, oder die von eigenen Staatsangehörigen ausgeführt worden sind, wird der ersuchte Staat einen originären Strafanspruch haben, der sehr oft seine Auslieferungspflicht beseitigt. Besitzt aber der ersuchte Staat einen eigenen Strafanspruch, bedarf es der Umstellung nicht mehr, die lediglich einen nicht existenten Strafanspruch ersetzen sollte[16]. Kommt darüber hinaus eine Auslieferung nicht in Betracht, braucht auch nicht untersucht zu werden, ob sich ihre Bewilligung im Rahmen der Gegenseitigkeit hielte. Durch eine Umstellung der hier angesprochenen Tatsachen könnte außerdem das Verbot der Auslieferung eigener Staatsangehöriger (s. Art. 16 II 1 GG) umgangen werden. Hat ein Deutscher im Ausland delinquiert, und wird Deutschland um Auslieferung ersucht, muß es den Täter weiterhin als Deutschen behandeln, obwohl dieser für den ersuchenden Staat Ausländer ist[17].

---

räumlichen Geltungsbereich seiner Strafgesetze absehen wollen (Fraustädter, Anm. 2 zu § 4 DAG, S. 38; Saurma-Jeltsch, S. 24; zu dieser Problematik überhaupt vgl. Kapitel III § 4, S. 95 ff.).

[12] Mettgenberg, 34. DJT, I, S. 44; AöR 25, 116; Schober, S. 16.

[13] S. dazu Schönke-Schröder, Rdn 3 ff. vor §§ 3—7 StGB.

[14] Ein Beispiel zur Verdeutlichung: Wenn ein Schweizer in Italien von einem Italiener bestohlen worden ist, so hat sich Deutschland als von der Schweiz um Auslieferung des Täters gebetener Staat den Sachverhalt so vorzustellen, als wenn ein Deutscher im Ausland von einem Angehörigen des betreffenden Staates bestohlen worden wäre. Bei solcher Lage hätte Deutschland Strafkompetenz gemäß § 4 II Z. 2 StGB.

Weitere Beispiele s. bei Mettgenberg-Doerner, S. 203; Schultz, Auslieferungsrecht, S. 327.

[15] Mettgenberg-Doerner, S. 203 (dort das Zitat); ähnlich Schultz, Auslieferungsrecht, S. 328; Merz, GA 1957, 14; Reger, S. 42.

[16] Ebenso Schultz, Auslieferungsrecht, S. 328, FN 96.

[17] S. Reisner, Voraussetzungen, S. 43; Schöneberg, S. 39.

3. Das zuvor Gesagte gilt auch für die im Auslieferungsverkehr beachtlichen Voraussetzungen der Strafverfolgung und Strafvollstreckung[18].

4. In aller Regel führt die sinngemäße Umstellung der staats- und völkerrechtlichen und die Nichtumstellung der unmittelbar den ersuchten Staat berührenden Bezüge des historischen Sachhalts zu keinen Unzuträglichkeiten. Durch sie setzt sich der ersuchte Staat unter Berücksichtigung eigener Anschauungen in die Lage des ersuchenden Staates, wenn er von diesem um Rechtshilfe zur Durchsetzung eines Strafanspruches gebeten wird. Damit vergibt er sich nichts. Er selbst hat ja keinen originären Strafanspruch[19]. Konzessionen an den fremden Staat werden nicht gemacht, etwa indem ungerechtfertigterweise fremde Rechtsansichten übernommen würden. Es erfolgt lediglich eine „Übernahme" entsprechend umgestellter Tatsachen, die eine Strafkompetenz des ersuchten Staates begründen könnten (Tatort, Angriffsobjekt der Handlung, Staatsangehörigkeit des Täters usw.).

Dann allerdings, wenn es sich um Tatbestandsmerkmale in den einzelnen Strafnormen handelt, die zwar vom „Inland" oder „Ausland" ausgehen, aber keine Strafkompetenz begründende Wirkung, also keinen staats- oder völkerrechtlichen Bezug haben, kann die Umstellung oder Nichtumstellung der darunter zu subsumierenden Tatsachen des Sachverhalts Schwierigkeiten machen. Dazu wird auf die beiden im Rahmen der Behandlung der Verjährung erörterten Beispiele verwiesen[20].

§ 2. Der Umfang der Nachprüfung

Ist die Strafbarkeit der verfolgten Tat nach dem Recht des ersuchenden und ersuchten Staates Voraussetzung einer Auslieferung, so muß der ersuchte Staat grundsätzlich die Befugnis haben, diese Voraussetzung nach allen Richtungen hin zu überprüfen[21].

I. Die Feststellung der Strafbarkeit der Tat nach dem Recht des ersuchenden Staates überhaupt und als Auslieferungsdelikt sowie

---

[18] Mettgenberg-Doerner, S. 293; von Ammon, DStrR 1934, 51; Schoeneberg, S. 69. Man darf aus § 4 Z. 2 DAG aber nicht etwa eine Anerkennung des Grundsatzes von Lammasch folgern, die Auslieferung setze einen Strafanspruch des ersuchten Staates voraus (so jedoch Fraustädter, Anm. 2 zu § 4 DAG, S. 38).

[19] Zur entgegenstehenden Lehre vgl. oben Kapitel I § 1 B III, S. 13 ff.

[20] S. Kapitel III § 5 A II 2 a. E. und 5 a. E., S. 106 f. und 115 f.

[21] Mercier, S. 192; Strupp, S. 145; Hudson, AJIL 28, 281; Travers, droit pénal, IV, Nr. 2146, S. 646 f. (die beiden letzteren nur für die Strafbarkeit nach dem Recht des ersuchenden Staates).

die Untersuchung der Verfolgbarkeit dort können jedoch nicht in umfassender Weise vorgenommen werden.

1. Der Richter des ersuchten Staates (oder die sonst zuständige Behörde) muß sich mit Rechtsprechung und Schrifttum des ersuchenden Staates befassen[22]. Zudem werden die einem Auslieferungsbegehren beigefügten Dokumente, aus denen sich der zugrundeliegende Sachverhalt ergibt, manchmal recht dürftig sein[23]. Ein sorgfältiges Vorgehen würde mithin eine wesentliche Verlangsamung des Auslieferungsverfahrens mit sich bringen.

2. Deshalb wird die Forderung erhoben, der ersuchte Staat solle auf diese Nachprüfung verzichten[24]. Dadurch werde eine wesentliche Beschleunigung der Auslieferungsprozedur erreicht, die vor allem

---

[22] Hervorgehoben von Mattil, S. 423.

[23] So verlangt § 5 DAG als Auslieferungsdokumente lediglich einen Haftbefehl (der in etwa einem deutschen entsprechen kann) oder ein „vollstreckbares Straferkenntnis." Das ist zwar das „Mindeste" (Mettgenberg-Doerner, S. 320), macht aber deutlich, welch kärgliche Unterlagen im tatsächlichen Bereich dem Auslieferungsrichter zur Verfügung stehen können (besonders betont von Lohmann, S. 70 f.). Die deutschen Auslieferungsverträge statuieren allerdings eine recht weitgehende Dokumentationspflicht des ersuchenden Staates, vgl. z. B. die Art. 8, 11 des dt.-franz. und die Art. 14, 15 des dt.-österr. AuslVer.

[24] Delius, Auslieferungsrecht, S. 37; Lohmann, S. 67; Lammasch, Auslieferungspflicht, S. 179 f., allerdings nur für die Feststellung des Auslieferungsdeliktscharakters der verfolgten Tat. Für die Nachprüfung ihrer Strafbarkeit überhaupt scheint auch er einzutreten (S. 43 f., a. a. O.). Eine solche Unterscheidung ist jedoch nicht sachgerecht (vgl. Benz, S. 41, und den Text dieser Arbeit). Ebensowenig ist es angängig, Straf- und Schuldausschließungsgründe nicht nachprüfen zu wollen (wie Ritter, S. 18) oder aber den Eintritt der Verjährung (Rintelen, S. 37).

In diesem Zusammenhang ist für die Verjährung auf eins hinzuweisen: Aus einigen vertraglichen Sonderbestimmungen des deutschen Auslieferungsrechts darf nicht geschlossen werden, das Recht des ersuchten Staates, Strafbarkeit und Verfolgbarkeit nach den Gesetzen des ersuchenden Staates nachzuprüfen, solle ausgeschlossen werden. Zwar betonen z. B. Art. 5 dt.-schwz., Art. 7 dt.-span. und Art. 4 dt.-griech. AuslVer., der ersuchte Staat brauche nicht auszuliefern, wenn die Verfolgung der Tat oder die Vollstreckung der Strafe nach seinem Recht verjährt sei. Das bedeutet aber kein Verbot an den ersuchten Staat, das Vorliegen dieser und anderer Verfahrens- sowie Strafbarkeitsvoraussetzungen nach dem Recht des ersuchenden Staates nachzuprüfen. So allerdings BGE 18, 495 (497 f. E 2); 26 I 478 (479 E 3); 34 I 158 (164 E 2); Bardet, S. 25 f. (eine solche Befugnis bestehe nur, wenn sie ausdrücklich vorgesehen sei). Da dies jedoch einen Widerspruch zum allgemein anerkannten und für alle Verträge geltenden Prinzip der identischen Norm darstellt, ist dem, wie der entsprechenden Argumentation zur beidseitigen Strafbarkeit überhaupt (sie sei in Verträgen mit nur vereinzelter Niederlegung des Grundsatzes lediglich dann Auslieferungsvoraussetzung, wenn sie ausdrücklich statuiert sei, im Interesse des Verfolgten liege. Dieser habe andere Sicherungsmittel: Das Prinzip der Spezialität bewirke, daß er nicht für ein Delikt bestraft werden könne, für das die Auslieferung nicht bewilligt worden sei, und die Auslieferung werde eben nur unter der Bedingung bewilligt, daß die Tat ein strafbares Auslieferungsdelikt sei. Dazu komme noch die Benachrichtigungspflicht des ersuchenden Staates über das erkannte Urteil an den ersuchten Staat[25]. Überhaupt, wird gegen eine Nachprüfung des Auslieferungsbegehrens nach dem Recht des ersuchenden Staates eingewandt[26], werde kein ausländischer Staat ein kostspieliges und zeitraubendes Auslieferungsverfahren einleiten, wenn die verfolgte Tat nicht zumindest nach seinem Recht als Auslieferungsdelikt strafbar sei. Der Auslieferungsverkehr erfordere immer ein großes Maß an gegenseitigem Vertrauen[27], und habe man dieses Vertrauen durch den Abschluß eines Auslieferungsvertrages manifestiert, dann müsse man schon darauf bauen, daß der ersuchende Staat seine Gesetze auch befolgen werde.

3. Um der Gefahr einer unangemessenen Verzögerung des Auslieferungsverfahrens auszuweichen[28], zum anderen aber das grundsätzliche Nachprüfungsrecht und damit das Prinzip der identischen Norm durchzusetzen, bleibt dem ersuchten Staat ein Weg: Er darf die Auslieferung nur verweigern, wenn eindeutig feststeht, daß die Tat nach dem Recht des ersuchenden Staates nicht strafbar (oder verfolgbar) ist oder kein Auslieferungsdelikt darstellt[29]. Kann sofort mit Sicherheit entschieden werden, daß das der Fall ist, wäre „. . . schon die Auslieferung an sich ein Unrecht“[30]. Die Durchführung einer solchen Würdigung impliziert nicht den Vorwurf, der

---

vgl. oben Kapitel II § 1 A III 2, S. 54 f.) nicht zu folgen: Ist ein Umstand Auslieferungsvoraussetzung, muß er auch — grundsätzlich — nachgeprüft werden können. So auch eingehend Benz, S. 36, 38; Schultz, Auslieferungsrecht, S. 321. Der hier vertretenen Ansicht stimmt im übrigen auch die neuere Rechtsprechung des schweizerischen Bundesgerichts zu, vgl. BGE 44 I 182 (182 — 186 E 2).

[25] Vgl. die Bekanntmachung über die dt.-jugosl. Vereinbarung über die Übersendung von Urteilsausfertigungen in Auslieferungsfällen (s. Quellenverzeichnis).

[26] S. die Zusammenfassung der Argumente bei Schultz, Auslieferungsrecht„ S. 321.

[27] Kraus, 34. DJT, II, S. 312; Reisner, Voraussetzungen, S. 8 f.; beide allerdings in anderem Zusammenhang.

[28] Auslieferungssachen sind „Eilsachen“, so die RiVASt Nr. 23.

[29] Von Martitz, II, S. 57 f.; Schultz, Auslieferungsrecht, S. 235, 321 f.; Benz, S. 39—41; Travers, droit pénal, IV, Nr. 2147, S. 650—652; entr'aide, Nr. 69; Fiore-Antoine, II, Nr. 329, 330, S. 497. S. auch BGE 20, 832 (835 E 2); 31 I 685 (693 f. E 4); 44 I 180 (186 — 188 E 3); 50 I 249 (262 E 5); 78 I 235 (247 f. E 4 b).

[30] Benz, S. 40, FN 16.

ersuchende Staat sei nicht vertrauenswürdig; dieser kann irrtümlich die Straflosigkeit der Tat überhaupt oder als Auslieferungsdelikt übersehen haben. Vor allem wird der Verfolgte in der Lage sein, neue Tatsachen vorzubringen, die, bisher unbekannt, ihn entlasten mögen; er steht der ihm vorgeworfenen Tat am nächsten[31].

4. Der ersuchte Staat hat sich mithin nur nach der höchstrichterlichen Rechtsprechung im ersuchenden Staat zu richten; abweichende Meinungen im Schrifttum dürfen für ihn keine Bedeutung haben[32]. Umstrittene Fragen des Rechts des ersuchenden Staates hat der ersuchte Staat nicht zu entscheiden[33]. Anschauliches Beispiel dafür ist der Fall der Auslieferung eines Täters an Deutschland wegen „Kreditbetruges". Müßte der ersuchte Staat eine eingehende Entscheidung treffen, hätte er eine umfassende Darlegung des ganzen komplizierten „Vermögensbegriffes" gemäß § 263 StGB vorzunehmen, eine Aufgabe, die dem Wesen seines Ausspruches als Erkenntnis über einen Rechtshilfeanspruch des ersuchenden Staates zuwiderlaufen würde. Die Auslieferung soll gerade eine umfassende Aburteilung der Tat durch den dazu am besten geeigneten ersuchenden Staat ermöglichen[34].

5. Eine entsprechend eingeschränkt vorgenommene Prüfung kommt den Forderungen des Prinzips der identischen Norm und des gesamten Auslieferungsverfahrens — Sicherung des Verfolgten und möglichst beschleunigte Abwicklung[35] — am nächsten. In Verbindung mit den Konsequenzen des Spezialitätsprinzips und der möglicherweise bestehenden Benachrichtigungspflicht des ersuchenden Staates ist dafür Sorge getragen, daß kein von vornherein der Grundlage entbehrendes Begehren auf Auslieferung bewilligt wird, bzw. daß es im ersuchenden Staat nachteilige Folgen für den Ausgelieferten hat.

---

[31] Vgl. SCHULTZ, Auslieferungsrecht, S. 312; BENZ, S. 39.

[32] So für die Frage, ob nach deutschem Recht der Verkuppelte selber Anstifter der Kuppelei sein, sich also strafbar gemacht haben kann, BGE vom 18. 12. 1914 E 1 (nicht veröffentlicht, zitiert bei SCHULTZ, a. a. O., S. 235, FN 75); BGE 50 I 249 (262 E 5). Zum Streitstand nach deutschem Recht s. SCHÖNKE-SCHRÖDER, Rdn 25 zu § 180 StGB. Vgl. zur Problematik allgemein noch SCHULTZ, a. a. O., S. 235; BGE 44 I 180 (186 — 188 E 2); 50 I 249 (262 E 5).

[33] Betont von DELIUS, NiemZ 5, 533.

[34] So besonders eingehend SCHULTZ, Auslieferungsrecht, S. 235; für den Fall des Kreditbetruges nach deutschem Recht BGE 20, 832 (835 E 2); für die Frage, ob eine Tat gemäß § 235 StGB lediglich versucht oder schon vollendet war, BGE 31 I 685 (693 f. E 4); für das Problem, ob nach dem Recht des ersuchenden Staates die Verjährung bereits eingetreten war oder nicht, BGE 44 I 180 (186 E 2).

[35] Letzteres ist auch ein berechtigtes Anliegen der Teilnahmestaaten, vgl. BEHR, S. 63.

6. In diesem Zusammenhang ist eins zu betonen: Der Verfolgte hat keinen Anspruch darauf, daß dieses Prüfungsverfahren eingehender gestaltet wird. Die Würdigung der Tat durch den ersuchten Staat nach ihrer Strafbarkeit gemäß dem Recht des ersuchenden Staates dient vor allem der Sicherstellung des Zweckes der Auslieferung, daß sie auch tatsächlich einen Strafanspruch des ersuchenden Staates durchzusetzen hilft. Die Rechte des Verfolgten im Hinblick auf seine Stellung im ersuchenden Staat wird das Verfahren dort wahren. Das Auslieferungsverfahren ist eine internationale Angelegenheit zwischen den beteiligten Staaten, kein „Rechtsverhältnis" zwischen dem ersuchten Staat und dem Auszuliefernden[36].

II. *Bei der Prüfung der Strafbarkeit der Tat nach dem Recht des ersuchten Staates ergibt sich eine andere Besonderheit*

1. Das Vorliegen aller die Strafbarkeit konstituierender Merkmale ist nur bei genauer Kenntnis des geschichtlichen Vorgangs zu verifizieren, der dem Auszuliefernden vorgeworfen wird. Dieser Vorgang wird aus den Auslieferungsdokumenten häufig nur unvollkommen hervorgehen. Deshalb bleibt dem ersuchten Staat nichts anderes übrig, als auszuliefern, wenn nicht die Straflosigkeit des Verfolgten aus dem ihm zur Verfügung stehenden Unterlagen sicher festzustellen ist[37]. Das Prinzip der identischen Norm wird dadurch nicht verletzt; hier geht es nur um die Frage, ob tatsächliche Unsicherheiten über die Einzelheiten einer Tat die Auslieferung hindern sollen. Aus dem Wesen der Auslieferung als Rechtshilfe ist das abzulehnen; es wird gerade ausgeliefert, damit der in aller Regel tatnächste ersuchende Staat seine besseren Aufklärungsmöglichkeiten zur Geltung bringen kann.

2. Dem entspricht auch der im deutschen Rechtskreis herrschende Grundsatz, daß nicht nachgeprüft wird, ob begründeter Tatverdacht gegen den Verfolgten besteht[38]. Das ist zwar eine Maxime des Aus-

---

[36] S. Benz, S. 38 ff.; Schultz, ZStrR 69, 379, FN 2; von Martitz, I, S. 434; RGSt. 29, 288 (291); 65, 106 (111); ähnlich BVerfG GA 1967, 111.

Entsprechend wird die korrespondierende Frage behandelt, ob sich der Ausgelieferte vor den Gerichten des ersuchenden Staates darauf berufen kann, der ersuchte Staat habe ihn ausgeliefert, obwohl die Tat nach seinen Gesetzen nicht strafbar sei, vgl. dazu Kapitel II § 5, S. 65 ff.

[37] Benz, S. 141; ähnlich Ritter, S. 34; allgemein auch Berber, S. 393 f. (eine „prima-facie"-Prüfung genüge).

[38] Lediglich der politische Charakter einer Tat wird gegebenenfalls eingehend untersucht (s. z. B. RGSt. 67, 150, 154 ff). Vgl. zum ganzen Mettgenberg-Doerner, S. 150; Kohler, S. 182; von Ammon, DStrR 1937, 283 f., 290 ff.; Schultz, Auslieferungsrecht, S. 202; BGHSt. 2, 44 (48).

Ob bei einem „erreur évidente" (Art. 16 II franz. AuslGes.) oder dann, wenn der Verfolgte einen liquiden Alibibeweis beibringt, eine Ausnahme zu lieferungsverfahrens, muß aber hier kurz dargestellt werden, weil es in der schweizerischen Rechtsprechung — und anderswo — eine Konsequenz gehabt hat, auf deren Unhaltbarkeit besonders hinzuweisen ist: Das schweizerische Bundesgericht untersucht nicht das Vorliegen von Schuldausschließungsgründen (z. B. Geisteskrankheit) oder Rechtfertigungsgründen (z. B. Notwehr)[39]. Das sich aus der Rechtshilfenatur der Auslieferung ergebende Verbot der Nachprüfung der Schuld des Täters bezieht sich jedoch allein auf die Frage, ob dieser die ihm vorgeworfene Handlung wirklich begangen hat, also darauf, ob die Behauptungen in den Auslieferungsdokumenten stimmen[40]. Ob die dem Verfolgten dort vorgeworfenen Tatsachen den Tatbestand eines Auslieferungsgesetzes konstituieren oder z. B. einen Strafausschließungsgrund, der möglicherweise anders als im Recht des ersuchenden Staates gestaltet ist, muß der ersuchte Staat nach eigenem Recht nachprüfen dürfen[41].

3. Das grundsätzliche Examinationsrecht des ersuchten Staates darf auch nicht von vornherein nur auf die entlastenden Umstände beschränkt werden, die sich aus den persönlichen Eigenschaften des Auszuliefernden ergeben, etwa weil diese ohne besondere Schwierigkeiten ermittelt werden können[42]. Als solche persönlichen Eigen-

---

machen ist (vgl. SCHULTZ, a. a. O., S. 202, 234; REISNER, Voraussetzungen, S. 49, FN 49; METTGENBERG-DOERNER, S. 152) kann hier dahinstehen.

Der angelsächsische Rechtskreis fordert dagegen eine eingehende Nachprüfung des Tatverdachts, was Deutschland wegen des Gegenseitigkeitsgrundsatzes zum gleichen Vorgehen veranlassen kann. S. DAHM, S. 293 f.; LEMONTEY, S. 187 ff.; SCHULTZ, a. a. O., S. 232; DOKA, S. 120 — 128; REISNER, a. a. O., S. 48 f.

[39] Vgl. BGE 26 I 478 (479 E 1, 2), Geisteskrankheit betreffend; 59 I 136 (144 E 2), Notwehr betreffend; 78 I 39 (45 E 2), Notstand betreffend; s. allgemein SCHULTZ, Auslieferungsrecht, S. 232. Ähnlich VON MARTITZ, II, S. 77, besonders FN 42, der nur die Voraussetzungen „objektiver Strafbarkeit" nachprüfen will, nicht aber Notwehr und Schuldausschließungsgründe; ebenso HAHN, S. 32. Wie das schweizerische Bundesgericht auch DELAQUIS, ZStrR 40, 167; DELIUS, Auslieferungsrecht, S. 24.

[40] DOKA, S. 121

[41] Das heben in diesem Zusammenhang besonders hervor SCHULTZ, a. a. O., S. 234; METTGENBERG-DOERNER, S. 156; VON AMMON, DStrR 1937, 287; DOKA, S. 115; GÖHRING, S. 1062; OLG Stuttgart GA 1962, 314 (315).

[42] So aber LAMMASCH, Auslieferungspflicht, S. 444 ff., unter Hinweis auf die französische Praxis, vgl. dazu BILLOT, S. 123 f. Ähnlich auch BARDET, S. 24; FRAUSTÄDTER, Anm. 2 c) gg) zu § 4 DAG, S. 40; SAURMA-JELTSCH, S. 28; GROS, S. 21, 24; TH. MEYER, S. 54, 56; REISNER, Voraussetzungen, S. 47 f.; GROSCH, S. 16; COHN, S. 19. Konsequent in der völligen Ablehnung der Nachprüfung von Rechtfertigungs-, Schuld oder Strafe ausschließenden Gründen, LOHMANN, S. 122.

schaften werden genannt[43]: Taubstummheit, jugendliches Alter[44] und Geisteskrankheit. Gerade die Feststellung, ob der Verfolgte zur Zeit der Tat geisteskrank, also unzurechnungsfähig war, kann ebensolche Schwierigkeiten bereiten wie die Nachprüfung, ob er z. B. in Notwehr gehandelt hat; in letzterem Fall soll aber der ersuchte Staat die Auslieferung unbedingt zulassen, ohne eine Würdigung vornehmen zu dürfen[45]. Eine solche Unterscheidung von Umständen, die nachprüfbar und nicht nachprüfbar sind, muß als inkonsequent abgelehnt werden[46]. Ein entsprechendes Verfahren verstößt im Prinzip gegen die These, als Voraussetzung der Auslieferung müsse die verfolgte Tat nach dem Recht beider Staaten strafbar bzw. strafwürdig sein, und zwar in concreto; denn das erfordert stets eine gewisse Nachprüfung des Sachverhalts[47]. Die grundsätzliche Befugnis, die Strafbarkeit der Tat nach eigenem Recht nach allen Richtungen hin zu untersuchen, muß sich der ersuchte Staat schon vorbehalten, will er dem Erfordernis des Prinzips der identischen Norm Genüge tun. Er wird zwar in praxi die Auslieferung nur verweigern, wenn eindeutig feststeht, daß den Täter entlastende Umstände gegeben sind; doch das ist nur eine Frage der Ausübung einer ihm allgemein zustehenden Befugnis.

III. Damit gilt der Grundsatz „Im Zweifel für die Auslieferung“: Lassen tatsächliche Unsicherheiten eine eindeutige Subsum-

[43] Bei LAMMASCH, Auslieferungspflicht, S. 447.

[44] Hier differenziert LAMMASCH, a. a. O., noch: Die Auslieferung von Kindern unter 14 Jahren dürfe der ersuchte Staat immer verweigern, weil ihre Straflosigkeit ohne besondere Prüfung festzustellen sei (S. 447, vgl. den heutigen § 1 III JGG). Bei Taten von Jugendlichen zwischen 14 und 18 Jahren habe er dagegen die Auslieferung unbedingt zuzulassen, da deren Einsichtsfähigkeit (heute §§ 1 II, 3 JGG) nur auf Grund einer allein dem ersuchenden Staat möglichen Untersuchung des Einzelfalls festzustellen sei (S. 448). Ebenso FRAUSTÄDTER, a. a. O.; REISNER, a. a. O., S. 48; COHN, S. 19. Dagegen besonders SCHÖNEMANN, GA 29, 37; VON BAR, Lehrbuch, S. 301.

Eine interessante Frage stellt sich in diesem Zusammenhang dann, wenn der ersuchende Staat die Strafmündigkeit z. B. bereits mit 12 Jahren beginnen läßt, der ersuchte aber erst mit 14 Jahren. Fallen diese Unterschiedlichkeiten unter die im Rahmen der identischen Norm nicht zu berücksichtigenden Verschiedenheiten der 11. These der Oxforder Resolutionen (vgl. Kapitel I § 3, S. 41 ff.) mit der Folge, daß der ersuchte Staat einen 13jährigen (dessen Einsichtsfähigkeit einmal beiseite gelassen) ausliefern müßte? Das erscheint doch als recht zweifelhaft (ablehnend REISNER, a. a. O., S. 48; bejahend wohl LOHMANN, S. 122). Für den ersuchten Staat wird der spätere Beginn der Strafmündigkeit mehr Ausdruck seiner Vorstellungen von Gerechtigkeit sein als Ausfluß seiner besonderen geographischen Lage usw. (vgl. die Ausführungen zur Schutzaltersgrenze in Kapitel I § 3, S. 42, FN 187); die Berücksichtigung letzterer würde allerdings mit Sinn und Zweck des Grundsatzes der identischen Norm nichts zu tun haben.

[45] So LAMMASCH, a. a. O., S. 444 f. (445); FRAUSTÄDTER, a a. O.

[46] Darauf weist BENZ, S. 141, sehr treffend hin.

[47] BENZ, S. 141; VON BAR, S. 301; SCHULTZ, Auslieferungsrecht, S. 234 f.

tion des Sachverhalts unter den Tatbestand eines Auslieferungsgesetzes nach dem Recht des ersuchenden oder ersuchten Staates nicht zu, ist die Auslieferung zu bewilligen[48], ebenso in den Fällen, da der ersuchte Staat keine sichere Entscheidung über die Rechtslage im ersuchenden Staat treffen kann. Zweifel am Zutreffen eigener Rechtsnormen hat der ersuchte Staat allerdings vollständig auszuräumen; die Rechtslage nach den eigenen Gesetzen hat er ohne Einschränkung zu bestimmen.

IV. Das hier für die beidseitige Strafbarkeit Gesagte gilt entsprechend für die einzelnen Voraussetzungen der Verfolgbarkeit und Vollstreckbarkeit, soweit sie im Auslieferungsverkehr beachtlich sind.

§ 3. Die Nachprüfung der beidseitigen Strafbarkeit im einzelnen

Dieser Abschnitt der Arbeit soll an Beispielen aus Rechtsprechung und Literatur, die keinen Anspruch auf Vollständigkeit erheben, und an einigen allgemeinen Bemerkungen die bereits auf S. 26 ff. angedeuteten Auswirkungen des Grundsatzes beidseitiger Strafbarkeit auf die Prüfung von Auslieferungsbegehren im einzelnen aufzeigen. Dabei wird es sich vor allem um Auslieferungsbegehren handeln, die an Deutschland als ersuchten Staat gerichtet sind bzw. waren.

Zwei Besonderheiten der folgenden Darstellung seien hervorgehoben: Naturgemäß steht die Prüfung des Auslieferungsbegehrens nach dem Recht des ersuchten Staates im Vordergrund; außerdem können nicht alle Strafausschließungsgründe (hier im weiten Sinne als alle die Strafbarkeit einer Handlung, also auch die Rechtswidrigkeit und die Schuld, ausschließende Gründe gemeint) angeführt werden.

A. Die Prüfung der Deliktstatbestände

1. Erfüllt der Sachverhalt eines ausländischen Auslieferungsbegehrens nicht den Tatbestand eines Delikts nach deutschem Recht, dann ist der Verfolgte nach deutschem Recht als dem Recht des ersuchten Staates straflos, und eine Auslieferung kann nicht bewilligt werden.

a) Der Verfolgte hatte eine „minderwertige Arbeit" verfaßt, diese drucken, mit dem unwahren Vermerk ‚Genehmigt von der Basler philosophischen Fakultät' versehen und sich dazu noch ein falsches Doktordiplom herstellen lassen. Strafbarkeit nach deutschem Recht war nicht ersichtlich[49]. Betrug (§ 263 StGB) schied aus, da der Verfolgte von der „Dissertation" keinen Gebrauch gemacht hatte, um sich einen rechtswidrigen Vermögensvorteil zu verschaf-

---

[48] Hier kommt allerdings auch eine Nachforderung von ergänzenden Unterlagen in Betracht, vgl. z. B. jeweils Art. 11 dt.-franz., dt.-moneg., dt.-belg. AuslVer., Art. 15 dt.-österr. AuslVer.

[49] S. BayObLG DJ 1934, 1548.

fen, sondern nur, „um seine Frau und Schwiegermutter zu beruhigen, die ihn gedrängt hatten, das Doktorexamen zu machen." Da niemand zu einem rechtserheblichen Verhalten bestimmt werden sollte, war auch § 267 StGB nicht zu bejahen[50].

b) Der Flüchtling hatte sich eine Einlaßkarte zum amerikanischen Generalkonsulat in Warschau hergestellt[51]; diese Karte war mit einer Nummer versehen, wie sie die echten Eintrittsausweise trugen. Aus den Unterlagen ging nicht hervor, daß die Karte eine Urkunde gemäß § 267 StGB war, nämlich daß sie für ein Rechtsverhältnis Beweis zu erbringen geeignet und bestimmt war[52]. Außerdem ergab sich aus den Auslieferungsdokumenten keine Täuschungshandlung des Flüchtlings, § 263 StGB hatte mithin außer Ansatz zu bleiben.

c) Zur Vertuschung der Unterschlagung eines Wertbriefes sandte der Verfolgte in eigenem Namen und in seiner Eigenschaft als Chef des Postamts ein Telegramm an den Absender des Wertbriefes, in dem er diesem wahrheitswidrig mitteilte, der Brief sei beschädigt worden. Eine Auslieferung an Rumänien wegen Urkundenfälschung wurde abgelehnt[53]. Da der Täter mit seinem eigenen Namen gezeichnet hatte, lag nicht die zur Bejahung des Merkmals des Herstellens einer unechten Urkunde erforderliche Identitätstäuschung vor, sondern lediglich eine „schriftliche Lüge"[54].

d) Zwei Staaten bestrafen in ihren nationalen Rechten die „Bigamie" und haben sie auch als Auslieferungsdelikt vereinbart. Im Gegensatz zum ersuchenden gestattet es jedoch der ersuchte Staat geschiedenen Eheleuten, sich auch zu Lebzeiten des anderen Partners wiederzuverheiraten[55]. Er sieht mithin den Zustand nach der erneuten Heirat nicht als Bigamie an. Eine Auslieferung an den ersuchende Staat, der hier nach eigenem Recht Bigamie annimmt, kann nicht erfolgen[56].

---

[50] Das Merkmal „zur Täuschung im Rechtsverkehr" lag mithin nicht vor, vgl. SCHÖNKE-SCHRÖDER, Rdn 85 ff., 87 zu § 267 StGB. Art. 251 I schwz. StGB läßt dagegen eine Urkundenfälschung „in der Absicht, jemanden am Vermögen oder an anderen Rechten zu schädigen oder sich von einem anderen einen unrechtmäßigen Vorteil zu verschaffen", genügen. Dabei ist nicht notwendig, daß ein Vermögensvorteil erstrebt wird, jeder Vorteil reicht aus, vgl. BGE 74 IV 54 (56); 75 IV 166 (169 E 2); 76 IV 102 (107 f. E 3 b).

[51] OLG Hamburg JW 1931, 2874; der Sachverhalt ist nicht genau mitgeteilt.

[52] Vgl. SCHÖNKE-SCHRÖDER, Rdn 8 ff. zu § 267 StGB.

[53] OLG München DJ 1936, 573 f. (574).

[54] Vgl. SCHÖNKE-SCHRÖDER, Rdn 48 ff. zu § 267 StGB.

[55] Zur international-privatrechtlichen Beurteilung des Falles s. BGHZ 41, 136 (140 ff.).

[56] Beispiel von LAMMASCH, Auslieferungspflicht, S. 183.

2. Ein Auslieferungsbegehren scheitert dann nicht an der unterschiedlichen Fassung der nationalen Deliktstatbestände, wenn die verfolgte Tat nach dem Recht des ersuchten Staates ein anderes Auslieferungsdelikt darstellt als nach dem Recht des ersuchenden Staates.

a) Österreich begehrte von Deutschland die Auslieferung eines Täters[57], der vor dem LG Wien über die Beteiligung seines Mittäters an einer vorher begangenen Handlung falsch ausgesagt hatte, wegen „Verhehlung" gemäß §§ 6, 214, 215 österr. StG[58]. Nach deutschem Recht kam eine Fremdbegünstigung in Frage, § 257 I StGB, ein Auslieferungsdelikt gemäß § 2 I DAG. Der Verfolgte hätte sich allerdings nach deutschem Recht nicht strafbar gemacht, wenn er auch eine Selbstbegünstigung durch seine Aussage bezweckt hätte[59]. Der mitgeteilte Sachverhalt schloß diese Möglichkeit aus: Der Verfolgte war wegen der Vortat gerade verurteilt worden, und er hatte in der betreffenden Aussage seinen Tatbeitrag nicht geleugnet. Mithin bezweckte er nur die (Fremd-)Begünstigung seines Komplizen und wollte sich nicht auch selbst der Strafverfolgung wegen der Vortat entziehen.

b) Die Schweiz beantragte die Überstellung eines Delinquenten, der nach deutschem Recht Einbruchsdiebstahl, § 243 I Z. 2 StGB begangen hatte. Nach schweizerischem Recht, das den erschwerten Diebstahl als besonderes Delikt im Sinne des § 243 I Z. 2 StGB nicht kennt[60], lagen Diebstahl, Art. 137 StGB, Sachbeschädigung, Art. 145 StGB, und Hausfriedensbruch, Art. 186 StGB, nebeneinander erfüllt vor[61]. Beide letzteren Delikte sind nach deutschem Recht (§§ 123, 303 StGB) und nach schweizerischem Recht Antragsdelikte, Hausfriedensbruch ist außerdem Nichtauslieferungsdelikt, und Sachbeschädigung gilt nur dann als auslieferungsfähig, wenn der verursachte Schaden wenigstens 100 sfr. bzw. 80 DM beträgt[62].

---

[57] OLG Dresden, JW 1931, 2875; vgl. noch die Entscheidungen in derselben Sache JW 1931, 253, und RGSt. 65, 269.

[58] Damals galt zwischen Österreich und Deutschland die Vereinbarung zur vorläufigen Regelung des Rechtshilfeverkehrs in Strafsachen.

[59] S. RGSt. 63, 373 (375), und Schönke-Schröder, Rdn 41 zu § 257 StGB; das österreichische Recht, jedenfalls die Praxis, verfährt ähnlich, vgl. Rittler, Besonderer Teil, § 88 III, S. 465, FN 11.

[60] Grützner, GA 1956, 364, zu OLG Stuttgart daselbst, S. 363 f.

[61] Nach der schweizerischen Rechtsprechung wird der Täter bei Vorliegen aller Voraussetzungen für jedes Delikt gesondert gestraft; vgl. BGE 72 IV 115 (116 f. E 1). Die Strafe wird der Konkurrenzbestimmung des Art. 68 StGB entnommen.

[62] S. das dt.-schwz. Übereinkommen über die Gegenseitigkeit bei der Auslieferung wegen Sachbeschädigung.

Unabhängig vom Erfordernis des Antrags[63] und der Schadenshöhe wurde die Auslieferung unbeschränkt für zulässig erklärt[64].

Die Begründung war im wesentlichen die, daß es sich — unter Zugrundelegung des Sachverhalts, nicht der ausländischen Strafbestimmungen — nach deutschem Recht lediglich um Erschwerungsgründe des Diebstahls handele[65], die Schweiz im umgekehrten Falle auch unbeschränkt wegen (Einbruchs-)Diebstahls ausliefere und nach deutschem Recht bei den mit § 243 I Z. 2 StGB gesetzlich konkurrierenden Delikte der Sachbeschädigung und des Hausfriedensbruchs gleichfalls kein Antrag verlangt werde.

c) Da ein nach tschechischem Recht strafbarer Betrug sich nach deutschem Recht immerhin als Verleumdung darstellte — mangels einer auf Vermögensverschiebung gerichteten Handlung des Täuschenden kam Betrug nach § 263 StGB nicht in Frage — , ließ das OLG Hamburg die Auslieferung zu[66].

B. Die Nachprüfung der Rechtswidrigkeit

Naturgemäß wird ein Auslieferungsbegehren nur selten den Hinweis auf das Vorliegen eines Rechtfertigungsgrundes enthalten, es sei denn, der ersuchte Staat hat Rechtfertigungsgründe, die der ersuchende Staat nicht kennt. Es wird also vor allem Sache des Verfolgten sein, Rechtfertigungsgründe beizubringen[67].

---

[63] Nach der in dieser Arbeit vertretenen Ansicht (Kapitel III § 5 B III, S. 123 ff.) ist das Antragserfordernis nach deutschem Recht sowieso unbeachtlich.

[64] OLG Stuttgart, a. a. O. (ohne Eingehen auf den Hausfriedensbruch); BGHSt. 10, 221 (225).

[65] Diebstahl ist gemäß Art. 1 Z. 11 des dt.-schwz. AuslVer. Auslieferungsdelikt.

[66] JW 1933, 986. Ob ein Strafantrag (§ 194 StGB) erforderlich oder gestellt war, wurde im deutsch-tschechischen Auslieferungsverkehr nicht geprüft, s. Kapitel III § 5 B III 4 b, S. 127, FN 311.
Gemäß dem dt.-tschechosl. AuslVer. waren allgemein Verbrechen oder Vergehen nach beiden Rechten auslieferungsfähig, vgl. Art. 3.

[67] Dieses Recht wird dem Verfolgten allerdings im Zusammenhang mit dem Verbot der Nachprüfung des Tatverdachtes versagt (METTGENBERG-DOERNER, S. 154; SCHULTZ, Auslieferungsrecht, S. 330). Sicherlich wird im deutschen Rechtskreis das Auslieferungsgericht — seiner Aufgabe entsprechend — von der Wahrheit der im Auslieferungsbegehren mitgeteilten Tatsachen ausgehen und keine diesbezüglichen Beweise erheben, also grundsätzlich der Auslieferung zustimmen. Bei offensichtlichem Vorliegen eines Rechtfertigungsgrundes, auf den der Auszuliefernde hinweist, hat aber eine Auslieferung zu unterbleiben. So wohl auch DELAQUIS, ZStrR 40, 167 f. Vgl. noch VON AMMON, DStrR 1937, 284 f.: Der ersuchende Staat sollte zumindest von den Einwänden des Verfolgten unterrichtet und zur Stellungnahme aufgefordert werden.

1. Notwehr (§ 53 StGB)

Die Rechtsgüter, die in Notwehr verteidigt werden dürfen, können in den einzelnen Ländern verschieden sein. So sah eine ältere französische Lehre Notwehr grundsätzlich nur zum Schutz von Leib und Leben als rechtfertigend an[68]. Da z. B. in Deutschland grundsätzlich jedes Rechtsgut schutzfähig ist[69], würde Deutschland bei einer Notwehr zur Verteidigung des Eigentums trotz der Strafbarkeit der Tat aufgrund der eben geschilderten Auffassung die Auslieferung an Frankreich nicht zulassen dürfen[70].

In einem die Auslieferung nach Litauen ablehnenden Entscheidung wies das OLG Königsberg daraufhin, daß die verfolgte Tat — die Auszuliefernde konnte sich auf der Straße der eifersüchtigen Ehefrau ihres Freundes nur durch einen Pistolenschuß, der ohne Folgen blieb, erwehren — durch Notwehr gerechtfertigt sein könnte[71].

2. Einwilligung[72]

Wenn hier der ersuchte Staat in Bezug auf die Anerkennung des Umfangs einer Einwilligung andere Vorstellungen als der ersuchende hat, oder eine verschiedene Auffassung darüber, wann eine Tat trotz einer Einwilligung sittenwidrig ist (vgl. § 226 a StGB), so hat er gemäß dem Prinzip der identischen Norm diese andersartige Ansicht gegenüber dem ersuchenden Staat notfalls durch die Verweigerung der Auslieferung zu behaupten.

3. Übergesetzlicher Notstand

Dieser von der Lehre[73] entwickelte Rechtfertigungsgrund wurde von der deutschen Rechtsprechung[74] zum erstenmal für den Fall

---

[68] So z. B. BOUZAT-PINATEL, I, Nr. 285, S. 271, und Nr. 293, S. 274 f.: Aus der Fassung von CP Art. 329 wurde geschlossen, nur in bestimmten Ausnahmefällen sei Notwehr zur Verteidigung von „biens" gestattet.

[69] SCHÖNKE-SCHRÖDER, Rdn 7 zu § 53 StGB.

[70] Beispiel von BENZ, S. 143, allerdings mit Bezug auf die Schweiz als von Frankreich um Auslieferung ersuchtes Land.

[71] DJ 1936, 572 f. (572). Die Auslieferung wurde im Endergebnis abgelehnt, weil die Tat unter das deutsche StFG vom 7. 8. 1934 fiel.

Die gegen diese Überlegungen vorgebrachte Kritik (SCHMIDT, in der Anm. zur Entscheidung des OLG Königsberg DJ 1936, 573), die Voraussetzungen der Notwehr dürften im Auslieferungsverfahren von den Gerichten des ersuchten Staates nicht nachgeprüft werden, da dazu die Behörden des ersuchenden Staates am besten in der Lage seien und ein solches Vorgehen gegen den Grundsatz der Nichtnachprüfung der Schuld des Auszuliefernden verstoße, ist in dieser Arbeit bereits behandelt worden (vgl. Kapitel III § 2 II, S. 76 ff.).

[72] Vgl. SCHÖNKE-SCHRÖDER, Rdn. 33 ff. vor § 51 StGB. Eine generelle strafgesetzliche Regelung fehlt.

[73] S. SCHÖNKE-SCHRÖDER, Rdn. 50 ff. vor § 51 StGB.

[74] Seit RGSt. 61, 242 (254 — 256).

anerkannt, da ein Arzt eine Schwangerschaft unterbrach, weil die Austragung des Kindes die Gesundheit der Mutter erheblich gefährdet hätte[75]. Erkennt z. B. ein ersuchender Staat im Gegensatz zu Deutschland als ersuchtem Land diesen Rechtfertigungsgrund nicht an, so wird sein Gesuch um Auslieferung, das den gerade beschriebenen Sachverhalt als Abtreibung qualifiziert, nicht bewilligt werden können[76].

4. Ebenso ist mit allen anderen Rechtfertigungsgründen zu verfahren.

C. *Die Nachprüfung der Schuld*

1. Zurechnungsunfähigkeit (§ 51 StGB)[77]

Immer wenn es zweifelhaft ist, in welchem Zustand der Täter zur Tatzeit gewesen ist, wird die Bewilligung der Auslieferung tunlich sein[78]. Dies ist ein Hauptanwendungsfall der Forderung, daß tatsächliche Unklarheiten nicht zu Lasten des ersuchenden Staates gehen dürfen. Denn der „... ersuchende Staat ist am besten in der Lage, alle diese Momente zu würdigen, unter Umständen den Täter in bezug auf seinen geistigen Zustand untersuchen zu lassen. Eine derart eingehende Untersuchung erstreckt sich oft über lange Zeit und ist mit großen Kosten verbunden. Sie kann daher dem ersuchten Staat, der am Falle nur mittelbar interessiert ist, nicht zugemutet werden[79]." Selbst offensichtliche Geisteskrankheit zur Zeit des Eingangs des Auslieferungsbegehrens läßt nicht immer einen zwingenden Schluß auf Geisteskrankheit zur Zeit der Tatbegehung zu[80].

2. Vorsatz

Erfordert ein Auslieferungsdelikt Vorsatz, ist dieser nach dem Recht beider Staaten nachzuprüfen. Von besonderer Bedeutung sind dabei Irrtumsfragen. Ihre Beurteilung wird dem ersuchten Staat — wenn er überhaupt dem im konkreten Fall vorgetragenen Irrtum vorsatzausschließende Wirkung beilegt[81] — große Schwierigkeiten machen, vor allem, wenn die Wahrheit der Behauptung des Verfolg-

---

[75] Vgl. auch Art. 120 schwz. StGB und § 14 des Ges. zur Verhütung erbkranken Nachwuchses.

[76] Benz, S. 145, weist besonders auf diesen Rechtfertigungsgrund hin.

[77] Nicht alle die Schuld konstituierenden Elemente werden behandelt. Zur verminderten Zurechnungsfähigkeit s. unter E, S. 89 ff.

[78] Auch bei feststehender Zurechnungsfähigkeit des Täters zur Tatzeit kann eine Auslieferung zur Anordnung oder Vollstreckung von Maßregeln der Sicherung und Besserung gerechtfertigt und zu bewilligen sein, vgl. dazu eingehend Kapitel III § 6, S. 129 ff.

[79] Benz, S. 146.

[80] Vgl. Schultz, Auslieferungsrecht, S. 330, FN 108.

[81] Wie z. B. nach deutschem Recht dem Tatbestandsirrtum, vgl. § 59 StGB, und dazu Schönke-Schröder, Rdn 103 zu § 59 StGB.

ten ermittelt werden soll, er habe über ein bestimmtes Tatbestandsmerkmal geirrt. Der ersuchte Staat wird die entsprechende Untersuchung richtigerweise dem ersuchenden Staat überlassen[82].

Eine besondere Problematik ergibt sich bei der Prüfung des Vorsatzes für die Delikte "murder" und "manslaughter" des dt.-brit. AuslVer., Art. III Z. 1 und 2[83]. Die Bedeutung dieser Begriffe kann und soll hier nicht eingehend dargestellt werden. Für die hier erhebliche Frage läßt sich jedoch kurz folgendes sagen: Nach englischem Recht waren bis zum Inkrafttreten des Homicide Act, 1957, gemäß common law z. B. grundsätzlich alle Verbrechen mit Todesfolge murder[84], während nunmehr ein Delikt murder ist, "when a death is caused ... with definite intention to kill ..." oder "with intention to cause grievous bodily harm ..."[85]. Murderer nach englischem Recht kann mithin auch der Täter sein, der — nach deutschen Vorstellungen — vorsatzlos bezüglich des Todeserfolges handelt, für den er kausal die Bedingung gesetzt hat. Ebenfalls das Delikt manslaughter setzt keine vorsätzliche Tötungshandlung voraus[86]. Reckless or dangerous

---

[82] Benz, S. 147, 149.

[83] Vgl. auch Schultz, Auslieferungsrecht, S. 329, für den Auslieferungsverkehr der Schweiz mit Großbritannien.

[84] "It is murder ... unlawfully to kill any human creature ... with malice aforethought, either express or implied by law ..." (Halsbury's Laws, Nr. 1349, S. 704).

"Express malice exists where the deliberate purpose of the accused is to deprive another of life or to do some great bodily harm." (Halsbury's Laws, Nr. 1354, S. 707).

"Malice aforethought is implied ... (3) where the killing has been caused by the engaged in committing some other felony involving an act of violence or on act dangerous to life." (Halsbury's Laws, Nr. 1357, S. 707).

Kritisch zu diesen Fällen der „implied malice" Turner, § 108, S. 154.

[85] Turner, § 108 a, S. 155, mit Kritik an dieser Formulierung § 116 a, S. 164 ff.

Außerdem kommen noch die Fälle hinzu, da der Täter „... though not actually intending to kill or do grievous bodily harm, intentionally does an act which to his knowledge is likely to cause death or grievous bodily harm" (Halsbury's Statutes, note "Malice Aforethought", S. 174).

[86] Vgl. die Definition bei Halsbury's Laws, Nr. 1371, S. 715:

„Anyone is guilty of manslaughter who (1) unlawfully kills another upon provocation of such a character as to reduce the offence from murder to manslaughter, or upon a sudden quarrel; or (2) who, while committing an unlawful act or a felony not likely to cause danger to others, unintentionally kills another person; or (3) who unintentionally causes the death of another person by the culpable neglect of a legal duty resting upon the person causing the death." Vgl. auch Nr. 1374, S. 716, a. a. O.

Turner, § 130, S. 185, schreibt: "As in murder, so also in manslaughter, a death may be unexpectedly caused by the infliction of some harm which and careless driving[87], durch das der Tod anderer herbeigeführt wird, kann als manslaughter bestraft werden[88]. Allerdings fallen hierunter nicht alle nach deutschem Recht strafbaren fahrlässigen Handlungen[89].

Auch wegen solcher fahrlässiger Tötungen, obwohl nach eigenem Recht weder Mord noch Totschlag, hat Deutschland als ersuchter Staat auszuliefern. Die hier interessierenden Auslieferungsdeliktstatbestände sind dem englischen Recht entnommen, die englischen Tatsbestandsmerkmale ohne Rücksicht auf die deutsche Systematik übersetzt worden[90]. Deutschland hat also Großbritannien die Auslieferung für Handlungen dieser Art versprochen, ohne Rücksicht darauf, wie sie im eigenen Recht behandelt werden; Auslieferungsdelikte sind "murder" und "manslaughter" nach englischem Recht[91]. Dem Grundsatz beidseitiger Strafbarkeit, vor allem der Strafbarkeit nach dem Recht des ersuchten Staates widerspricht das Ergebnis nicht. Alle hier angeführten Handlungen sind grundsätzlich ebenfalls nach deutschem Recht strafbare (fahrlässige) Tötungen oder durch die fahrlässig herbeigeführte Todesfolge qualifizierte

---

can be justified ..." Er übt allerdings zum "involuntary manslaughter" einige Kritik, vgl. a. a. O., § 132, S. 188.

Auch nach dem Homicide Act, sec. 1, kann "unintentional killing ... still manslaughter ..." sein (Vgl. Halsbury's Laws, Supp., Nr. 137, S. 116). Allerdings ist nicht jeder "unlawful act causing death" manslaughter. Die Handlung muß so beschaffen sein, "as all sober and reasonable people would inevitably recognize must subject the other person to, at least, the risk of some harm resulting therefrom, albeit not serious harm." (Halsbury's Laws, Supp., a. a. O.).

[87] Vgl. sec. 11, 12 Road Traffic Act, 1930.

[88] Vgl. Halsbury's Laws, Nr. 1375, S. 717. Diese Möglichkeit erwägt auch TURNER, § 133, S. 188 f. S. noch den Fall R. v. Stringer, (1933) 24 Cr. App. R. 30, wo, nach TURNER, a. a. O., ein häufiger Fall, manslaughter wegen der konkreten Situation verneint wurde. Sehr kritisch in diesem Zusammenhang zum erforderlichen Fahrlässigkeitsgrad und den Maßstäben dafür, TURNER, § 134, S. 189 f.

[89] "Mere carelessness" genügt im Gegensatz zur "civil liability" nicht. Das Verhalten des Täters "... must show such disregard for the life and safety of others as to amount to a crime against the state." (Halsbury's Laws, Nr. 1374, S. 716).

Die entsprechende Nachprüfung überläßt hier Deutschland am besten dem erkennenden englischen Richter, so sehr treffend GRÜTZNER, BeiLBdAnz Nr. 157, vom 17. 8. 1960, S. 2 f.

[90] GRÜTZNER, Anm. 43 zu Art. III des dt.-engl. AuslVer., Rechtshilfeverkehr, II G 5, S. 24 b/c. Ähnlich METTGENBERG, AöR 25, 81; ESCHE, S. 40: „... die englischen Ausdrücke (sind) nach deutschem Recht (zu) deuten."

[91] Diese Art der Konzipierung der Auslieferungsdelikte ist bei so verschiedenen Systemen wie dem deutschen und dem englischen im Interesse der internationalen Zusammenarbeit durchaus begrüßenswert, vgl. METTGENBERG, AöR 25, 68, 81.

Körperverletzungsdelikte[92]. Zwar ist das Delikt „fahrlässige Tötung" (§ 222 StGB) nicht in den Vertrag aufgenommen worden — Art. III Z. 4 sieht immerhin die „vorsätzliche Körperverletzung" vor[93] — trotzdem ist auch dem Grundsatz der Strafbarkeit der verfolgten Tat als Auslieferungsdelikt nach dem Recht des ersuchten Staates Genüge getan; Auslieferungsdelikte sind ja die englischen Bestimmungen. Und nach deutschem innerstaatlichen Auslieferungsrecht, auf das Art. III Abs. 1 des Vertrages als Auslieferungsvoraussetzung hinweist[94], bestehen keine Bedenken, wegen fahrlässiger Delikte auszuliefern — § 2 I DAG[95]. Die unterschiedlichen Strafhöhen im deutschen und englischen Recht spielen keine Rolle; bei drohender Todesstrafe braucht allerdings nicht ausgeliefert zu werden, Art. III Abs. 3 des dt-brit. AuslVer.

D. Die Stellung der objektiven Bedingungen der Strafbarkeit

1. Der ersuchte Staat hat die Strafbarkeitsbedingungen nach eigenem Recht und nach fremden Recht zu berücksichtigen[96]. Das folgt aus dem Grundsatz der beidseitigen Strafbarkeit in concreto.

a) Die objektiven Strafbarkeitsbedingungen sind Umstände, die, dem Standort nach außerhalb des Unrechtstatbestandes liegend, zwar die Strafbarkeit und das Strafbedürfnis der Tat bestimmen, mit der Strafwürdigkeit der Tat unmittelbar nichts zu tun haben; deshalb brauchen sie auch vom Vorsatz des Täters nicht mit umfaßt zu sein[97]. Fehlen sie, so ist das betreffende Delikt nicht etwa weniger

---

[92] Sind die verfolgten Taten nach deutschem Recht straflos, erfolgt keine Auslieferung.

[93] Nämlich "maliciously wounding or inflictingg grievous bodily harm, or assault, occasioning actual bodily harm".

[94] „Auslieferung wird gegenseitig für die folgenden Straftaten gewährt, wenn sie nach den Gesetzen des ersuchenden und ersuchten Gebietes auslieferungsfähig sind."

[95] SCHULTZ, Auslieferungsrecht, S. 329, läßt eine Auslieferung aus der Schweiz nach Großbritannien bei dieser Lage wegen „murder" oder „manslaughter (Art. 2 Z. 1 schwz.-brit. AuslVer.) nicht zu, da „keine vorsätzliche Tötung behauptet wird". Zwar ist gemäß Art. 3 Z. 1 schwz. AuslGes. fahrlässige Tötung ein Auslieferungsdelikt, jedoch verweist der schwz.-brit. Vertrag nicht auf die nationale Umschreibung der Auslieferungsfähigkeit wie der dt.-brit.; der schwz.-brit. Vertrag verzichtet auf eine allgemeine Normierung des Grundsatzes beidseitiger Strafbarkeit (SCHULTZ, a. a. O., S. 318).

[96] So auch BENZ, S. 159 f.; SCHULTZ, a. a. O., S. 335; REISNER, Voraussetzungen, S. 55.

[97] Vgl. zum ganzen SCHÖNKE-SCHRÖDER, Rdn 101 ff. vor § 51 StGB; für das ähnliche österreichische Recht RITTLER, Allgemeiner Teil, § 10 VI, S. 68, 70; zum ähnlichen schweizerischen Recht HAFTER, § 27, S. 131, 132.

verwerflich; der Staat greift lediglich aus in aller Regel außerstrafrechtlichen Erwägungen nicht ein[98].

b) Trotz dieses dogmatischen Hintergrundes sind die Strafbarkeitsbedingungen im Auslieferungsverfahren nicht außer acht zu lassen, etwa entsprechend den Erwägungen zu den Verfolgungsvoraussetzungen (vgl. Kapitel I § 4, S. 43 ff., und Kapitel III § 5 B, S. 116 ff.). Der Staat läßt das Entstehen seines materiellen Strafanspruches von den Strafbarkeitsbedingungen abhängen, mißt ihnen also materiellrechtliche Bedeutung bei und nicht prozessuale. Bei den die Strafbarkeit einer Handlung konstituierenden Merkmalen darf nicht noch jeweils eine bis ins einzelne gehende Untersuchung nach den Gründen — wie bei den Verfahrensvoraussetzungen — vorgenommen werden[99]. Fehlen die Strafbarkeitsbedingungen nach eigenem Recht, darf der ersuchte Staat nicht gegen den Täter vorgehen, gebieten ihm seine Souveränität und seine öffentliche Meinung die Beachtung dieses Umstandes im Auslieferungsverfahren.

Darüber hinaus ist es sehr umstritten, wann bestimmte Merkmale den Charakter einer objektiven Strafbarkeitsbedingung haben[100] und welche Gründe den Gesetzgeber zur Aufstellung einer objektiven Strafbarkeitsbedingung veranlaßt haben[101]. Den Auslieferungsverkehr mit diesen Unsicherheiten nicht zu belasten, ist ein Gebot der Rechtssicherheit.

c) Die Grundsätze der 11. These der Oxforder Resolutionen (s. Kapitel I § 3, S. 41 ff.) betreffen eine ganz andere Situation: Die besonderen geographischen oder zivilisatorischen Gegebenheiten in einem Staat machen bestimmte Strafnormen unsinnig, die im ersuchenden Staat geboten sind. Eine gerechtfertigte Rücksichtnahme auf die tatsächlich anderen Verhältnisse im ersuchenden Staat steht hier jedoch nicht in Rede.

2. Entsprechend dem hier vertretenen Standpunkt gab die Schweiz einem Auslieferungsbegehren wegen betrügerischen Konkurses nicht statt, weil der Haftbefehl die Konkurseröffnung nicht nannte[102],

---

[98] Schönke-Schröder, a. a. O., Rdn 103.

[99] Ist ein Umstand sowohl Verfahrensvoraussetzung als auch Voraussetzung der materiellen Strafbarkeit (im untechnischen Sinne gemeint), wie z. B. die Amnestie (bzw. ihr Nichtvorliegen), kann eine andere Betrachtungsweise geboten sein, s. Kapitel III § 5 B II, S. 118 f. — zur Amnestie —.

[100] Schönke-Schröder, Rdn 101 vor § 51 StGB.

[101] Schönke-Schröder, a. a. O., Rdn 103; vgl. die anschauliche Zusammenstellung bei Rittler, a. a. O., S. 70, der treffend darauf hinweist, daß auch kriminalpolitische Erwägungen den Gesetzgeber hier beeinflußt haben können, Erwägungen, auf deren Durchsetzung im internationalen Bereich der ersuchte Staat bestehen muß.

[102] BGE vom 22. 1. 1927, nicht veröffentlicht, zitiert bei Schultz, Auslieferungsrecht, S. 335, FN 136.

die gemäß Art. 163 schwz. StGB und § 239 StGB Strafbarkeitsbedingung ist[103].

E. Die Bedeutung von Schuld- und Strafausschließungsgründen und Gründen, die das Absehen von Strafe oder eine Milderung der Strafe dem Ermessen des erkennenden Richters überlassen

Neben den Gründen, die eine Bestrafung des Täters absolut unmöglich machen, gibt es viele gesetzlich niedergelegte und nicht normierte Umstände, die es dem Ermessen des Tatrichters überlassen, ob er die Strafe gegenüber dem an sich tatbestandsmäßig, rechtswidrig, schuldhaft handelnden Täter mildert oder ob er diesem gegenüber ganz von Strafe absieht. Daneben kommen noch Gründe in Frage, die den Richter zu einer Strafmilderung zwingen.

I. Wenn ein Umstand von beiden Staaten als ermessensweise strafmildernd oder strafausschließend betrachtet wird, oder aber nur von einem von ihnen, während der andere ihn nicht hat, darf er weder nach dem Recht des ersuchenden noch nach dem des ersuchten Staates berücksichtigt werden[104]. Nach den Rechten beider Staaten ist der Täter in concreto strafbar; auch das Zufluchtsland hat seine Vorstellungen von der Strafwürdigkeit der verfolgten Tat bestätigt gefunden. Selbst wenn der Auslieferungsrichter zu der Ansicht kommt, eine bestimmte niedrige Strafe sei gerechtfertigt, die den Auslieferungsdeliktsrahmen im konkreten Fall unterschreiten würde, oder wenn er als Tatrichter von einer Bestrafung absehen würde, darf die Auslieferung nicht für unzulässig erklärt werden. Das folgt einmal aus dem Wortlaut der ansgesprochenen Gründe, die die Sonderbehandlung des Täters dem Tatrichter überlassen, und dann aus der rein praktischen Erwägung, daß der Auslieferungsrichter in aller Regel die Unterlagen nicht zur Verfügung hat, die eine gerechte Entscheidung möglich machen, daß ihm zudem die Erkenntnismöglichkeiten des Tatrichters im ersuchenden Staat fehlen. Diesem allein obliegt es, gegen den Täter in umfassender Würdigung des Sachverhalts die gerechte Sanktion zu verhängen. Das Auslieferungsverfahren ist kein Strafverfahren, sondern ein Verfahren zur Unterstützung der Durchsetzung eines ausländischen Strafanspruchs[105].

So sind nach deutschem Recht — hier dem Recht des ersuchten Staates — unbeachtlich als Gründe, die das Absehen von Strafe oder eine Strafmilderung in das richterliche Ermessen stellen: z. B. die

---

[103] Schönke-Schröder, Rdn 9 zu § 239 KO (für das deutsche Recht); Hafter, S. 131 (für das schweizerische Recht).

[104] So treffend Schultz, Auslieferungsrecht, S. 339; Reger, S. 42; Schmitz-Morkramer, S. 35; Mettgenberg, AöR 25, 126; Reisner, Voraussetzungen, S. 33; Benz, S. 144, 147, ist, was diesen Punkt angeht, nicht ganz eindeutig.

[105] Vgl. zu diesem Charakter des Auslieferungsverfahrens BGHSt. 2, 44 (48).

tätige Reue bei bestimmten Aussagedelikten, § 158 StGB, oder die Aufhebung der häuslichen Gemeinschaft unter den Ehegatten bei der Blutschande zwischen Verschwägerten[106]. Ein ermessensweiser Strafmilderungsgrund ist die verminderte Zurechnungsfähigkeit, §§ 51 II, 44 I StGB.

II. Erkennt der ersuchte Staat einen im zu beurteilenden Fall vorliegenden Grund als absolut eine Bestrafung verbietend an, liefert er mangels Strafbarkeit nach eigenem Recht nicht aus[107], unabhängig davon, ob der ersuchende Staat diesen Grund überhaupt nicht kennt oder nur als ermessensweise ein Absehen von Strafe bzw. eine Strafmilderung zulassend ansieht. Liegt nach dem Recht des ersuchenden Staates ein solcher Grund vor, darf eine Auslieferung wegen Sinnlosigkeit nicht erfolgen[108], gleichgültig, wie dieser Grund nach dem Recht des ersuchten Staates eingeordnet wird. Behandeln beide Länder einen Umstand gleichermaßen als unbedingt strafausschliessend, fordern beide Rechte dessen Beachtung.

Nach deutschem Recht schließen die Möglichkeit der Bestrafung unbedingt aus:

1. Die Schuldausschließungsgründe, z. B.

a) Nötigungsstand, § 52 StGB, und Notstand, § 54 StGB[109]. In beiden Staaten können die Meinungen über die schützenswerten Rechtsgüter und die erlaubten Handlungen[110] oder den geschützten Personenkreis (die „Angehörigen" nach § 52 II StGB) auseinandergehen. Der ersuchte Staat wird auch hier von seinen eigenen Vorstellungen ausgehen müssen.

b) Notwehrexzeß, § 53 III StGB[111]

Geht ein Täter über die nach § 53 I, II StGB gerechtfertigte Verteidigung hinaus, ist er dennoch entschuldigt, wenn er in „Bestürzung, Furcht oder Schrecken" handelt. Da er solchenfalls straflos ausgehen würde, kommt eine Auslieferung nicht in Frage.

So wurde in einem bereits bei der Notwehr behandelten Auslieferungsfall darauf hingewiesen[112], daß der Zulässigkeit der Überstellung § 53 III StGB entgegenstehen könnte. Es kam allerdings darauf nicht an.

---

106 § 173 V 1 läßt dem Wortlaut nach nur ein Absehen von Strafe zu.

107 Wohl ebenso SCHULTZ, Auslieferungsrecht, S. 339.

108 Ähnlich BENZ, S. 137.

109 Beide Umstände sind nach herrschender Meinung Schuldausschließungsgründe, vgl. SCHÖNKE-SCHRÖDER, jeweils Rdn 1 zu §§ 52, 54 StGB.

110 Beispiel von BENZ S. 144.

111 Über seinen Charakter als Schuldausschließungsgrund s. SCHÖNKE-SCHRÖDER, Rdn 36 zu § 53 StGB.

112 OLG Königsberg, DJ 1936, 572.

2. Persönliche Strafausschließungsgründe

Sie machen den an sich tatbestandsmäßig, rechtswidrig, schuldhaft handelnden Täter straflos, in dessen Person sie nach der gesetzlichen Regelung vorliegen[113].

a) Hauptsächlich sind hier besondere verwandtschaftliche Beziehungen angesprochen. Ist nach dem Recht des ersuchenden Staates Diebstahl gegen einen Ehegatten oder einen Verwandten absteigender Linie strafbar, so wird Deutschland wegen §§ 247 II, 248 a III StGB nicht ausliefern. Entsprechend ist die Lage beim unbefugten Gebrauch von Kraftfahrzeugen, § 248 b IV StGB, der Angehörigen begünstigung, § 257 II StGB, oder dem Beischlaf zwischen Verwandten und Verschwägerten der absteigenden Linie unter 18 Jahren, § 173 IV StGB.

b) Einige grundsätzliche Bemerkungen sind zur Indemnität der Bundes- und Landtags-Abgeordneten gemäß Art. 46 I GG und § 11 StGB[114] erforderlich. Wegen einer Abstimmung oder Äußerung — ausgenommen sind verleumderische Beleidigungen — in der Körperschaft oder ihren Ausschüssen dürfen die betreffenden Personen unter anderem nicht strafgerichtlich verfolgt werden[115]. Im Unterschied zur Immunität[116] ist die Indemnität ein persönlicher Strafausschließungsgrund[117], der über die Dauer des Mandats hinausreicht[118].

Gegen ihre Berücksichtigung nach dem Recht des ersuchten Staates[119] wird eingewandt, sie verdanke ihre Entstehung staatspolitischen Erwägungen und könne nur mit Wirkung für die eigenen Staatsangehörigen aufgestellt werden[120]. Dieses Argument mag die Beachtung der Immunität als Verfolgungshindernis nach dem Recht des ersuchten Staates ausschließen[116]; bei der Indemnität ist das anders. Sicher soll sie das ungestörte Arbeiten von Bundestag und Landtag schützen[121], und sicher sind das staatspolitische Erwägungen. Andererseits erscheint die Beleidigung durch einen Abgeordneten im Parlament in Verfolg seiner ihm von Verfassungs wegen

---

[113] SCHÖNKE-SCHRÖDER Rdn 95 vor § 51 StGB.

[114] Vgl. auch Art. 47 Verf.NW. und die entsprechenden Bestimmungen der anderen Landesverfassungen.

[115] Diese Bedeutung heben hervor MAUNZ-DÜRIG, Rdn 19 zu Art. 46 GG.

[116] Vgl. Kapitel III § 5 B I, S. 116 ff.

[117] SCHÖNKE-SCHRÖDER, Rdn 6 zu § 11 StGB; MAUNZ-DÜRIG, Rdn 28 zu Art. 46 GG.

[118] MAUNZ-DÜRING, Rdn 10 zu Art. 46 GG.

[119] Nach dem Recht des ersuchenden Staates ist die Indemnität sowieso zu beachten, da eine Auslieferung sonst sinnlos sein würde.

[120] BENZ, S. 138.

[121] SCHÖNKE-SCHRÖDER, Rdn 1, 5 zu § 11 StGB; MAUNZ-DÜRIG, Rdn 6 zu Art. 46 GG.

obliegenden Aufgaben als nicht so strafwürdig wie eine Beleidigung anderswo. Aber darauf kommt es letztlich nicht an. Denn die Strafbarkeit des Täters hängt nach dem Recht des ersuchten Staates von der Bejahung oder Verneinung der Indemnität ab; deshalb gelten die gleichen Überlegungen wie bei den objektiven Strafbarkeitsbedingungen.

Kennt also der ersuchende Staat das Institut der Indemnität nicht, und beantragt er die Auslieferung eines Abgeordneten wegen einer nach deutschem Recht z. B. gemäß § 11 StGB nicht zu bestrafenden Handlung, die ein Auslieferungsdelikt darstellt, muß Deutschland die Auslieferung verweigern. Dieses Verfahren macht schwierige Qualifikationsüberlegungen erforderlich. Deutschland als ersuchter Staat hat zu untersuchen, ob die Körperschaft im ersuchenden Staat, der der Verfolgte angehört, einer seiner Körperschaften entspricht, deren Mitglieder nach eigenem Recht Indemnität genießen. Das zwingt zu subtilen staatsrechtlichen Ausführungen, ändert aber an der Notwendigkeit des Vorgehens nichts.

3. Persönliche Strafaufhebungsgründe

Im Gegensatz zu den persönlichen Strafausschließungsgründen, die auf zur Zeit der Tatbegehung gegebenen Umständen beruhen, basieren die persönlichen Strafaufhebungsgründe auf nach Begehung der Tat eintretenden Umständen[122].

a) Die hierunter fallende Begnadigung[123] wird in Gemäßheit mit § 4 Z. 2 DAG („Die Auslieferung ist nicht zulässig: ... 2. wenn die Strafverfolgung ... nach deutschem Rechte infolge ... Gnadenerlasses ... unzulässig sein würde") unter den Verfolgungsvoraussetzungen behandelt[124].

b) Rücktritt vom Versuch, § 46 StGB[123], schließt nach deutschem Recht die Bestrafung des Täters für den Versuch als solchen unbedingt aus. Dagegen kann nach schweizerischem Recht der Richter beim Rücktritt vom Versuch von Strafe absehen oder die Strafe mildern[125]. Bei dieser Rechtslage müssen die Schweiz und Deutschland als ersuchte Staaten den zwingenden § 46 StGB jeweils berücksichtigen[126].

---

[122] Schönke-Schröder, Rdn. 97 vor § 51 StGB.

[123] Über den Charakter als Strafaufhebungsgrund vgl. Schönke-Schröder, Rdn 97 vor § 51 StGB.

[124] S. Kapitel III § 5 B II, S. 118 ff.

[125] Beide Möglichkeiten sind beim Rücktritt vom unbeendeten Versuch gegeben, Art. 21 II schwz. StGB, nur die Befugnis zur Strafmilderung besteht beim Rücktritt vom beendeten Versuch, Art. 22 II schwz. StGB.

[126] So auch Schultz, Auslieferungsrecht, S. 339, FN 155 a. E.; BGE 36 I 275 (279 E 4) — die Schweiz war von Österreich um Auslieferung ersucht worden und legte deutsches Recht gemäß § 46 StGB an —; ähnlich Th. Meyer, S. 93 f. — Strafaufhebungsgründe seien nur dann beachtlich,

Ebenso sind nach deutschem Recht die „Rücktritts"-Gründe der § 49 a III und 310 StGB zu beachten, auch wenn das fremde Recht hier anders sein sollte.

III. Einen Sonderfall stellen die absoluten Strafmilderungsgründe dar. Sie spielen nur dann eine Rolle, wenn die auslieferungsvertraglichen oder -gesetzlichen Bestimmungen der Partner die Auslieferungsfähigkeit von einer bestimmten mindestens möglichen Höchststrafe abhängig machen, und diese wegen der zwangsläufigen Strafmilderung in jedem Falle unterschritten werden müßte.

F. Die Behandlung des Versuchs

1. Stellt sich der Versuch eines Delikts — angenommen, er ist überhaupt auslieferungsfähig — nach dem Recht des ersuchenden Staates nur als eine straflose Vorbereitungshandlung nach dem Recht des Zufluchtsstaates dar, darf wegen Straflosigkeit des Täters nicht ausgeliefert werden[127]. So lehnte das OLG Stuttgart[128] die Zulässigkeit einer Auslieferung ab, da noch kein Anfang der Ausführung eines Diebstahls im Sinne der §§ 43, 243 I Z. 2 StGB zu bejahen sei: Der Verfolgte hatte sich in der Absicht, in ein Pfarrhaus einzubrechen, zunächst im davor befindlichen Garten versteckt, wurde dort jedoch entdeckt und floh.

2. Ist der Versuch eines Delikts nach dem Recht des ersuchten Staates überhaupt nicht strafbar, darf gleichfalls nicht ausgeliefert werden[129]. Deshalb kommt eine Auslieferung z. B. wegen versuchter schwerer Körperverletzung nicht in Frage, da der Versuch gemäß § 223 a StGB nicht bestraft wird (§ 43 II StGB)[130].

3. Als auslieferungsunfähigen untauglichen Versuch sah die Schweiz[131] die Verabreichung von zur Abtreibung „vollständig ungeeigneten" Mitteln an eine Schwangere an[132].

---

wenn und wo der Vertrag die beidseitige Strafbarkeit ausdrücklich vorsehe —; LOHMANN, S. 123, REISNER, Voraussetzungen, S. 55; LAMMASCH, Auslieferungspflicht, S. 443 (allgemein für Österreich als ersuchten Staat).

[127] SCHULTZ, Auslieferungsrecht, S. 324; VON MARTITZ, II, S. 76.

[128] DJ 1934, 1547 f. (1548).

[129] KOHLER, S. 181; vgl. noch BGE 33 I 644 (647 E 2).

[130] OLG Stuttgart JW 1931, 252.

[131] BGE 33 I 644 (648 f. E 3).

[132] Art. 23 I schwz. StGB behandelt die Untauglichkeit des Versuchs als ermessensweisen Strafmilderungsgrund, Art. 23 II läßt bei „Unverstand" des Täters das Absehen von Strafe nach dem Ermessen des Richters zu. (Nach deutschem Recht ist dagegen der untaugliche Versuch grundsätzlich strafbar, vgl. SCHÖNKE-SCHRÖDER, Rdn 30 ff. zu § 43 StGB). Für die Schweiz als ersuchten Staat wäre hier die Bewilligung der Auslieferung nach dem zuvor Angeführten eine der Rolle des Auslieferungsverfahrens gemäßere Entscheidung gewesen.

G. *Die Übertretungen*

Nach deutschem Recht sind Übertretungen grundsätzlich nicht auslieferungsfähige Straftaten[133]. Konstituiert nach deutschem Recht im Gegensatz zu dem des ersuchenden Staats eine Handlung eine Übertretung, so ist mithin — vorbehaltlich vertraglicher Besonderheiten — gemäß dem Grundsatz der beidseitigen Strafbarkeit als Auslieferungsdelikt eine Auslieferung nicht möglich.

1. In diesem Sinne entschied das OLG Köln[134] über die Zulässigkeit einer Auslieferung nach Bulgarien wegen „Paßfälschung". Aus den Unterlagen ging nicht hervor, wann und zu welchem Zweck die Fälschung vorgenommen worden war. Daher stand nicht fest, ob § 267 StGB (wegen des Merkmals „zur Täuschung im Rechtsverkehr") oder § 275 Z. 2 StGB („Absicht... sie als echt zu verwenden") zu bejahen waren, ein Vergehen gemäß § 1 II StGB, oder nur eine Übertretung gemäß §§ 363 a. F.[135], 1 III StGB. Bei dieser zweifelhaften Lage hätte das OLG allerdings auch eine Ergänzung der Unterlagen anregen können.

2. Wegen der Übertretung der Falschmeldung (§ 360 I Z. 8 StGB) verweigerte das OLG Dresden[136] die Erklärung der Zulässigkeit der Auslieferung.

3. Weil nicht deutlich aus den Unterlagen zu ersehen war, ob die in der Schweiz begangene Entwendung von Lebensmitteln nach deutschem Recht Diebstahl gemäß § 242 StGB, ein Vergehen, oder lediglich „Mundraub" nach § 370 I Z. 5 StGB, eine Übertretung war, machte das BayObLG[137] den Spruch über die Zulässigkeit der Auslieferung von einer Ergänzung der Auslieferungsdokumente abhängig.

---

[133] Auch im vertraglichen Auslieferungsverkehr Deutschlands ist das nicht wesentlich anders. Die eliminiert dargestellten Auslieferungsdelikte zeigen schon in ihren erforderlichen Strafhöhen, daß Übertretungen ausgeschlossen sein sollen; bei den enumerativ aufgezählten Delikten finden sich lediglich in einigen Verträgen (mit Belgien, Art. 2, Z. 9; Griechenland, Art. 2 Z. 12; Luxemburg und Spanien, jeweils Art. 1 Z. 25; Norwegen, Art. 1 Z. 22; den USA, Art. 3 Z. 16) Delikte, die (auch) den deutschen Übertretungstatbeständen gemäß § 360 I Z. 4—6 StGB ähneln. Möglicherweise sollten diese letzteren Tatbestände aber nicht auslieferungsfähig sein, vgl. Grützner, Anm. 12 zu Art. 2 dt.-belg. AuslVer., Rechtshilfeverkehr, II B 1, S. 6.

[134] DJ 1934, 1559.

[135] Der Tatbestand des § 363 a. F. StGB lautete: „Wer, um Behörden oder Privatpersonen zum Zwecke seines besseren Fortkommens oder des besseren Fortkommens eines anderen zu täuschen, Pässe ... falsch anfertigt oder verfälscht, oder wissentlich von einer solchen ... Urkunde Gebrauch macht ..."

[136] JW 1931, 2873 f. (2874).

[137] JW 1933, 985 f. (986).

§ 4. Die Bestimmungen über die räumliche Geltung der Strafgesetze und das Prinzip der identischen Norm

Es ist nach deutscher Auffassung keine Voraussetzung der Auslieferung, daß die verfolgte Tat unter der Gerichtsbarkeit des ersuchenden Staates begangen wurde[138]. Anders ist lediglich — in Befolgung des strengen Territorialitätsprinzips[139] — die Regelung in den deutschen Verträgen mit Großbritannien, Art. I, und den USA, Art. 1[140]. Folgt nun aus diesem Grundsatz auch die Verpflichtung des ersuchten Staates, ohne Rücksicht auf die Tatsache auszuliefern, daß die verfolgte Tat außerhalb des ersuchenden Staates und des eigenen Gebiets — im Ausland — begangen worden ist[141]?

I. Wenn man den Bestimmungen über die räumliche Geltung des Strafrechts, dem internationalen Strafrecht, materiell-rechtliche Bedeutung beimißt, kann es an der Entscheidung keinen Zweifel geben: Für den ersuchten Staat besteht nur dann eine Auslieferungspflicht, wenn er nach seinem internationalen Strafrecht bei sinngemäßer Umstellung des Sachverhalts die verfolgte Tat vor seinen Gerichten aburteilen dürfte und müßte[142].

1. Materiell-rechtlicher Charakter wird dem internationalen Strafrecht deshalb zugewiesen, weil es „Verhaltensnormen für den Rechtsunterworfenen" aufstelle[143]; wenn ein Staat aufgrund seines internationalen Strafrechts keine Gerichtsbarkeit über eine Tat be-

---

[138] METTGENBERG-DOERNER, S. 145 f.; DAHM, S. 291; FRAUSTÄDTER, Anm. 5 zu § 1 DAG, S. 27 f.; GROS, S. 19. Vgl. noch HAUS, Nr. 961, S. 226 f. Der Fall, daß die verfolgte Tat im ersuchenden Staat begangen wurde, ist zwar der Fall, für den die Auslieferung „so recht eigentlich geschaffen ist" (LAMMASCH, Auslieferungspflicht, S. 451; LOHMANN, S. 104), dennoch stellt eine nur darauf abstellende Regelung die Ausnahme im internationalen Bereich dar, s. Harvard comment, S. 87.

[139] SCHULTZ, Auslieferungsrecht, S. 67 f.; KOHLER, S. 183; ESCHE, S. 25 (zum Vertrag mit Großbritannien); SENFTNER, S. 16; GRÜTZNER, BeiLBdAnz Nr. 157, vom 17. 8. 1960, S. 1 f.

[140] Zu den Verträgen mit Luxemburg, Norwegen und Spanien, die in Art. 1 I jeweils von im Gebiet des ersuchenden Staates begangenen Taten ausgehen, vgl. weiter unten.

[141] Wenn bei dieser Fallgestaltung der Tatortstaat gleichfalls ein Auslieferungsbegehren stellt, so heißt das für den ersuchten Staat nicht, daß er nur an diesen ausliefern dürfe, vgl. z. B. Art. 17 europ. AuslAbk. Zur Konkurrenz mehrerer Auslieferungsbegehren s. (kurz) Kapitel III § 5 C, S. 129.

[142] Zum gleichen Ergebnis kommen REISNER, Voraussetzungen, S. 62 f.; SCHULTZ, Auslieferungsrecht, S. 331; BENZ, S. 52 f.; LAMMASCH, Auslieferungspflicht, S. 458 f.; TH. MEYER, S. 68; BARD, Nr. 32, S. 39 f.; RENAULT, S. 627 f.; Harvard Convention, Art. 3 (b). S. auch den Fall Vogt bei MOORE, § 364, S. 555 f.

[143] JESCHECK, IntRDipl. 1956, 75; ähnlich LANGE, DStrR 1941, 6; MEZGER, DStrR 1941, 19.

anspruche, sei diese für ihn keine strafbare Handlung[144]. Da das Prinzip der identischen Norm Strafbarkeit in concreto voraussetzt, müssen bei solcher Betrachtungsweise die Regeln des internationalen Strafrechts des ersuchten Staates zutreffen; sonst darf er nicht ausliefern. Alle im ersten Kapitel dargelegten Gründe für die Beachtung des Grundsatzes beidseitiger Strafbarkeit gelten dann hier[145].

Hat also z. B. der ersuchte Staat eine Bestimmung wie § 3 II StGB, wonach eigene Staatsangehörige wegen Auslandstaten nicht zur Verantwortung gezogen werden können, wenn die Tat „wegen der besonderen Verhältnisse am Tatort kein strafwürdiges Unrecht ist", wird er, falls das zutrifft, die Auslieferung ablehnen. Ebenso hat er zu verfahren, wenn der ersuchende Staat seine Gerichtsbarkeit auf Prinzipien stützt, die er selber nicht in sein internationales Strafrecht aufgenommen hat[146].

2. Diesen Grundsätzen folgt auch das europ. AuslAbk., Art. 7 II:

> „Ist die strafbare Handlung, die dem Auslieferungsbegehren zugrunde liegt, außerhalb des Hoheitsgebietes des ersuchenden Staates begangen worden, so kann die Auslieferung nur abgelehnt werden, wenn die Rechtsvorschriften des ersuchten Staates die Verfolgung einer außerhalb seines Hoheitsgebietes begangenen strafbaren Handlung gleicher Art oder die Auslieferung wegen der strafbaren Handlung nicht zulassen, die Gegenstand des Ersuchens ist[147]."

Ähnliche Bestimmungen finden sich in einem großen Teil der deutschen Auslieferungsvereinbarungen, nämlich in den Verträgen mit Belgien, Art. 5 II; Finnland, Art. 6 Z. 4; Italien, Art. 6 II lit. b; Luxemburg, Norwegen und Spanien, jeweils Art. 1 II; Portugal, Art. 7 II, und der Türkei, Art. 6 Z. 3. Nur die Auslieferungsverträge mit Finnland und der Türkei schließen allerdings die Auslieferung obligatorisch aus, wenn das internationale Strafrecht des ersuchten Staates eine Bestrafung nicht zulassen würde[148]. Die anderen ge-

---

[144] So Schultz, Auslieferungsrecht, S. 331.

[145] Die Ausdrucksweise, die §§ 3 ff. StGB seien „Strafrechts-Anwendungsrecht" (OLG Hamm NJW 1960, 1536 f. (1537); OLG Frankfurt NJW 1965, 508; Schönke-Schröder, Rdn 1 vor §§ 3—7 StGB), setzten also „an sich eine strafbare Handlung voraus" (OLG Hamm a. a. O.), besagt nicht, daß den §§ 3 ff. StGB nicht auch materiell-rechtlicher Charakter zukommt. Doch diese Frage kann hier nicht vertieft werden.

[146] Beispiele bei Benz, S. 51 ff., 53.

[147] Das belg. AuslGes. von 1874 formuliert positiv: „Il (der ersuchte Staat) pourra donner suite à la demande, pourvu que la législation dans le pays requis autorise la poursuite des mêmes faits commis hors de son territoire" (Art. 2).

[148] Zur rechtspolitischen Zweckmäßigkeit einer Kannbestimmung im Auslieferungsrecht kritisch H. Meyer, Einlieferung, S. 131. Dazu, daß eine

nannten Verträge erlauben aus kriminalpolitischen Gründen eine Auslieferung trotz des entgegenstehenden internationalen Strafrechts des ersuchten Staates[149].

3. Das DAG sagt ausdrücklich zu diesem Thema nichts; die Auslieferungshindernisse des § 4 Z. 3 betreffen eine andere Problematik.

II. Das internationale Strafrecht hängt freilich mit dem Prozeßrecht, der Frage des Umfangs der Strafgerichtsbarkeit eines Staates eng zusammen[150]. In sämtlichen der oben unter I 2 erwähnten Verträge ist von dem „die Strafverfolgung" zulassenden Gesetzen des ersuchten Staates über das internationale Strafrecht die Rede. Wenn der prozessuale Charakter des internationalen Strafrechts betont wird, kann allerdings die allgemein für die beidseitige Strafbarkeit gegebene Begründung hier nicht gelten. Und so wird auch der Standpunkt vertreten, das internationale Strafrecht des ersuchten Staates[151] dürfe nicht berücksichtigt werden[152].

1. Die Gründe dafür sind folgende: Die Bestimmungen über den örtlichen Geltungsbereich der Strafnormen stellten kein Urteil über die Rechtswidrigkeit und Strafwürdigkeit einer Handlung dar, sondern seien lediglich Ausfluß von Zweckmäßigkeitserwägungen der Staaten, die, wenn sie keine Strafkompetenz beanspruchten, keinen „Anlaß" sähen, strafbare Handlungen zu verfolgen[153]. Außerdem könnten die unterschiedlichen Anschauungen der Staaten auf diesem Gebiet zu erheblich voneinander abweichenden Lösungen führen[154].

---

solche Kannbestimmung auch im Auslieferungsrecht zuweilen obligatorischen Charakter haben kann, vgl. METTGENBERG-DOERNER, S. 318 (bei § 4 Z. 3 DAG).

149 Dieser kann die Auslieferung bewilligen, muß es aber nicht, s. GRÜTZNER, Rechtshilfeverkehr, z. B. Anm. 27 zu Art. 5 dt.-belg. AuslVer., II B 1, S. 11.

150 JESCHECK, IntRDipl. 1956, 76. So kommt z. B. bei BENZ, S. 51 ff., nicht klar zum Ausdruck, ob er dem internationalen Strafrecht materielle oder prozessuale Bedeutung beimißt.

151 Das des ersuchenden ist immer zu berücksichtigen, so ausdrücklich BENZ, S. 51, und zwar selbst dann, wenn die Verträge dazu schweigen.

152 FRAUSTÄDTER, Anm. 2 zu § 4 DAG, S. 38; SAURMA-JELTSCH, S. 24; SCHWARZENBACH, S. 233; WELTI, S. 24; BGE 39 I 387 (393 f. E 4), im Gegensatz zu seiner früheren Rechtsprechung, s. BGE 8, 502 (506 f. E 3); 32 I 120 (124—127 E 4); wohl auch H. MEYER, Einlieferung, S. 127 f.

153 Was die Methode angeht, so fällt auf, daß hier an einer einzelnen Stelle der Sinn eines Umstandes nachgeprüft wird — die Strafwürdigkeit oder lediglich die Zweckmäßigkeit berührend —, während diese Arbeit so im Rahmen der beidseitigen Verfolgbarkeit konsequent zu verfahren versucht.

154 Vgl. vor allem SCHWARZENBACH, a. a. O., für die interkantonale schweizerische Auslieferung.

2. Diese Ansicht läßt sowohl die Forderungen der Gegenseitigkeit als auch die der Gerechtigkeit außer acht[155]. Die Gegenseitigkeit ist verletzt, da danach der ersuchte Staat eine Auslieferung bewilligen müßte, der im umgekehrten Fall mangels Anwendbarkeit des eigenen Strafrechts kein Anspruch auf Einlieferung entgegenstehen würde. Vor allem aber findet sich in den Bestimmungen des internationalen Strafrechts sehr wohl der Niederschlag der Anschauungen eines Staates über die materielle Strafbarkeit[156]. Geht ein Staat z. B. vom aktiven Personalitätsprinzip aus, so tut er das, „... weil er die Beziehung des Bürgerrechtes besonders hoch bewertet"[157]. Das passive Personalitätsprinzip ist aus dem „nationalen Schutzgedanken" entstanden[158], der gleichfalls Gerechtigkeitsüberlegungen entspringt[159].

III. Die Berücksichtigung der Normen des ersuchenden und ersuchten Staates über das internationale Strafrecht ist mithin grundsätzlich geboten[160]. Daß dem ersuchten Staat in vielen der Auslieferungsverträge Deutschlands, die zu diesem Problem Stellung beziehen, die Möglichkeit offengelassen wird, trotz des im Einzelfall entgegenstehenden eigenen internationalen Strafrechts eine Auslieferung zu bewilligen, ist durchaus zu begrüßen und stellt keinen Widerspruch zu der hier vertretenen Ansicht dar. Dem ersuchten Staat kann es häufig ratsam erscheinen, auf die Durchsetzung dieser die internationalen Beziehungen besonders berührenden Anschauungen seines eigenen Rechts zu verzichten[161].

IV. Für Deutschland als ersuchten Staat wird meist die Prüfung der eigenen (hypothetischen) Zuständigkeit nach den Normen der

---

[155] Besonders betont von BENZ, S. 55; SCHULTZ, Auslieferungsrecht, S. 333 f. Gegenseitigkeitserwägungen stellt METTGENBERG, Verträge mit der Tschechoslowakei, Anm. 11, S. 11, in den Vordergrund.

[156] Vgl. BENZ, S. 56.

[157] SCHULTZ, Auslieferungsrecht, S. 333; vgl. auch LANGE, DStrR 1941, 11 f.

[158] OEHLER, JZ 1964, 382, in der Anm. zu BGHSt. 18, 283; derselbe, Mezgerfestschrift, S. 95.

[159] Warum zudem hier im Gegensatz z. B. zu den objektiven Bedingungen der Strafbarkeit die Zweckmäßigkeitserwägungen des Gesetzgebers dazu führen sollen, einen Umstand der beidseitigen Strafbarkeit und Verfolgbarkeit im Auslieferungsrecht unbeachtlich zu machen, während sonst nicht danach gefragt wird, ist nicht recht einsichtig.

[160] Sie werden zutreffend nachgeprüft von OLG Stuttgart, JW 1933, 986 (987); OLG Hamburg, JW 1931, 2874 (allerdings ohne Hervorhebung des Grundsätzlichen).

[161] Ihm mag auch die Fassung der eigenen Vorschriften bedenklich vorkommen; vgl. vor allem die Kritik OEHLERS, JZ 1964, 382 f., und Peters-Gedächtnisschrift, S. 970 ff. (über die Regelung der Teilnahme im internationalen Strafrecht nach dem E 1962), an der deutschen Handhabung.

§§ 3 ff. StGB zu keinem negativen Urteil führen[162]; denn unsere Regeln über den räumlichen Geltungsbereich sind recht weit gefaßt[163]. Anders ist die Lage dann, wenn Deutschland als ersuchender Staat auftritt und seine Kompetenz z. B. auf § 3 II StGB stützt[164].

§ 5. Die beidseitige Verfolgbarkeit und Vollstreckbarkeit im einzelnen

Drei Gruppen von Verfahrensvoraussetzungen sind zu unterscheiden[165]:

Zunächst wird unter A. die Verjährung behandelt, das einzige Verfahrenshindernis, das ein Auslieferungshindernis konstituiert, weil es nach Zielsetzung und Ursprung (auch) materiell-strafrechtliche Züge trägt, mithin das Prinzip der identischen Norm seine Beachtung fordert.

Dann folgt unter B. die Darstellung der Voraussetzungen, denen keine auslieferungshindernde Wirkung beigemessen werden sollte, da sie von den inneren Verhältnissen des ersuchten Staates geprägt sind und mit der Strafwürdigkeit oder dem Sühnebedürfnis der verfolgten Tat nichts zu tun haben.

---

[162] § 4 II Z. 3 StGB darf allerdings an dieser Stelle nicht herangezogen werden; denn die Bestimmung setzt ja voraus, daß der Täter „nicht ausgeliefert wird", und hat im Rahmen der Prüfung der Bedingungen der Zulässigkeit der Auslieferung nichts zu suchen.

[163] Über die Tendenzen zur „Vindikation z. T. maßloser Strafgewalt" überhaupt s. die historische Abhandlung Oehlers, Schmidt-Gedächtnisschrift, S. 493 ff., 497/8. Sehr kritisch gegen die deutschen Bestimmungen z. B. noch H. Mayer, S. 609 f.

[164] Schultz, Auslieferungsrecht, S. 334, FN 132, stellt § 3 II StGB („Für eine im Ausland begangene Tat, die nach dem Recht des Tatorts nicht mit Strafe bedroht ist, gilt das deutsche Strafrecht nicht, wenn die Tat wegen der besonderen Verhältnisse am Tatort kein strafwürdiges Unrecht ist") Art. 6 schwz. StGB zur Illustration gegenüber. Diese letztere Bestimmung läßt die Bestrafung eines Schweizers wegen einer Auslandstat nur dann zu, wenn die verfolgte Tat ein Auslieferungsdelikt und am Begehungsort strafbar ist. Die Einschränkungen im Vergleich mit § 3 II StGB sind unverkennbar. Über die rechtsstaatlichen Bedenken an der weiten Fassung des § 3 II StGB s. die Ausführungen Oehlers, Mezger-Festschrift, S. 101.

In diesem Rahmen unbeachtlich ist im übrigen das nach deutschem Recht für die Verfolgung von Auslandstaten gemäß § 153 b StPO bestehende Opportunitätsprinzip.

[165] Die im folgenden behandelten Verfahrensvoraussetzungen bzw. -hindernisse müssen ohne Unterschied grundsätzlich nach dem Recht des ersuchenden Staates berücksichtigt werden und dann, wenn der ersuchte Staat einen eigenen Strafanspruch hat, vgl. Kapitel I § 4 A, S. 43 f., und B II 2 b, S. 49.

Schließlich wird unter C. kurz auf die Voraussetzungen hingewiesen, die mit den Kriterien des Prinzips der identischen Norm allein nicht ausreichend gewürdigt werden können, da sie weit in andere Problemkreise eingreifen.

A. Die Verjährung

I. *Allgemeine Grundlagen*

1. Nach der herrschenden Meinung im deutschen Recht ist die Verjährung der Strafverfolgung oder -vollstreckung ein Verfahrenshindernis[166] mit materiell-rechtlichem Einschlag[167]. Der E 1962 legt ihr „gemischten" Charakter bei[168]. Das schweizerische Recht dagegen wertet die Verjährung als Strafaufhebungsgrund, also als materiell-strafrechtliches Institut[169]. Diese Qualifikation der Verjährung nach deutschem Recht als Bestandteil des Prozeßrechts ist aber nicht ausschlaggebend; ihr Sinn hat zu entscheiden.

2. Als Grund für die Nichtverfolgbarkeit einer Tat oder die Nichtvollstreckbarkeit[170] einer ausgesprochenen Strafe nach Eintritt der Verjährung wird ausgeführt[171]:

> „Die Verjährung ist eine Einrichtung im Grenzbereich zwischen Gerechtigkeit und Rechtssicherheit. Die Gerechtigkeit gebietet es, Schuldige sühnender Strafe zuzuführen. Rechtssicherheit strebt nach Rechtsfrieden. Wird dieser durch eine Straftat gestört, so dient es ihm, wenn die Gerechtigkeit durch Eingriff mit strafender Hand die Störung beseitigt. Ist der Rechtsfriede jedoch von selbst, durch heilenden Zeitablauf wieder eingekehrt und die Rechtsordnung wiederhergestellt, so hat ein Eingriff der Strafgewalt keinen Nutzen mehr. Er führt nur zu neuer Unruhe. Daher verbietet ihn das Gesetz. Strafende Gerechtigkeit ist ihm ein Mittel, Rechtssicherheit und Rechtsfrieden zu gewährleisten."

Durch die Beachtung der Verjährung kommt mithin ein Staat zwei Forderungen nach, nämlich nach „Justizförmigkeit des Verfahrens

---

[166] SCHÖNKE-SCHRÖDER, Rdn 3 zu § 66 StGB; BGHSt. 2, 300 (306—308).

[167] SCHÄFER, bei Löwe-Rosenberg, Kapitel 10 B 5, S. 99 f.

[168] Vgl. die Begründung zu § 127, S. 257, 258.

[169] SCHWANDER, Nr. 407, S. 217; BENZ, S. 115; SCHULTZ, Auslieferungsrecht, S. 339.

Das schweizerische Recht wird hier deshalb als Beispiel aufgeführt, um zu zeigen, wie sehr selbst im grundsätzlichen die Anschauungen der Länder auseinandergehen können.

[170] Strafverfolgungs- und -vollstreckungsverjährung beruhen auf den gleichen Gründen und haben den gleichen Charakter, s. SCHÖNKE-SCHRÖDER, Rdn 3 zu § 66 StGB.

[171] BGHSt. 18, 274 (278), mit zustimmender Anm. E. SCHMIDTS, JZ 1963, 606 f.

überhaupt" und nach Rechtsstaatlichkeit[172]. Schon allein die angesprochenen Gerechtigkeitsgedanken zwingen mithin dazu, die Verjährung nach den Gesetzen des ersuchten Staates zu berücksichtigen. Dementsprechend entscheidet sich auch die herrschende Meinung im Auslieferungsrecht für die Beachtlichkeit der Verjährung nach dem Recht des ersuchten (und ersuchenden) Staates[173].

3. Dagegen lehnen vor allem Vertreter der Rechtshilfenatur der Auslieferung die Berücksichtigung der Verjährung nach dem Recht des Zufluchtsstaates — entsprechend ihrer Stellung zur Strafbarkeit nach dessen Recht — ab[174]. Ihre Gründe sind[175]:

Die Einrichtung der Verjährung basiere auf dem Schwinden der Erinnerung an die Tat und der Tilgung ihrer Folgen dort, wo sie begegangen worden sei. Diese Umstände könnten aber im Zufluchtsstaat, der in aller Regel nicht Begehungsort sei, gar nicht eintreten; er habe sehr oft von der Tat überhaupt keine Kenntnis. Ebenso stehe es im übrigen mit dem Strafbedürfnis, das im ersuchten Staat niemals bestanden habe und das dort deshalb auch nicht verblassen könne. Beweisschwierigkeiten — ein weiterer Grund für die Beachtung der Verjährung — habe der ersuchte Staat naturgemäß gleichfalls nicht gehabt; bei ihm seien Beweise nie vorhanden gewesen, und so könnten sie nicht unauffindbar werden[176].

---

[172] E. SCHMIDT, JZ 1963, 607.

[173] VON MARTITZ, II, S. 77, 81; KOHLER, S. 167, 181; LAMMASCH, Auslieferungspflicht, S. 432; DELIUS, Auslieferungsrecht, S. 31; AöR 6, 413; TH. MEYER, S. 96; HETZER, S. 10 (zu den alten deutschen Auslieferungsverträgen); GROSCH, S. 19; VON BAR, Lehrbuch, S. 296; LOHMANN, S. 124 f.; METTGENBERG, NiemZ 18, 416; HOLD-FERNECK, S. 34; VON LISZT, Völkerrecht, S. 234; DAHM, S. 282; REISNER, Voraussetzungen, S. 50 f.; SCHOENEBERG, S. 68; METTGENBERG-DOERNER, S. 292 ff., 300 ff.; H. MEYER, Einlieferung, S. 115 f.; GRÜTZNER, „Auslieferung", S. 120 (die letzteren von § 4 Z. 2 DAG ausgehend); GARBANI, S. 85, 87; PFENNINGER, ZSR nF 54, 74 f.; BENZ, S. 115 ff.; SCHULTZ, Auslieferungsrecht, S. 341 ff. (er würde möglicherweise anders entscheiden, wenn die Verjährung — entgegen dem bereits erwähnten schweizerischen Recht — Institut des Prozeßrechts sein sollte; andererseits erklärt er ausdrücklich die Gründe, die die Einführung der Verjährungsnormen bewirkt haben, für unbeachtlich); SCHWARZENBACH, S. 215 f.; DOMIN-PETRUSHEVECZ, S. 100, Art. 231; HÉLIE-BROUCHOT, Nr. 52, S. 42; DALLOZ, Nr. 19, S. 537; Harvard Convention, Art. 4.

[174] BILLOT, S. 220 f.; BERNARD, II, S. 309—311; FIORE-ANTOINE, II, Nr. 337, S. 512 ff,; Nr. 338, S. 514 f.; BEAUCHET, S. 170 f.; SAINT-AUBIN, traité, I, S. 743 f., sonst allerdings Vertreter des Grundsatzes der identischen Norm; wohl auch DESPAGNET, § 290, S. 420; LE POITTEVIN, Nr. 187, S. 199; Nr. 192, S. 200; TRAVERS, droit pénal, IV, Nr. 2158, S. 676—678; entr'aide, Nr. 58; MOORE, § 373, S. 569 f.; SCHÖNEMANN, GA 29, 37 f.; Typus-AuslVer., Art. 9.

[175] S. dazu besonders BILLOT, S. 219—224.

[176] Ähnlich auch MERCIER, S. 194 f., der das Offenlassen einer fakultati-

Dazu wird betont[177], man würde bei der Prüfung der Verjährung nach dem Recht des ersuchten Staates „. . .die identische Norm und die Reziprozität durch allzu starken Formalismus zu Tode reiten.“ Die „Willkürlichkeit“ der Verjährungsfristen dürfe die wünschenswerte Erweiterung des Auslieferungsverkehrs nicht hindern[178].

4. Diese Argumente treffen nicht den Kern des Problems. Die Berücksichtigung der Verjährung nach den Gesetzen des ersuchten Staates bedeutet keine Überbeanspruchung des Prinzips der identischen Norm, sondern ist Ausdruck der Achtung des ersuchten Staates vor den Grundsätzen der Rechtsstaatlichkeit[179]. Die Gegenmeinung muß zumindest für den Fall der hier vertretenen Auffassung zustimmen[180], daß der Partnerstaat das Institut der Verjährung überhaupt nicht oder nur in sehr beschränktem Maße kennt[181]. Diese Einschränkung verhütet nämlich wenigstens die übelsten Ergebnisse, die die andere Ansicht zur Folge hat: Wenn der ersuchende Staat die Einrichtung der Verjährung nicht hat, müßte der ersuchte Staat ad infinitum an jenen ausliefern, während er selbst bei z. B. generell kurz bemessenen Verjährungsfristen nach geringer Zeit nicht mehr in den Genuß einer entsprechenden Gegenleistung kommen könnte. Dadurch würde die — noch so großzügig gehandhabte — Gegenseitigkeit gröblich verletzt[182].

Die Gegenmeinung läßt sich auch hier von LAMMASCHS Auffassung beeinflussen, daß der ersuchte Staat einen eigenen Strafanspruch haben müsse, um ausliefern zu dürfen, die Auslieferung eine Bestrafung des Verfolgten bedeute. Bei der Prüfung der Verjährung wie auch sonst bei der Untersuchung der Strafbarkeit nach eigenem Recht legt der ersuchte Staat aber keinen eigenen Strafanspruch zugrunde und

---

ven Auslieferungsmöglichkeit nach Eintritt der Verjährung gemäß dem eigenen Recht für den ersuchten Staat vorschlägt.

177 S. DELAQUIS, ZbJV 73, 210; ZStrR 40, 166; 48, 302 (sonst befürwortet er aber die identische Norm).

178 Ganz in diesem Sinne noch TRAVERS, droit pénal, IV, Nr. 2158, a. a. O.; JESCHECK, ZStW 66, 537.

179 Treffend bemerkt von SCHULTZ, Auslieferungsrecht, S. 341, FN 167, letzter Absatz.

Deshalb ist dem Harvard comment, S. 107, nicht zuzustimmen, der annimmt, “with the progress of international cooperation“ würden die Staaten wenig Gebrauch vom Auslieferungshindernis der Verjährung machen.

180 Vgl. DELAQUIS, ZbJV 73, 210.

181 Wie z. B. England und die USA, s. LAMMASCH, a. a. O., S. 322; GRÜTZNER, Anm. 15 zu Art. V dt.-brit. AuslVer., Rechtshilfeverkehr, II G 5, S. 16 f. Besonders zum britischen Recht vgl. Halsbury's Laws, Nr. 630, S. 340: “Criminal prosecution except where there are statutory provisions to the contrary, may be commenced at any time after the commission of the crime.“

182 BENZ, S. 122.

fragt, ob dieser erloschen ist, sondern er stellt fest, ob sein Strafanspruch erloschen sein würde, wenn er bestanden hätte — daher ja die sinngemäße Umstellung[183].

5. Daß der ersuchte Staat die Verjährung nach dem Recht des ersuchenden Staates berücksichtigen muß, ergibt sich schon daraus, daß eine Auslieferung, wie bereits dargelegt, sonst zwecklos sein würde[184]. Jedoch ist das nicht unbestritten. Selbst wenn einige Auslieferungsverträge ausdrücklich nur die Verjährung nach den Gesetzen des ersuchten Staates als Auslieferungshindernis festsetzen[185], so soll damit aber nicht e contrario das selbstverständliche Recht des ersuchten Staates ausgeschlossen werden, den Eintritt der Verjährung nach dem Recht des ersuchenden Staates zu verifizieren[186]. Diese Befugnis müßte schon explizit ausgeschlossen werden[187]. Und wird die entsprechende Prüfung so zurückhaltend gehandhabt, wie es oben vorgeschlagen wurde, verliert auch das Bedenken an Bedeutung, die Stellung eines Auslieferungsbegehrens durch den ersuchenden Staat nach Eintritt der Verjährung gemäß den eigenen Gesetzen sei „...ein Act so eclatanter mala fides“, daß er „...füglich nicht vorgesehen werden könnte“ und damit eine Prüfung durch den ersuchten Staat

---

[183] Dieses Argument wird noch bei der Behandlung der Amnestie eine große Rolle spielen, s. in diesem § unter B II, S. 118 ff.

[184] Mettgenberg, NiemZ 18, 418; von Martitz, II, S. 77; Reisner, Voraussetzungen, S. 52 f.; Deuringer, S. 10; Hahn, S. 34; Delius, Auslieferungsrecht, S. 31; Langhard, S. 25; Garbani, S. 87; Benz, S. 122; Despagnet, § 290, S. 420; Mercier, S. 194; Travers, droit pénal, IV, Nr. 2146, S. 646; Honig, ICLQ 6, 563.

Anders wohl Fraustädter, Anm. 3 zu § 2 DAG, S. 33 (wegen der grundsätzlichen Nichtnachprüfbarkeit des Tatverdachts); Th. Meyer, S. 97; Cohn, S. 21 (zwar Voraussetzung, aber kein Prüfungsrecht); Grosch, S. 20.

[185] Vgl. die Verträge Deutschlands mit Griechenland, Art. 4; Großbritannien, Art.V; den Niederlanden, Art. 3 Z. 1; der Schweiz, Art. 5; Luxemburg, Norwegen und Spanien, jeweils Art. 7.

[186] So aber wohl Lammasch, Auslieferungspflicht, S. 439; Langhard, S. 24; ausdrücklich Bardet, 23 ff. (zum dt.-schwz. AuslVer.); Welti, S. 51; Grützner, Anm. 6 zu Art. 3 Z. 1 des dt.-niederl. AuslVer., Rechtshilfeverkehr, II N 6, S. 5.

Dagegen besonders Mettgenberg, NiemZ 18, 416; AöR 25, 80, FN 92; Le Poittevin, Nr. 191, S. 200; von Martitz, II, S. 77; Delius, Auslieferungsrecht, S. 28, 31; s. auch in dieser Arbeit Kapitel III § 2 I 2, besonders FN 24 auf S. 73 f.

[187] Anders ist höchstens gemäß Art. V dt.-brit. AuslVer. zu verfahren. Vgl. zum schwz.-brit. AuslVer., Art. XII, der ähnlich gefaßt ist, Schultz, Auslieferungsrecht, S. 322: Da England die Verjährung als allgemeine Einrichtung kaum kennt, wird der Eintritt der Verjährung nach englischem Recht als dem Recht des ersuchenden Staates nur selten in Frage stehen.

nach eigenem Recht „... den practischen Anforderungen genügen" dürfte[188].

6. Außer den in FN 185 aufgeführten Verträgen erwähnen alle Auslieferungsverträge Deutschlands den Eintritt der Verjährung nach dem Recht des ersuchenden oder ersuchten Staates als Auslieferungshindernis, nämlich die Vereinbarungen mit Finnland, Art. 6 Z. 4; Italien, Art. 6 lit. b; der Türkei, Art. 6 Z. 4; den USA, Art. 3 I (die letzteren Verträge verlangen allgemein die Berücksichtigung aller Verfolgungs- und Vollstreckungshindernisse; der Vertrag mit den USA wiederholt dies noch einmal in Art. 6 lediglich für das Recht des ersuchten Staates); Belgien, Art. 8; Frankreich, Art. 7 II Z. 3; Monaco, Art. 8, Z. 3; Österreich und Portugal, jeweils Art. 9. Gleich ist die Regelung in dem europ. AuslAbk., Art. 10.

II. *Damit ist die Problematik der Verjährung innerhalb des Prinzips der identischen Norm noch nicht erschöpft. Es bleiben Einzelfragen*

1. Der Zeitpunkt der Beurteilung des Verjährungseintritts

Wenn die Verträge zur Frage, nach welchem Zeitpunkt der Ablauf der Verjährung beurteilt werden soll, nichts bestimmen[189], bieten sich mehrere Termine an: Der des Eingangs des Auslieferungsbegehrens, der, in dem der Verfolgte unter die Strafgewalt des ersuchten Staates gelangte, der, zu dem er festgenommen wurde, der der Bewilligung des Auslieferungsbegehrens oder der der tatsächlichen Durchführung der Auslieferung[190]. Ein Gedanke spielt vor allem eine Rolle. Der Zeitpunkt der tatsächlichen Auslieferung durch die Behörden des ersuchten Staates, der Zeitpunkt der Überstellung des Verfolgten an die Behörden des ersuchenden Staates also, liegt in aller Regel einige Zeit nach der Erklärung der Zulässigkeit der Auslieferung durch die zuständige Instanz im ersuchten Staat. Da jedoch die tatsächliche Überstellung die eigentliche Auslieferung ist, müssen zum Zeitpunkt ihrer Durchführung alle gesetzlichen Zulässigkeitsbedingungen erfüllt sein[191]. Das ändert aber nichts an der Tatsache, daß die die Zulässigkeit der Auslieferung feststellende Behörde ihrer Entscheidung nur den Sachverhalt zugrundelegen kann, den sie zur Zeit der Beurteilung vorfindet. Damit steht der

---

[188] So Lammasch, a. a. O., S. 438 f.

[189] Vgl. Art. 4 Z. 1 dt.-griech. AuslVer.: Der Termin der Stellung des Antrags auf Auslieferung entscheidet.

[190] Beispiele nach Mettgenberg-Doerner, S. 161; Harvard comment, S. 104; Reisner, Voraussetzungen S. 51.

[191] So auch die RiVASt Nr. 19; Reisner, Voraussetzungen, S. 51; Schmitz-Morkramer, S. 43; Reger, S. 51.

Termin fest, nach dem der Eintritt der Vollendung der Verjährung untersucht werden muß[192].

Das wird allerdings zu Unstimmigkeiten gerade bei der zwangsläufig vom Zeitablauf beeinflußten Verjährung führen, wenn nämlich zur Zeit der Entscheidung die Frist noch lief, zur Zeit der Überstellung der Verfolgten an den ersuchenden Staat die Verjährung aber dann vollendet ist[193]. Deshalb sieht z. B. § 29 DAG die Möglichkeit einer erneuten gerichtlichen Überprüfung vor, wenn nachträglich Umstände eintreten, die die Zulässigkeit zweifelhaft machen können[194].

2. Der Beginn der Fristen und ihre Bemessung

Wann eine Frist zu laufen beginnt, muß jeweils getrennt vom Recht des ersuchenden und ersuchten Staates aus beurteilt werden; eine Vermischung beider Rechte in irgendeiner Richtung ist hier wie sonst im Bereich der identischen Norm nicht zulässig[195].

Die Dauer der Verjährungsfrist wird häufig von der Qualifikation des verfolgten Delikts abhängen (Verbrechen? Vergehen?) oder von dem Strafrahmen (oder von beidem); dabei kann der Strafrahmen noch im einzelnen aufgeschlüsselt sein (vgl. z. B. § 67 StGB). Was geschieht nun, wenn eine Handlung nach dem Recht des ersuchenden Staates als Verbrechen gewertet wird, danach die entsprechende Verjährungsfrist noch läuft, nach dem Recht des ersuchten Staates aber als Vergehen gilt und die Verjährung bereits eingetreten sein würde? Für den ersuchten Staat würde es nach seinen Vorstellungen nunmehr ein Gebot der Beachtung des Rechtsfriedens sein, nicht mehr gegen den Täter vorzugehen — wenn er sich den Sachverhalt sinngemäß umgestellt denkt[196]. Deshalb muß für ihn bei der Prüfung

---

[192] METTGENBERG-DOERNER, S. 162 f.; SCHULTZ, Auslieferungsrecht, S. 343.

[193] Wegen der unterbrechenden Wirkung von Auslieferungsersuchen (für die Vollstreckungsverjährung) und Haftbefehl (für die Verfolgungsverjährung) wird dieser Fall wohl selten eintreten; s. H. MEYER, Einlieferung, S. 115.

[194] Daß eine solche erneute Überprüfung durch den Eintritt der Verjährung gerechtfertigt sein kann, betont REISNER, a. a. O., S. 154.

[195] SCHULTZ, Auslieferungsrecht, S. 343, hebt das mit Recht hervor.

[196] Dennoch lassen die Qualifikation der Tat nach dem Recht des ersuchenden Staates entscheiden FIORE-ANTOINE, II, S. 514, Nr. 338; und — inkonsequent — VON MARTITZ, II, S. 79, ihm folgend LOHMANN, S. 126, sowie DELIUS, Auslieferungsrecht, S. 31. Die drei zuletzt Zitierten wollen aber die Dauer der Frist selbst nach dem Recht des ersuchten Staates bestimmt wissen.

der Dauer der Verjährungsfrist die Qualifikation der Tat nach eigenem Recht maßgeblich sein[197].

Ebenso ist zu verfahren, wenn sich die Dauer der Verjährungsfrist nach der Strafdrohung richtet[198]. Bedroht z. B. der ersuchende Staat die Tat mit einer Zuchthausstrafe, und ist seine Verjährungsfrist bei solcher Lage 10 Jahre, bedroht dagegen der ersuchte Staat die Tat mit Gefängnis, und hat er eine Verjährungsfrist von 5 Jahren vorgesehen, so würde für ihn nach Ablauf von z. B. 7 Jahren nach Begehung der Tat keine Möglichkeit bestehen, den Täter zu verurteilen, und dann darf er auch nicht ausliefern, obwohl der ersuchende Staat seinen Strafanspruch gegen den Täter zu diesem Zeitpunkt noch durchsetzen könnte.

Einen Sonderfall stellt in diesem Rahmen die Verjährung von Rückfalldelikten dar. Die Verfolgung von Rückfallbetrug gemäß § 264 StGB z. B. verjährt in 10 Jahren, § 67 I 3 Alt. StGB. Rückfallbetrug selbst setzt zwei einschlägige Vorbestrafungen „im Inlande", also in Deutschland voraus[199]. Wenn nun die Auslieferung eines Betrügers begehrt wird, der zweimal im ersuchenden Staat einschlägig vorbestraft ist, sind diese Vorstrafen im Wege der sinngemäßen Umstellung als solche „im Inlande" zu behandeln? Der BGH verneinte[200]: Hier handele es sich nicht um staats- oder völkerrechtliche Beziehungen des Sachverhaltes[201]. Außerdem spreche der Sinn des

---

[197] Grosch, S. 20; Th. Meyer, S. 98 f.; Reisner, Voraussetzungen, S. 51; Schmitz-Morkramer, S. 43; Reger, S. 49; Deuringer, S. 11; Rintelen, S. 37; Saurma-Jeltsch, S. 27; Mettgenberg-Doerner, S. 294; H. Meyer, Einlieferung, S. 115; Benz, S. 127 f.; Schwarzenbach, S. 219. Travers, droit pénal, IV, Nr. 2163 II, S. 685, bezeichnet dieses Ergebnis als Konsequenz des Prinzips der identischen Norm.

[198] Benz, S. 127 f.

[199] Vgl. auch den Rückfalldiebstahl gemäß § 244 StGB.

[200] BGHSt. 7, 265 (268). Eine der beiden Vorstrafen war im konkreten Fall allerdings in einem Drittstaat verhängt worden (die Schweiz war ersuchender Staat); gemäß Art. 67 Z. 2 schwz. StGB genügt das zur Begründung des Rückfalls, wenn es sich dabei um nach schweizerischem Recht auslieferungsfähige Taten handelt (s. für den Betrug Art. 3 Z. 22 schwz. AuslGes.). Der BGH wollte aber ausdrücklich den Fall gleichbehandelt wissen, daß die Verurteilungen sämtlich im ersuchenden Staat erfolgt sind.

[201] Die Entscheidung ist wegen der Nichtumstellung der Tatsache der Verurteilung im ersuchenden Staat heftig kritisiert worden; so von Grützner, GA 1957, 378, und Merz, daselbst, S. 14 f., von letzterem vor allem mit der Begründung, es sei falsch, nur umzustellen, wenn staats- und völkerrechtliche Bezüge Merkmale des gesetzlichen Tatbestandes seien. Verurteilungen in einem Drittstaat reichen allerdings nach Grützner und Merz, a. a. O., nicht zur Rückfallbegründung aus.

Ohne diese Detailfrage zu vertiefen, soll doch gesagt werden, daß der Entscheidung des BGH wohl zuzustimmen ist, weil hier kein Grund

Erfordernisse der Verurteilungen im Inland für dieses Ergebnis; nur die Verurteilungen durch ein deutsches Gericht böten die Gewähr dafür, daß der Täter wirklich für Handlungen verurteilt werde, die nach deutschem Recht Rückfall begründeten[202]. Deshalb nahm der BGH im zu beurteilenden Fall die 5jährige Verjährungsfrist aus §§ 263, 67 II, 16 I StGB an und verweigerte wegen ihres Ablaufs die Auslieferung.

3. Die Vollstreckungsverjährung im einzelnen

Die Fristen bis zum Eintritt der Vollstreckungsverjährung sind in aller Regel länger als die bis zum Eintritt der Verfolgungsverjährung (vgl. §§ 67 und 70 StGB). Ob Verfolgungs- oder Vollstreckungsverjährungsgrundsätze anzuwenden sind, kann also erhebliche Bedeutung für die Zulässigkeit eines Auslieferungsbegehrens haben.

a) Vollstreckungsverjährungsfristen beginnen zu laufen mit der Rechtskraft des Urteils gegen den Täter (vgl. § 70 I StGB). Zwei Voraussetzungen sind mithin erforderlich — ein Urteil und dessen Rechtskraft. Das Urteil im ersuchenden Staat erfüllt diese Bedingung; im ersuchten Staat kann es naturgemäß nicht ergangen sein. Hier handelt es sich lediglich um die Berücksichtigung einer Tatsache, um ein tatbestandliches Kriterium der Auslieferung[203]. Die Rechtskraft des Urteils entscheidet sich gleichfalls nach dem Recht des ersuchenden Staates. Das ist kein Widerspruch zum grundsätzlichen Recht des ersuchten Staates, ein Auslieferungsbegehren nach eigenem Recht zu prüfen. Für Deutschland als ersuchten Staat ist die Rechtslage nämlich so: Gemäß dem Grundsatz „locus regit actum" bestimmt sich die Wirksamkeit eines ausländischen Hoheitsaktes nach dem Recht des Staates, in dessen Hoheitsbereich er erlassen wurde. Dieses Prinzip ist Bestandteil des deutschen Verfahrensrechtes[204]. Mithin verbietet es das deutsche Recht selbst, an dieser Stelle eine ent-

---

für die Umstellung vorliegt; es geht nicht um Tatsachen, deren eine Strafkompetenz begründende Kraft der ersuchte Staat nach eigenem Recht nachzuprüfen haben würde. Vgl. auch, im Ergebnis wie hier, Herlan, GA 1957, 239, der darauf hinweist, daß die Behandlung der Verurteilungen im ersuchenden Staat als inländische einer verbotenen Umstellung des gesetzlichen Tatbestandes des Delikts bedenklich nahekommen würde.

Etwa bei den Rückfallvoraussetzungen gänzlich das Recht des ersuchenden Staates entscheiden zu lassen (wie Donnedieu de Vabres, traité, Nr. 1787, S. 984 vorschlägt, — vgl. auch Art. 4 VII franz. AuslGes.), würde einen Verstoß gegen das Prinzip der identischen Norm und ihre Grundlagen bedeuten. Ein solches Verfahren ist deshalb abzulehnen.

[202] BGHSt. 7, 265 (267); vgl. noch BGH NJW 1952, 151.

[203] Benz, S. 127, FN 39; Travers, droit pénal, IV, Nr. 2163, S. 686.

[204] RGSt. 65, 269 (271), für die Wiederaufnahme im ersuchenden Staat; BGHSt. 20, 198 (200 f.), für ein Abwesenheitsurteil.

sprechende Prüfung des Auslieferungsbegehrens vorzunehmen[205]. An ausländische Verfahrensakte sind überhaupt keine besonderen Anforderungen zu stellen, wie sie etwa deutsche Gesetze normieren. Es hat sich auch als unmöglich herausgestellt, auf vertraglichem Wege eine Angleichung ausländischer Prozeßregeln an deutsche Vorstellungen durchzusetzen. Man muß sich hier einfach realistisch an die wirkliche Situation halten[206].

Weiter geht die Pflicht des ersuchten Staates allerdings nicht, sich nach dem Recht des ersuchten Staates zu richten[207]. Bemißt z. B. der ersuchte Staat auch die Dauer der Vollstreckungsverjährungsfristen danach, ob ein Verbrechen oder Vergehen in Rede steht, so bleibt für ihn bei der Prüfung nach eigenem Recht die eigene Qualifikation als Verbrechen oder Vergehen maßgeblich, auch wenn der Richter im ersuchenden Staat anders entschieden hat.

> „Das im ersuchenden Staat ergangene Urteil kann nicht imstande sein, die Ansicht des ersuchten Staates über die Tat zu beeinflussen. Die Grenze des ersuchenden Staates gilt auch für die Tragweite von Gerichtserkenntnissen“[208].

---

[205] Das Verbot der Anerkennung der Rechtskraft ausländischer Urteile im Auslieferungsrecht (vgl. z. B. H. Meyer, Einlieferung, S. 128; Mettgenberg-Doerner, S. 317) bezieht sich darauf, daß eine rechtskräftige Aburteilung in einem Drittstaat einer Auslieferung aus oder nach Deutschland oder einer Aburteilung in Deutschland selbst wegen derselben Tat nicht entgegensteht (vgl. zum letzteren auch § 7 StGB und § 153 b I Z. 3 StPO).

[206] Herlan, JZ 1966, 177.

[207] Es handelt sich lediglich um die Hinnahme fremder Verfahrensvorschriften; bei den Unterschiedlichkeiten auf diesem Gebiet kann es nicht Aufgabe des Grundsatzes der identischen Norm sein, z. B. deutsche Gedanken lediglich ökonomischer Art einem fremden Staat aufzunötigen, s. RG und BGH a. a. O. Gegen das RG wenden sich Dörffler (JW 1931, 2869 f., in der Anm. zur Entscheidung); Mettgenberg-Doerner, S. 299; H. Meyer, Einlieferung, S. 123, aber ohne Einwände gegen die Begründung des RG. Diesem zustimmend von Ammon, DStrR 1934, 51 f.

Ob allerdings, wie das RG, a. a. O., S. 270, anführt, § 4 Z. 2 DAG lediglich solche Gründe nach deutschem Recht berücksichtigt wissen will, „die das Vorhandensein des Strafanspruchs, das materielle Recht berühren, nicht solche, die rein verfahrensrechtlich ... der gerichtlichen Verfolgung entgegenstehen würden“, ist nach dem Wortlaut selbst von § 4 Z. 2 DAG doch recht fraglich. Wenn damit das RG aber die oben (Kapitel I § 4 B II d, S. 50) als jedenfalls im Rahmen der beidseitigen Verfolgbarkeit unbeachtlich erwähnten Regeln über die Durchführung eines Strafverfahrens meint, ist ihm, auch von § 4 Z. 2 DAG aus, zuzustimmen, einmal ganz abgesehen davon, ob § 4 Z. 2 DAG an sich zu billigen ist.

[208] Benz, S. 129; vgl. auch Geck, „Anerkennung fremder Urteile ...“, S. 58.

Lediglich wegen des Urteilserlasses darf hier nicht anders entschieden werden als bei der Verfolgungsverjährung.

b) Schwieriger wird das Problem allerdings dann, wenn die Strafhöhe die Vollstreckungsverjährungsfristen bestimmt. Muß sich hier der ersuchte Staat nach der durch das Urteil im ersuchenden Staat ausgesprochenen Strafe richten, auch wenn die Tat bei ihm mit einer schneller verjährenden (Höchst-)Strafe bedroht sein würde[209]? Abgesehen von den Unzuträglichkeiten bei der Einordnung ihm unbekannter Strafarten[210] würde der ersuchte Staat durch eine Auslieferung trotz der Verjährung der nach eigenem Recht höchstmöglichen Strafe dem Verfolgten das Unrecht zufügen, das die identische Norm gerade verhindern will[211]. Ein Beispiel: Der ersuchende Staat hat den Täter wegen Tötung auf Verlangen, nach seinen Gesetzen ein Verbrechen, zu 10 Jahren Zuchthaus verurteilt; der ersuchte Staat (hier: Deutschland) läßt dagegen nur eine Höchststrafe von 5 Jahren Gefängnis zu (§§ 216, 16 StGB). 12 Jahre nach Urteilserlaß erhält er ein Auslieferungsbegehren. Legt er die Zuchthausstrafe zugrunde und geht er dann von seiner eigenen Fristenregelung aus[212], ist die Vollstreckungsverjährung noch nicht eingetreten (gemäß § 70 I Z. 3 StGB läuft eine Frist von 15 Jahren), legt er seine höchstmögliche Gefängnisstrafe zugrunde, ist die Vollstreckung bereits verjährt (gemäß § 70 I Z. 4 läuft eine Frist von 10 Jahren). Nach eigenem Recht würde er also die Strafe, die er selbst äußerstenfalls auswerfen dürfte,

---

[209] VON MARTITZ, II, S. 79; FIORE-ANTOINE, II, Nr. 338, S. 514 f.; SAINT-AUBIN, traité, I, S. 755 (als Hinweis auf die von ihm generell abgelehnte Anwendung des Rechts des ersuchten Staates bei der Verjährung); METTGENBERG, Verträge mit der Tschechoslowakei, Anm. 34, S. 22; SCHMITZ-MORKRAMER, S. 43; REGER, S. 49; SAURMA-JELTSCH, S. 27; RINTELEN, S. 37; METTGENBERG-DOERNER, S. 294; H. MEYER, Einlieferung, S. 116; KG DJ 1936, 578; 1938, 1842.

Vgl. auch die entsprechende Regelung in fünf der alten deutschen Auslieferungsverträge, nämlich denen mit Luxemburg, Spanien und Norwegen, jeweils Art. 7; der Schweiz, Art. 5, sowie Großbritannien, Art. V.

[210] Unbekannte ausländische Strafarten gemäß den zu § 38 StrRegVO erlassenen Bestimmungen den entsprechenden Strafarten des deutschen Rechts als des Rechts des ersuchten Staates gleichzusetzen (METTGENBERG-DOERNER, S. 204 f.; H. MEYER, Einlieferung, S. 116; SCHOETENSACK, S. 80; SCHÖNKE, DJ 1936, 578, zu OLG Karlsruhe daselbst), dürfte große Schwierigkeiten aufwerfen. Wie würde z. B. mit der Einheitsstrafe des Criminal Justice Act, 1948, sec. 1, zu verfahren sein? (Darauf weist treffend SCHULTZ, Auslieferungsrecht, S. 347, FN 197 hin.) Und das Ermessen des Auslieferungsrichters entscheiden zu lassen (so KÖHLER, JW 1933, 986, zu OLG Hamburg daselbst), würde der Rechtssicherheit nicht förderlich sein.

[211] Darauf weist auch TRAVERS, droit pénal, IV, Nr. 2163 II, S. 685, hin.

[212] Was unter Umständen schon eine bedenkliche Vermischung der Strafrechtssysteme des ersuchenden und ersuchten Staates bedeuten könnte, vgl. dazu oben sub II 2, S. 105.

nicht vollstrecken dürfen, dem Verfolgten mithin durch eine Auslieferung ein Übel auferlegen, das ihm verboten ist. Zum anderen erhielte er im umgekehrten Falle keine Gegenleistung.

Gerechtigkeit und Reziprozität gebieten nach allem dem ersuchten Staat, bei einem Ersuchen um Auslieferung zur Strafvollstreckung abstrakt auf die nach eigenem Recht höchstmögliche Strafe abzustellen und danach die Verjährung zu prüfen[213].

Auf die Strafe, die er unter den entsprechenden Umständen aussprechen würde[214], darf er nicht abstellen. Die Berücksichtigung aller Einzelheiten der Tat bei der Strafzumessung (vgl. § 267 III StPO) ist, wie bereits mehrfach hervorgehoben, Sache des Tatrichters[215]; dem Auslieferungsrichter — wenn überhaupt ein Richter die Zulässigkeit der Auslieferung überprüft! — ist sie kaum je möglich.

Dem an dieser Stelle vertretenen Ergebnis kann nicht entgegengehalten werden, bei der Auslieferung zur Strafverfolgung spiele eine etwa geringere Strafdrohung nach dem Recht des ersuchten Staates keine Rolle; denn dort bekäme dieser im umgekehrten Falle eine Einlieferung, anders als hier. Zudem ist bei der Auslieferung zur Strafverfolgung die Strafe — ihr Erkenntnis, ihre Vollstreckung — als solche zulässig, während hier die Vollstreckung der Strafe nach dem Recht des ersuchten Staates eben nicht mehr zulässig sein würde[216].

c) Eine gewisse Sonderstellung nimmt in diesem Rahmen das Abwesenheitsurteil ein. Seine Rechtskraft entscheidet sich zwar nach dem unter 3 a) Gesagten gemäß dem Recht des ersuchenden Staates[217]. Abwesenheitsurteilen werden jedoch im innerstaatlichen

---

[213] SCHULTZ, Auslieferungsrecht, S. 346; ebenfalls die alte schweizerische Praxis: BGE 5, 552 (553 E 2); 6, 616 (617); 12, 579 (580 E 2); vgl. noch BILLOT, S. 223.

[214] So aber BENZ, S. 130, 132.

[215] SCHULTZ, Auslieferungsrecht, S. 346; BGE 5, 230 (232 E 3).

[216] SCHULTZ, a. a. O., S. 347.

[217] So ausdrücklich BGHSt. 20, 198 (200 f.); TRAVERS, droit pénal, IV, Nr. 2163 II, S. 685; HERLAN, JZ 1966, 177. Der BGH (a. a. O., S. 201 f.) stellt fest, daß sich eine andere Handhabung von Abwesenheitserkenntnissen nur dann rechtfertigen ließe, „wenn das dem Urteil zugrundeliegende Verfahren gegen übergeordnete, von allen Rechtsstaaten anerkannte Grundsätze verstoßen würde". Das wird verneint auch für den Fall, daß nach dem Recht des ersuchenden Staates ein Abwesenheitsurteil rechtskräftig werden kann, ohne daß der Verurteilte von seinem Erlaß Kenntnis hat.

Anders hier BOUZAT-PINATEL, II, Nr. 1743, S. 1330: Verurteilungen ohne rechtliches Gehör verstießen gegen den französischen ordre public. Daher lassen sie für den vertraglosen Verkehr eine Auslieferung auf Grund eines Abwesenheitsurteils nicht zu. Ähnlich noch DALLOZ, Nr. 18, S. 537 (für Abwesenheitsurteile, gegen die dem Verurteilten kein wirksamer Rechtsschutz zusteht); KREPPEL, S. 74, 77 (für mit „rechtsstaatlichen Grundsätzen" unvereinbare Urteile, wobei der Einzelfall entscheiden soll, S. 82).

Recht oft nicht die Wirkungen von im ordentlichen Verfahren ergangenen Urteilen beigemessen. Diese Abweichungen können sich einmal auf die dem Verurteilten zustehenden Rechtsbehelfe beziehen, mit denen er das Kontumazurteil zu Fall bringen kann, zum anderen aber — hier erheblich — auf Beginn und Dauer der Verjährungsfristen[218]. Da solche besonderen Bestimmungen auf Erwägungen beruhen, die die durch ein Abwesenheitsurteil besonders betroffene Rechtsstellung des Verurteilten verbessern wollen, wundert es nicht, daß die RiVASt vom 27. 3. 1934 in Nr. 143 II anordneten, Auslieferungsbegehren zur Vollstreckung von Strafen aus Abwesenheitsurteilen seien wie solche zur Auslieferung zur Strafverfolgung zu behandeln[219]. Das galt allerdings nur insoweit, als die Auslieferungsverträge Deutschlands nicht eine unbeschränkte Auslieferungspflicht auch für den Fall eines auf ein Abwesenheitsurteil gestützten Auslieferungsbegehrens vorsahen[220].

Die neuen RiVASt vom 15. 1. 1959 haben diese Regel nicht aufgenommen, und zwar konsequenterweise; denn im deutschen Recht gibt es keine besonderen Vorschriften für die Verjährung der Vollstreckung von Strafen aus Abwesenheitsurteilen. Deshalb hat Deutschland als ersuchter Staat bei Ersuchen zur Strafvollstreckung aus solchen Erkenntnissen Vollstreckungsverjährungsgrundsätze anzuwenden[221]. Auch das DAG stellt ja keine Normen über das

---

[218] S. z. B. Benz, S. 133, für einzelne Schweizer Kantone.

[219] Über den Grund dieser Norm vgl. BGHSt. 20, 198 (202) — Vereinheitlichung des Auslieferungsverfahrens — und Herlan, MDR 1951, 182 f. (183), in der Anm. zu OLG Düsseldorf daselbst, S. 181 f., und JZ 1966, 177 — das in der Zulassung von Abwesenheitsurteilen äußerst zurückhaltende deutsche Recht (s. §§ 276 ff. StPO).

[220] Benz, S. 134; OLG Stuttgart (Nebenstelle Karlsruhe) GA 1953, 94 f.

[221] So wohl auch von Martitz, II, S. 79; Grützner, BeiLBdAnz Nr. 157, vom 17. 8. 1961, S. 15 f.; BeiLBdAnz Nr. 212, vom 10. 11. 1965, S. 16; für Frankreich Saint-Aubin, traité, I, S. 759; für Italien Fiore-Antoine, II, Nr. 339, S. 515 f.; für die Schweiz Schultz, Auslieferungsrecht, S. 346; s. noch (alle ohne besondere Hervorhebung) BGE 5, 223 (224 E 2); 6, 432 (433 E 3); 44 I 180 (182 E 2); Linke, öJZ 1959, 119 f.

Die Rechtsbehelfe gegen das Kontumazurteil kann der Ausgelieferte natürlich im ersuchenden Staat, soweit nach dessen Recht zulässig, geltend machen und dadurch unter Umständen erreichen, daß wieder im ordentlichen Verfahren gegen ihn verhandelt wird, das Urteil also seine Wirkung verliert, s. Schultz, a. a. O., S. 191.

Wenn nicht mit Sicherheit die Vollstreckbarkeit des Abwesenheitsurteils feststellbar ist, sollte der ersuchte Staat die Auslieferung allgemein „wegen der dem Abwesenheitsurteil zugrundeliegenden Tat" für zulässig erklären, ohne sich auszusprechen (wegen des Grundsatzes der Spezialität), ob er eine Auslieferung zur Strafverfolgung oder -vollstreckung bewilligt. Die ausländischen Behörden haben dann die Möglichkeit zu vollstrecken, falls

Strafverfahren im ersuchenden Staat auf[222], und aus dem Prinzip der identischen Norm lassen sich auf diesem Gebiet keine Konsequenzen herleiten[223].

Ausdrücklich bestimmen die Auslieferungsverträge Deutschlands mit Frankreich, Art. 3, und Monaco, Art. 2 II, die Gleichbehandlung von An- und Abwesenheitsurteilen. Alle anderen Verträge stellen, wie das europ. AuslAbk., nicht darauf ab, ob dem Ersuchen auf Auslieferung zur Strafvollstreckung ein An- oder Abwesenheitsurteil zugrundeliegt. Eine Ausnahme macht der Vertrag mit Großbritannien, Art. VIII, Abs. 4: Auf Abwesenheitsurteile kann ein Auslieferungsbegehren nicht gestützt werden; hier kommt nur eine Auslieferung zur Strafverfolgung in Frage[224]. Das ist ein Ausfluß der Eigenart des englischen Rechts, das Abwesenheitsurteile kaum zuläßt[225].

Sollte allerdings der ersuchte Staat besondere Vorschriften im Gegensatz zum ersuchenden Staat für die Verjährung der Strafvollstreckung aus Abwesenheitsurteilen haben, muß er diese nach dem Grundsatz der Beachtlichkeit der eigenen Verjährungsregeln berücksichtigen dürfen[226].

4. Die Unterbrechung der Verjährung

a) Grundsätzlich entscheidet sich nach dem oben Gesagten der Eintritt der Verjährung jeweils nach dem Recht beider Staaten. Für die Unterbrechung der Verfolgungs- und Vollstreckungsverjährung hat das, wenn konsequent verfahren wird, folgende Bedeutung: Sollen Unterbrechungshandlungen des ersuchenden Staates beurteilt

---

das nach ihrem Recht zulässig ist, oder aber wieder in die Strafverfolgung einzutreten, wenn das Urteil etwa mit der Rückkehr des Flüchtlings seine Wirkung verliert. So sehr treenend Grützner, BeiLBdAnz Nr. 157, vom 17. 8. 1961, S. 16.

[222] Hervorgehoben von Herlan, MDR 1951, 183.

[223] Vgl. oben Kapitel I § 4 B II 2 d, S. 50; FN 223.

[224] Grützner, Anm. 26 zu Art. VIII des Vertrages, Rechtshilfeverkehr, II G 5, S. 20, dort auch die Übersetzung der Klausel und der Hinweise auf ihre verunglückte Fassung.

[225] Schultz, Auslieferungsrecht, S. 346, FN 190; Fischli, ZStrR 70, 221. Entsprechend verfährt die us-amerikanische Praxis, s. Hackworth, § 317, S. 52; Moore § 102, S. 131 ff.; die Note der USA an Griechenland vom 21. 2. 1964, AJIL 59, 109 f. Ebenso Art. 8 III des Warschauer Entwurfs. Über die ähnliche Haltung der skandinavischen Länder vgl. Grützner, BeiLBdAnz Nr. 157, vom 17. 8. 1961, S. 15 f.

[226] Benz, S. 133 f.; Lammasch, Auslieferungspflicht, S. 437 f. Verfolgungsverjährungsgrundsätze gelten mithin auch, wenn die Auslieferungsverträge selber bestimmte Verfahrensprinzipien festlegen, denen die betreffende Abwesenheitsprozedur nicht genügt.

werden[227], so geht der ersuchte Staat von diesen Handlungen selbst als gegebenen Tatsachen aus und stellt sich dann die Frage, ob sie nach eigenem Recht — bei sinngemäßer Umstellung — gleichfalls zur Unterbrechung der Verjährung führen würden[228]. Er hat also so zu tun, als ob die handelnden ausländischen Behörden seine eigenen wären[229]. Zweifel an einer wirksamen Unterbrechung nach eigenem Recht, selbst wenn nach den Vorschriften des ersuchenden Staates die Verjährung unterbrochen worden ist[230], können sich dabei in zweierlei Hinsicht ergeben:

Einmal kann eine Behörde gehandelt haben, die nach eigenem Recht nicht zuständig gewesen sein würde. So verlangt § 68 StGB das Tätigwerden eines Richters, gemäß Art. 72 Z. 2 I schwz. StGB reicht eine Untersuchungshandlung der Strafverfolgungsbehörde oder des Gerichts gegen den Täter aus. Hat also z. B. noch kein Schweizer Richter innerhalb der Verjährungsfrist etwas gegen den Täter unternommen, sondern nur der Staatsanwalt, wird Deutschland eine Unterbrechung nicht anerkennen können, es ist eine nach deutschem Recht unzuständige Behörde tätig geworden[231].

Zum anderen darf der ersuchte Staat keine Maßnahmen beachten, die nach eigenem Recht generell untauglich zur Unterbrechung sind; damit sind die gemeint, von denen gesagt wird, sie seien „der Art nach" nicht zur Unterbrechung geeignet[232]. Untaugliche Handlungen sind nach deutschem Recht z. B. solche, die ohne sachlichen Anlaß nur zum Zwecke der Unterbrechung getroffen worden sind oder die nicht die Erledigung der Sache fördern[233].

---

227 Warum diese unbeachtlich sein und nur Unterbrechungshandlungen des ersuchten Staates zu berücksichtigen sein sollen (METTGENBERG, Verträge mit der Tschechoslowakei, Anm. 34, S. 22), ist nicht einzusehen. (METTGENBERG hat seine Ansicht bald aufgegeben, vgl. DJ 1934, 1555, zum KG daselbst, S. 1554 f., ausdrücklich wie hier auch LANGHARD, S. 25; REISNER, Voraussetzungen, S. 52).

228 LAMMASCH, Auslieferungspflicht, S. 435; VON MARTITZ, II, S. 79 f.; DELIUS, Auslieferungsrecht, S. 31; COHN, S. 20; LOHMANN, S. 126 f.; DEURINGER, S. 11; SCHMITZ-MORKRAMER, S. 43; GROS, S. 23; REGER, S. 49; RINTELEN, S. 37; SAURMA-JELTSCH, S. 27; REISNER, Voraussetzungen, S. 52; SCHULTZ, Auslieferungsrecht, S. 334; BENZ, S. 125; BARDET, S. 24; SCHWARZENBACH, S. 221; VIOLET, S. 179; BGHSt. 20, 198 (199); BGE 19, 131 (133 E 2); 34 I 358 (365 E 2).

229 LIENHART, S. 93 (für die interkantonale Auslieferung).

230 Ist die Verjährung nur nach dem Recht des ersuchten, nicht nach dem des ersuchenden Staates unterbrochen, kommt eine Auslieferung nicht in Frage, s. MEYER, Einlieferung, S. 116.

231 So wohl auch MEYER, a. a. O., S. 116; METTGENBERG-DOERNER, S. 295; MÜNCHHAUSEN, S. 51.

232 SCHULTZ, a. a. O., S. 344; BENZ, S. 125.

233 SCHÖNKE-SCHRÖDER, Rdn 6, 10 ff., 14 zu § 68 StGB.

b) Dieses Ergebnis ist nicht unbestritten geblieben. Allgemein wird dagegen eingewandt[234], es sei weder „rationnel“ noch „satisfaisant“, daß der ersuchte Staat die Verjährung und ihre Unterbrechung nach eigenem Recht beurteile, wo diese nie seinen Regeln unterworfen gewesen sei und deshalb auch nicht nach seinen Regeln unterbrochen werden könne[235]. Auf der gleichen Linie liegt das Bedenken[236], es müsse genügen, wenn die Behörden des ersuchenden Staates nach dessen Recht für die Unterbrechung der Verjährung zuständig gewesen seien; der Natur der Sache nach seien die zuständigen Behörden immer die des ersuchenden Staates; durch Handlungen des ersuchten Staates könne in aller Regel die Verjährung nicht unterbrochen werden, da diesen meist die Strafkompetenz fehle, und sei der ersuchte Staat strafkompetent, werde er sowieso grundsätzlich nicht ausliefern[237].

Diese Argumentation ist aber nicht richtig. Natürlich sind in den meisten Auslieferungsfällen die Behörden des ersuchten Staates nicht „wirklich“ zur Strafverfolgung oder -vollstreckung zuständig, und natürlich ist in aller Regel die Verjährung nicht seinem Recht unterworfen. Darauf kommt es jedoch nicht an. Gemäß dem Grundsatz der sinngemäßen Umstellung ist vielmehr zu fragen, ob, wenn der ersuchte Staat einen Strafanspruch hätte, dieser durch die zu beurteilende Handlung — unterstellt, die der ausländischen entsprechende eigene Behörde wäre tätig gewesen — vom Hemmnis der Verjährung befreit worden wäre. Die Zuständigkeit der unterbrechenden Behörde ist keine umstellungsfähige Tatsache, sondern eine Rechtsfrage, die der ersuchte Staat nach eigenem Recht prüfen muß, genau wie das Problem der generellen Eignung der Maßnahme zur Unterbrechung[238].

---

[234] MERCIER, S. 194 f.; für die Unterbrechung nach dem Recht des ersuchten Staates ebenfalls kritisch Harvard comment, S. 99 f.

[235] Ebenfalls GRÜTZNER ist der Auffassung, wie er zum dt.-belg., dt.-franz. und dt.-österr. AuslVer., allerdings ohne Begründung, ausführt, auch für den ersuchten Staat sei die Verjährung unterbrochen, wenn eine nach dem Recht des ersuchenden Staates dazu geeignete Maßnahme dort vorgenommen worden sei, vgl. Rechtshilfeverkehr, Anm. 11 zu Art. 8 dt.-belg. AuslVer., II B 1, S. 11 f.; Anm. 26 zu Art. 7 dt.-franz. AuslVer., II F 4, S. 12 b; Anm. 22 zu Art. 9 dt.-österr. AuslVer., II O 1, S. 4 e/f.

[236] S. BENZ, S. 124—126.

[237] Im übrigen folgt BENZ der hier vertretenen Ansicht.

[238] Wegen ihrer unmittelbaren Bedeutung für die Strafwürdigkeit der verfolgten Tat, mithin das öffentliche Interesse an der Bestrafung des Täters ist die Verjährung — einschließlich ihrer Unterbrechung — auch kein Grund, der lediglich „rein verfahrensrechtlich ... der gerichtlichen Verfolgung entgegenstehen würde“ (RGSt. 65, 269, 270). Daher greift hier der nur für rein verfahrensrechtlich bedeutsame ausländische Hoheitsakte geltende Satz „locus regit actum“ nicht ein.

c) So prüft die deutsche Rechtsprechung — neben der allgemeinen Geeignetheit — jeweils nach, ob die die Verfolgungsverjährung betreffenden Handlungen von einem ausländischen Richter vorgenommen worden sind[239]. Da zur Unterbrechung der Vollstreckungsverjährung gemäß § 72 StGB auf Vollstreckung der Strafe gerichtete Maßnahmen der Behörden erforderlich sind, denen „die Vollstreckung obliegt", genügt es, daß der im Einzelfall handelnden ausländischen Behörde diese Aufgabe zugewiesen war[240], auch wenn in Deutschland als dem ersuchten Staat eine andere Behörde zuständig sein würde. Das ergibt die Qualifikation der jeweils tätigen Behörde nach deutschem Recht — während einem deutschen Richter nur ein ausländischer Richter entspricht, entspricht der deutschen Behörde, der die Vollstreckung obliegt, eben stets die ausländische Behörde mit derselben Aufgabe für den Einzelfall[241].

d) Auch die eine Auslieferung vorbereitenden Handlungen können im übrigen eine Unterbrechung der Verjährung bewirken, so der Haftbefehl und das Urteil im ersuchenden Staat (Verfolgungsverjährung) und das Auslieferungsersuchen (Vollstreckungsverjährung)[242].

5. Das Ruhen der Verjährung ist sowohl nach dem Recht des ersuchenden als auch dem des ersuchten Staates zu berücksichtigen[243].

Ein interessantes Beispiel für die Durchführung der „sinngemäßen Umstellung; ergibt sich dabei aus Art. 72 Z. 1 schwz. StGB, nach dem die Verfolgungsverjährung ruht, wenn der Täter „im Ausland" eine Freiheitsstrafe verbüßt. Für die Schweiz bedeutet das bei der Prüfung des Eintritts der Verjährung nach eigenem Recht — entsprechend der Grundsätze des BGH zum Rückfall[244] —, daß die Verbüßung einer Strafe im ersuchenden Staat, obwohl für diesen „im Inland", als eine solche „im Ausland" gilt; denn hier darf, da es sich nicht um staats- oder völkerrechtliche Bezüge handelt, nicht umgestellt werden.

---

239 OLG Stuttgart JW 1930, 2609; OLG Dresden JW 1931, 2875; OLG Rostock JW 1932, 2351; KG JW 1933, 989; 1934, 1554. S. noch BGE 19, 131 (133 E 2); 34, 358 (365 E 3). So wohl auch von BAR, Lehrbuch, S. 298, FN 6.

240 S. BayObLG JW 1931, 253; KG JW 1932, 2350 (ohne Hervorhebung).

241 Wenn einer der Vertragspartner diese Konsequenzen als zu hart empfindet, wird gerade hier für ihn ein Anlaß bestehen, den anderen Teil zur Übernahme von besonders die Verjährungsunterbrechung regelnden Bestimmungen in den Vertrag zu bewegen, vgl. SCHULTZ, Auslieferungsrecht, S. 341, FN 168.

242 S. allgemein MEYER, Einlieferung, S. 114; SCHULTZ, Auslieferungsrecht, S. 344 f.

243 MÜNCHHAUSEN, S. 51; GROS, S. 23; GROSCH, S. 19 (die beiden letzteren ausdrücklich nur für das Recht des ersuchten Staates).

244 Vgl. oben FN 200, 201.

Über das Ergebnis läßt sich allerdings streiten[245]. Es zeigt jedenfalls, daß die „sinngemäße Umstellung" in Detailfragen durchaus noch zu Zweifeln Anlaß geben kann[246].

B. Die zweite Gruppe: Verfahrensvoraussetzungen ohne auslieferungshindernde Wirkung

I. *Die Immunität*

1. Die Immunität der Bundestagsabgeordneten gemäß Art. 46 II GG[247] ist im Unterschied zur Indemnität ein auf die Dauer des Mandats begrenztes[248] Prozeßhindernis[249]. Ursprünglich hatte die Immunität vor allem den Zweck, dem Abgeordneten Schutz vor willkürlicher Verfolgung durch die Regierung zu bieten. Dieser Schutz erscheint auch heute noch als sinnvoll; allerdings dient die Immunität nunmehr hauptsächlich der Aufrechterhaltung der Funktionsfähigkeit und des Ansehens des Parlaments[250]. Die Immunität ist mithin ein Privileg des Parlaments[251] mit einer Reflexwirkung auf einen bestimmten Personenkreis, das aus rein innenpolitischen Gründen geschaffen wurde und mit den Anschauungen eines Staates (hier: Deutschland) von Recht und Unrecht nichts zu tun hat[252].

---

245 Schultz, a. a. O., S. 345, und FN 188, 189, stellt hier um: Die Verbüßung im ersuchenden Staat wird zu einer im ersuchten Staat, also im Inland; „im Ausland" sei jede Strafverbüßung außerhalb des ersuchenden Staates, mithin auch im ersuchten Staat. Eine nähere Begründung gibt Schultz, a. a. O., nicht; er scheint davon auszugehen, daß nur so der Sinn des Merkmals „im Ausland" gewahrt bleibt.

246 Im gleichen Sinne Herlan, GA 1957, 238, der beklagt, die sinngemäße Umstellung sei „noch nirgends wirklich erschöpfend behandelt". Es ist aber darauf hinzuweisen, daß die fragwürdigen Umstellungsfälle nur selten vorkommen und daß, zumindest im grundsätzlichen, die sinngemäße Umstellung nach der hier dargestellten Methode (s. Kapitel III § 1, S. 69 ff.) eine befriedigende und konsequente Behandlung der Auslieferungsfälle ermöglicht.

247 Entsprechendes gilt für die Landtagsabgeordneten in den einzelnen Ländern, vgl. z. B. Art. 48 Verf.NW.; die Immunität in den einzelnen Ländern wirkt auch für den Bund und die anderen Länder, s. § 152 a StPO.

248 Maunz-Dürig, Rdn 37 zu Art 46 GG.

249 Maunz-Dürig, Rdn 28, a. a. O.; Schönke-Schröder, Rdn 1, 2 zu § 11 StGB; Bockelmann, S. 28. Die begriffliche Unterscheidung Indemnität — Immunität ist Gegenstand der staatsrechtlichen Kritik, s. Maunz-Dürig, Rdn 5, a. a. O.

250 Vgl. hierzu allgemein Maunz-Dürig, Rdn 26, a. a. O.; Herlan, MDR 1950, 519; JR 1951, 327; Bockelmann, S. 10, 17 f.; OLG Celle JZ 1953, 564, mit zustimmender Anm. von Bockelmann, daselbst, S. 565.

251 Maunz-Dürig, Rdn 27, a. a. O.

252 Treffend Benz, S. 160—162.

2. Damit dürfte das Ergebnis feststehen: Die Immunität des Täters nach dem Recht des ersuchten Staates ist kein Auslieferungshindernis[253], obwohl dieser selbst unter Zugrundelegung des umgestellten Sachverhalts gegen den Täter keinen Strafprozeß durchführen bzw. kein Sachurteil erlassen könnte[254]. Der ersuchte Staat hat keinen Anspruch darauf, daß der ersuchende Staat eine nach eigenem Recht nicht erforderliche[255] Verfolgungsbewilligung beibringt.

Durch die Nichtbeachtung der nach eigenem Recht (hypothetisch) gegebenen Immunität im Auslieferungsverkehr verletzt der ersuchte Staat nicht seine Souveränität. Mit seinen Anschauungen von der Strafwürdigkeit der Tat hat die Einrichtung der Immunität nichts zu tun; kriminalpolitische Erwägungen verlangen keineswegs ihre Berücksichtigung. Der ersuchte Staat hat genausowenig ein Interesse an der Durchsetzung von Auffassungen, die auf einer speziellen innenpolitischen Lage beruhen wie an der Durchsetzung von Eigentümlichkeiten, die z. B. seinen besonderen geographischen Verhältnissen entspringen[256]. Er muß anerkennen, daß die innenpolitischen Grundlagen im ersuchenden Staat ganz anders geartet sein und z. B. keinen Schutz des Abgeordneten und keine Sicherung der Arbeit des Parlaments erforderlich machen können. Das Interesse des ersuchenden Staates, seinen Strafanspruch gegenüber dem Täter durchzusetzen, hat hier Vorrang vor dem geringen Interesse des ersuchten Staates, seine innenpolitischen Verhältnisse im internationalen Bereich zum Tragen kommen zu lassen.

3. Ungeachtet dieser Argumente wird die Berücksichtigung der Immunität nach dem Recht des ersuchten Staates aufgrund der formalen Gegenseitigkeit verlangt[257]. Die Anwendung der strengen Reziprozität, die kleinlich für jeden Einzelfall ohne Berücksichtigung der Interessenlage herangezogen wird, liegt jedoch nicht im Sinn des Instituts der Auslieferung. Allerdings ist zu betonen, daß der Fall einer Auslieferung an ein Land, das den Angehörigen seiner gesetzgebenden Organe keine Immunität gewährt, recht selten sein wird.

4. Deutschlands Auslieferungsverträge schweigen zu diesem Thema. Setzen sie die beidseitige Verfolgbarkeit als Auslieferungsvoraus-

---

[253] S. von Cleric, SJZ 18, 117.

[254] So auch Benz, a. a. O., allerdings vor allem mit dem Gedanken, ein Verfolgungshindernis müsse „ganz objektiv hinsichtlich eines Täters zutreffen" (S. 161).

[255] Kann der ersuchende Staat die nach eigenem Recht notwendige parlamentarische Ermächtigung nicht beibringen, darf allerdings nicht ausgeliefert werden.

[256] Vgl. dazu oben Kapitel I § 3, S. 41 ff.

[257] H. Meyer, Einlieferung, S. 122; wohl auch Mettgenberg, SJZ 18, 238. Ebenso § 4 Z. 2 DAG (für Deutschland als ersuchten Staat), aber nicht explizit.

setzung fest, ist die Immunität auch nach dem Recht des ersuchten Staates zu berücksichtigen. Die vertraglose Auslieferung steht grundsätzlich im Belieben des ersuchten Staates[258]; deshalb mag er hier die Immunität nach eigenem Recht als Verweigerungsgrund berücksichtigen; Deutschland muß es sogar gemäß § 4 Z. 2 DAG. Wünschenswert ist das aber nicht: Kein wesentlicher Grund fordert ein solches Verfahren.

II. *Begnadigung und Amnestie*

1. Die Begnadigung bedeutet den Erlaß einer bereits ausgesprochenen Strafe gegenüber einem einzelnen Täter, die Amnestie wird für eine ganze Gruppe von Tätern erlassen, ob sie schon verurteilt sind oder nicht, ob ein Strafverfahren bereits begonnen wurde oder nicht; die Amnestie kann „Begnadigung und Abolition in einem" sein[259]. Begnadigung und Amnestie heben einmal nachträglich den Strafanspruch des Staates als persönliche Strafausschließungsgründe auf[260], zum anderen sind sie Strafverfolgungs- und -vollstreckungshindernisse[261]. Da das DAG den „Gnadenerlaß"[262] unter den Verfolgungshindernissen behandelt, wird auch in der vorliegenden Arbeit die Begnadigung mit der Amnestie unter den Prozeßvoraussetzungen (negativ ausgedrückt: Verfahrenshindernissen) erörtert[263].

2. Wenn der Täter im ersuchenden Staat begnadigt worden ist, darf er dort weder bestraft noch verfolgt werden; also wäre eine Auslieferung zur Verfolgung oder Vollstreckung einer Strafe gegen den Täter sinnlos[264]. Wird der Verfolgte im ersuchten Staat begnadigt, so setzt das voraus, daß auch dieser wegen derselben Tat einen Strafanspruch und Gerichtsbarkeit hat, und schon allein deswegen

---

[258] Selbst wenn alle Voraussetzungen eines Auslieferungsgesetzes erfüllt sind, braucht der ersuchte Staat nicht auszuliefern, so ausdrücklich REISNER, DJ 1934, 574, zu OLG München daselbst, S. 573 f.

[259] SCHULTZ, Auslieferungsrecht, S. 340, FN 162. Beispiel für eine Amnestie ist das deutsche StFG vom 31. 12. 1949.

[260] SCHÖNKE-SCHRÖDER, Rdn 97 vor § 51 StGB.

[261] Vgl. z. B. die Formulierung von § 4 Z. 2 DAG.

[262] Im weiten Sinn als die Amnestie mit umfassend verstanden, s. METTGENBERG-DOERNER, S. 294; REISNER, DJ 1934, 1553 f., zu KG daselbst, S. 1553.

[263] SCHULTZ, der selber ausdrücklich Strafverfolgungshindernisse innerhalb des Prinzips der identischen Norm nicht berücksichtigt (Auslieferungsrecht, S. 336, FN 138, S. 337) und der selber auf die wesentlichen Unterschiede zwischen Begnadigung und Amnestie hinweist (a. a. O., S. 335, FN 134), bei letzterer besonders ihren Charakter als Strafverfolgungshindernis betont, gibt der Amnestie doch eine beschränkte Wirkung als Auslieferungshindernis.

[264] SCHULTZ, a. a. O., S. 340; KOHLER, S. 167; AuslAbk. von Montevideo, Art. 3 lit. b.

wird in aller Regel keine Auslieferung erfolgen[265]. Einer Auslieferung steht im übrigen noch der Charakter der Begnadigung als persönlicher Strafausschließungsgrund entgegen[266].

3. Eine Amnestie im ersuchenden Staat, die auch die verfolgte Tat trifft, ist gleichfalls ein Auslieferungshindernis — wegen der Unfähigkeit des ersuchenden Staates, nun noch seinen ehemaligen Strafanspruch geltend zu machen[267].

4. Sehr umstritten ist dagegen, ob ein StFG des ersuchten Staates einer Auslieferung generell entgegenstehen soll[268] oder nur dann, wenn der ersuchte Staat einen Anspruch auf Bestrafung des Täters hat, die verfolgte Tat also auch seiner Gerichtsbarkeit unterliegt[269]. Auf diese Frage eines „réponse tranchée" zu geben, ist in der Tat schwierig[270], die Argumente beider Seiten haben viel für sich.

a) Die eine Ansicht meint, die Amnestie sei ein Verzicht eines Staates auf einen ihm zustehenden Strafanspruch; habe ein Staat keinen

[265] Schultz, a. a. O.; Saint-Aubin, traité, I, S. 716; vgl. auch Benz, S. 135; Kohler, S. 167; Reisner, Voraussetzungen, S. 54 f.

[266] „Arglistige" Begnadigungen, also solche, die nach Eingang des Auslieferungsersuchens oder zum Schutz des Verfolgten vor einem erwarteten Ersuchen ergehen, werden allerdings nicht zu berücksichtigen sein, so von Bar, Lehrbuch, S. 54; Th. Meyer, S. 94; Reisner, a. a. O., S. 54; Fraustädter, Anm. 2 b zu § 4 DAG, S. 39; Saurma-Jeltsch, S. 27; Hahn, S. 34.

[267] H. Meyer, Einlieferung, S. 117; Brandstetter, Rdn 34 zu § 1 StFG 1949, S. 33; Herlan, MDR 1951, 182 f. (183), zu OLG Düsseldorf daselbst, S. 181 f.; Grützner, BdAnz Nr. 130, vom 9. 7. 1952, S. 7; Saint-Aubin, traité, I, S. 724; AuslAbk. von Montevideo, Art. 3 lit. b; Schultz, Auslieferungsrecht, S. 340, mit der Einschränkung, daß „durch eine besondere Verfügung diese Amnestie auf die gegen den Verfolgten eingeleitete Strafverfolgung angewendet wurde".

Anders Bernard, II, S. 447 — keine Berücksichtigung der Amnestie des ersuchenden Staates; der ersuchte Staat dürfe eine fremde Amnestie nicht auslegen.

[268] So vor allem Mettgenberg-Doerner, S. 305 f.; H. Meyer, a. a. O., S. 116, 119—121; Dalcke-Fuhrmann-Schäfer, Anm. 4 zu § 4 DAG; Brandstetter, a. a. O.; RGSt. 70, 74 (81 f.), für den dt.-schwz. AuslVer., den im konkreten Fall gegebenen deutschen Strafanspruch ausdrücklich für unbeachtlich erklärend, mit zustimmender Anm. von Reisner, DJ 1936, 559; BGHSt. 1, 222 (227—229), für den 1951 noch vertraglosen deutsch-österreichischen Auslieferungsverkehr; OLG Königsberg DJ 1936, 572, mit hier zustimmender Anm. von Schmidt daselbst, S. 573; Reisner, DJ 1934, 1556, zu OLG Karlsruhe daselbst, S. 1555; DJ 1934, 1558, zu OLG Hamm daselbst, S. 1557; DJ 1936, 558, zu OLG Dresden daselbst, S. 557 f.; OLG Hamm NJW 1951, 208; wohl auch Mettgenberg, SJZ 18, 238.

[269] So wohl Schultz, a. a. O., S. 339; Jescheck, ZStW 66, 538; Grützner, ZStW 68, 513; „Auslieferung", S. 120; BdAnz Nr. 130, vom 9. 7. 1952, S. 8; Nr. 8, vom 14. 1. 1953, S. 14; OLG Karlsruhe DJ 1934, 1555 f.; Linke, öJZ 1959, 122.

[270] Levasseur, Nr. 91.

solchen Anspruch, könne er auch nicht auf ihn verzichten. Deshalb dürfe im Auslieferungsverkehr eine Amnestie nur bei ebenfalls gegebener Gerichtsbarkeit des ersuchten Staates beachtlich sein. Entscheide man anders, entstehe die Gefahr, daß geschickte Verbrecher sich die Amnestie im ersuchten Staat zunutze machten und in Scharen dorthin strömten.

b) Die andere Meinung führt aus, genau wie bei den anderen Verfolgungshindernissen komme es gemäß § 4 Z. 2 DAG bei der Amnestie nicht darauf an, ob sie einen tatsächlich bestehenden Strafanspruch beseitige, sondern nur, ob dieser beseitigt würde, wenn er bestünde[271]. Im Gegensatz zu § 4 Z. 3 DAG setze § 4 Z. 2 nur das hypothetische Bestehen eines Strafanspruchs voraus und wolle keine staatlichen Hoheitsakte schützen. Sicherlich könne auf einen nicht bestehenden Strafanspruch nicht verzichtet werden, sicherlich reiche eine Amnestie nur soweit wie die Staatshoheit des betreffenden Landes[272]. Doch nach dieser einseitigen Betrachtungsweise dürfe auch eine Verjährung gemäß dem Recht des ersuchten Staates nicht berücksichtigt werden; denn sie bringe gleichfalls, wenn der ersuchte Staat keine Gerichtsbarkeit habe, keinen wirklich vorhandenen Strafanspruch zum Erlöschen, sondern nur einen gedachten[273].

Bei solcher Lage geböten Gegenseitigkeit und Gerechtigkeit die Beachtung der Amnestie: Liefere der ersuchte Staat aus, so erhielte er nie eine Gegenleistung, da er im entsprechenden Fall eben wegen der aufgrund der Amnestie bestehenden Unmöglichkeit der Strafverfolgung nicht in die Lage komme, ein Auslieferungsbegehren zu stellen[274]. Zudem werde der ausländische Verbrecher ungerecht benachteiligt, wenn der im ersuchten Staat handelnde Täter, obwohl er eine entsprechende Tat begangen hat, freigelassen, er jedoch wegen seiner zufällig im Ausland durchgeführten Handlung zur Bestrafung ausgeliefert werde[275].

Vor allem wird noch § 4 II Z. 3 StGB zur Begründung herangezogen[276]. Werde der Täter nicht ausgeliefert und mache Deutschland von seiner Gerichtsbarkeit gemäß dieser Bestimmung Gebrauch, so sei sicherlich das StFG zu berücksichtigen; werde es aber um Auslieferung ersucht — und das sei der seltenere Fall —, müsse das gleiche gelten; der ersuchte Staat (hier: Deutschland) dürfe die Wirksamkeit seiner Amnestie nicht von der Zufälligkeit des Eingehens eines Auslieferungsbegehrens abhängig machen. Sonst habe es der ersuchende Staat

---

[271] BGHSt. 1, 226 f.

[272] BGHSt. 1, 227 f.; H. MEYER, Einlieferung, S. 118; auch RGSt. 70, 77.

[273] BGHSt. 1, 228.

[274] BGHSt. 1, 228 f.; H. MEYER, a. a. O., S. 120 f.; REISNER, a. a. O.

[275] H. MEYER, Einlieferung, S. 120. Ohne weitere Ausführungen argumentieren METTGENBERG-DOERNER, S. 305, mit der Gerechtigkeit.

[276] Vgl. zum folgenden besonders H. MEYER, a. a. O., S. 118 f.

praktisch in der Hand, ob der ersuchte Staat seine Amnestie durchsetzen könne oder nicht.

c) Die letztere Ansicht läßt — Konsequenz der strengen Konzeption von der Gegenseitigkeit — Sinn und Ursprung einer Amnestie sowie ihre Einwirkung auf die Strafwürdigkeit der Tat außer acht[277]. Diese Kriterien zeigen allein auf, ob der ersuchte Staat nach der materiell verstandenen Gegenseitigkeit ein gerechtfertigtes Interesse an der Durchsetzung seiner Amnestie haben kann, wenn ein eigener Strafanspruch fehlt[278]. Durch ein StFG verzichtet der ersuchte Staat wegen seiner besonderen innen-, wirtschafts- und sozialpolitischen Lage[279] auf die Ahndung bestimmter nicht sehr erheblicher Straftaten[280]. Sicherlich hält er wegen dieser seiner besonderen inneren Umstände auch die Strafwürdigkeit der betroffenen Taten für geringer. Nichtsdestoweniger bleibt die Amnestie ein auf den besonderen inneren Verhältnissen eines Staates beruhendes Institut, auf dessen Durchsetzung im internationalen Bereich dieser etwa aus Gründen der Souveränität keinen Wert legen sollte[281]. Wie ein Land auf innere, nur bei ihm vorhandene Schwierigkeiten reagiert, beansprucht keinerlei Allgemeingültigkeit. Eine andere Entscheidung bedeutete einen

---

[277] Daß gemäß den zur „sinngemäßen Umstellung" dargelegten Grundsätzen ein StFG im ersuchten Staat prinzipiell zu berücksichtigen ist, unabhängig von seinem Strafanspruch im konkreten Fall, da die Tatsache der Amnestierung naturgemäß nicht umgestellt gedacht werden kann (s. Herlan, JZ 1951, 147, zu OLG Hamm daselbst, S. 146 f.) muß zugegeben werden. Doch nach diesem formalen Kriterium, das hier zudem nur zur Wahrung der strengen Gegenseitigkeit dient, darf das Problem nicht entschieden werden.

[278] Ansätze zu einer solchen Betrachtungsweise finden sich bei RGSt. 70, 74 (81 f.), wo für den dt.-schwz. AuslVer. ausgeführt wird, die Amnestie habe ähnliche Wirkungen wie die ausdrücklich als Auslieferungshindernisse vorgesehene Rechtskraft (Art. 3) und Verjährung (Art. 5). Ähnlich im übrigen auch Brandstetter, Rdn 34 zu StFG 1949, S. 33. Es erscheint aber — abgesehen von der Frage, ob diese Argumentation überhaupt schlüssig ist — als sehr zweifelhaft, ob eine solche Vertragsauslegung dem maßgeblichen Willen der Vertragspartner entspricht, vgl. die Kritik zur Entscheidung in der Anm. von Reisner, DJ 1936, 559. Wie das RG allerdings noch OLG Köln GA 1954, 95.

[279] Das zeigen schon die Daten zweier deutscher StFG'e — 7. 8. 1934 und 31. 12. 1949.

[280] Das erkennt auch BGHSt. 1, 228 f., an.

[281] In diesem Sinne andeutungsweise OLG Karlsruhe DJ 1935, 1555, in der Hauptsache jedoch mit der Begründung, eine Norm wie § 4 Z. 2 DAG könne einseitig die im Vertrag mit der Schweiz übernommenen Auslieferungspflichten nicht einschränken. Anders hier ausdrücklich das RG in FN 278.

Eingriff in die Souveränität des ersuchenden Staates, der allein auf den ihm zustehenden Strafanspruch verzichten kann[282].

Dabei ist es noch nicht einmal so wichtig, ob es einen großen Anreiz für ausländische Rechtsbrecher bedeutet, in den ersuchten Staat zu flüchten, wenn dieser stets eine Amnestie nach eigenem Recht als Auslieferungshindernis betrachtet[283]. Jedenfalls ist es nicht ungerecht, wenn ein Angehöriger des ersuchten Staates frei ausgeht, der Ausländer dagegen, der eine im Unrechtsgehalt entsprechende Tat begangen hat, ausgeliefert wird. Sein Staat hat die Tat nicht amnestiert, und sein Vertrauen darauf, ausschließlich nach dem Recht des ersuchten Staates behandelt zu werden, ist nicht schützenswert.

Die Argumentation mit § 4 II Z. 3 StGB verkennt, daß durchaus nicht wünschenswert ist, wenn ein Staat mit Hilfe einer solchen Bestimmung seine Strafkompetenz so weit ausdehnt[284]. Daß § 4 Z. 2 DAG die Beachtung einer Amnestie ohne Rücksicht auf das Bestehen eines eigenen Strafanspruchs Deutschlands fordert, mag Tatsache sein, ist aber zumindest de lege ferenda reformbedürftig[285]. Jedenfalls für den Auslieferungsverkehr mit Ländern, mit welchen Verträge ohne Erwähnung der Amnestie oder besondere Statuierung des Erfordernisses beidseitiger Verfolgbarkeit bestehen, sollte diese — wenn überhaupt — nur dann ein Auslieferungshindernis sein, wenn auch der ersuchte Staat einen Strafanspruch hat; hier gilt dasselbe wie für alle nicht die Strafwürdigkeit einer Handlung tangierenden Prozeßvoraussetzungen[286]. Da bei Bestehen eines eigenen Strafanspruches für den ersuchten Staat sowieso selten eine Auslieferung in Frage kommt, bedeutet das keine einseitige Einschränkung vertraglich übernommener Pflichten; wird dagegen auch bei einem zur Amnestie oder beidseitigen Verfolgbarkeit schweigenden Vertrag diese nach dem Recht des ersuchten Staates generell berücksichtigt, so nähert sich das in bedenklicher Weise einer solchen einseitigen Beschränkung[287].

d) Die Nichtberücksichtigung der Amnestie durch den ersuchten Staat verstößt auch nicht gegen den Grundsatz beidseitiger Strafbarkeit. Die Amnestie hat (im deutschen Recht) zwar Doppelcharakter[288] — wie bereits dargelegt, wirkt sie prozessual als Verfahrenshindernis, materiell-rechtlich als persönlicher Strafaufhebungsgrund —; das heißt aber nicht, daß sie als Strafaufhebungsgrund nach dem Recht

---

[282] Vgl. oben zur Todesstrafe Kapitel I § 2 D I, S. 34 ff.

[283] So Grützner, BdAnz Nr. 130, vom 9. 7. 1952, S. 8.

[284] Vgl. Kapitel I § 2 D I 2 c, S. 37.

[285] So auch Jescheck, ZStW 66, 528.

[286] S. Kapitel I § 4 B II 2 b, S. 49.

[287] Vgl. die FN 278, 281 dieses Kapitels; Grützner, BeiLBdAnz Nr. 171, vom 15. 9. 1964, S. 15, besonders für die Amnestie.

[288] S. z. B. Schäfer, bei Löwe-Rosenberg, Kapitel 10 B 5, S. 99.

des ersuchten Staates unbedingt zu berücksichtigen sei. Denn anders als z. B. bei den objektiven Strafbarkeitsbedingungen gebieten nach den obigen Ausführungen dem ersuchten Staat seine öffentliche Meinung, seine Souveränität und seine Vorstellungen von Gerechtigkeit kein solches Vorgehen. Denn — welches Ergebnis die Umstellung des Sachverhalts auch immer herbeiführt — daß der ersuchte Staat in Wirklichkeit die verfolgte Tat nicht amnestiert hat, daß die Gründe, die zur Amnestie im eigenen Lande gedient haben, auf die verfolgte Tat nicht zutreffen, läßt sich nicht bestreiten.

e) Sämtliche von der Bundesrepublik Deutschland geschlossenen Auslieferungsvereinbarungen berücksichtigen eine Amnestie im ersuchten Staat nur, wenn dieser einen originären Strafanspruch gegenüber dem Täter besitzt: so die Verträge mit Belgien, Art. 7 II; Frankreich, Art. 7 II Z. 4; Monaco, Art. 8 Z. 4; Österreich und Portugal, jeweils Art. 8. Auch ein großer Teil der internationalen Lehre läßt eine Amnestie des ersuchten Staates wegen ihres nationalen Charakters im Auslieferungsverkehr außer acht[289].

f) Für den vertraglosen Auslieferungsverkehr gilt das zur Immunität Gesagte entsprechend.

III. *Der Strafantrag*

1. Die herrschende Meinung in Deutschland ordnet den Strafantrag unter die Prozeßvoraussetzungen ein[290]. Ähnlich verfahren im übrigen die Schweiz[291] und Österreich[292]. Hier wie bei den anderen Voraussetzungen der Verfolgbarkeit entscheiden Sinn und Zweck des Instituts darüber, ob es im Auslieferungsrecht zu berücksichtigen ist[293].

Der Zweck des Antragserfordernisses ist ein doppelter: Bei einer Gruppe von Delikten wird die Allgemeinheit so wenig verletzt, daß

---

[289] Grützner, Anm. 40 zu Art. 7 dt.-belg. AuslVer., Rechtshilfeverkehr, II B 1, S. 11; BeiLBdAnz Nr. 207, vom 26. 10. 1960, S. 4; Saint-Aubin, traité, I, S. 724 f.; Begründung zu Art. 8 dt.-portug. AuslVer., S. 19; ähnlich Brandstetter, Rdn 34 zu § 1 StFG 1949, S. 32 (ohne allerdings die sich daraus ergebenden Konsequenzen zu ziehen). Auch Levasseur, Nr. 91, hält die Lösung in den hier aufgeführten Verträgen für die beste.

[290] Vgl. RGSt. 75, 304 (311); BGHSt. 6, 155 (155 f.); Schönke-Schröder, Rdn 8 zu § 61 StGB; Schröder (a. a. O., Rdn 9) weist auch auf die abweichenden Auffassungen hin, die dem Antrag den Charakter einer prozessual-materiellrechtlichen Randerscheinung beimessen.

[291] So die neuere Praxis, s. BGE 69 IV 69 (74 E 5); 81 IV 90 (92—98 E 3 a—e); anders z. B. Schultz, Auslieferungsrecht, S. 336: Der Antrag sei Bedingung der Strafbarkeit.

[292] Rittler, Allgemeiner Teil, S. 248.

[293] Ähnlich, zumindest für den Strafantrag, Benz, S. 150 f.; Jescheck, ZStW 66, 538, FN 63. In der Methodik ausdrücklich anders Schultz, a. a. O., S. 336, FN 138.

eine staatliche Sanktion nur dann als opportun angesehen wird, wenn der unmittelbar Betroffene sein Interesse daran durch seinen Antrag dartut (z. B. beim Hausfriedensbruch, § 123 StGB, bei der Sachbeschädigung, § 303 StGB). Bei einer zweiten Gruppe von Straftaten steht das berechtigte Interesse des Opfers an der Geheimhaltung des Geschehens im Vordergrund (z. B. bei der Verführung, § 182 StGB, bei der Eheerschleichung, § 170 StGB)[294]. Auf jeden Fall wird durch das Antragserfordernis die Interessensphäre des Verletzten gewahrt, für die Strafwürdigkeit der Tat sagt es nichts aus; Erwägungen, die den Unrechtsgehalt der strafbaren Handlung betreffen, haben nicht zu seiner Normierung geführt.

2. Danach darf das Antragserfordernis nach dem Recht des ersuchten Staates[295] kein Auslieferungshindernis darstellen[296]. Der ersuchte Staat hat keine Veranlassung, die Interessen eines ausländischen Verletzten wahrzunehmen. Das Verhältnis des Opfers zur Tat bemißt sich richtigerweise nur nach dem Recht des auch materiell über das Delikt entscheidenden Staates[297].

In vielen Fällen würde dazu das Bestehen des ersuchten Staates auf Beibringung des Antrags durch den ersuchenden Staat „nichts als Schikane" sein, wenn nämlich das betreffende Delikt nach eigenem Recht zugleich Antrags- und Privatklagedelikt ist[298], nach dem des ersuchenden Staates jedoch keins von beiden[299]. Nach erfolgter Auslieferung könnte und müßte nämlich letzterer das Strafverfahren gegen den Täter so gestalten, wie es ihm die eigene Prozeß-

---

[294] SCHÖNKE-SCHRÖDER, Rdn 4, a. a. O. SCHRÖDER führt noch den Komplex der „relativen" Antragsdelikte an (a. a. O., Rdn 2), bei dem das Antragserfordernis lediglich durch gewisse verwandtschaftliche Verhältnisse bedingt ist (s. z. B. beim Betrug § 263 V StGB).

[295] Der nach dem Recht des ersuchenden Staates erforderliche Antrag muß jedoch grundsätzlich vorliegen, so auch REISNER, Voraussetzungen, S. 53; METTGENBERG, SJZ 18, 238 f.; LOHMANN, S. 119; BGE 78 I 39 (47 E 3 b); OLG Hamburg JW 1931, 2874 f.

Anders TH. MEYER, S. 78: Ob der nach seinem Recht erforderliche Antrag gestellt sei, könne nur der ersuchende Staat nachprüfen.

[296] VON BAR, Lehrbuch, S. 303; DELAQUIS, ZStrR 40, 167; 48, 302; SCHULTZ, Auslieferungsrecht, S. 338 (für den Fall der prozessualen Einstufung des Instituts); GRÜTZNER, ZStW 68, 513; VON CLERIC, SJZ 18, 113, 116 f.; (konsequent, da er nur die abstrakte Strafbarkeit nach dem Recht des ersuchten Staates überhaupt verlangt); SCHOENEBERG, S. 69 (ausdrücklich gegen § 4 Z. 2 DAG); LOHMANN, S. 120.

[297] So sehr treffend VON BAR, a. a. O., S. 303; JESCHECK, ZStW 66, 538.

[298] Vgl. für das deutsche Recht den Katalog der Privatklagedelikte in § 374 StPO. Die Antragsdelikte der §§ 182, 236 f. sind z. B. keine Privatklagedelikte.

[299] Das wird mit Recht von BENZ, S. 156 f., hervorgehoben; der zitierte Ausdruck steht auf S. 157.

ordnung vorschreibt. Dabei reichte im ersuchten Staat selbst der Antrag allein nicht aus; der Zufluchtsstaat bliebe grundsätzlich, falls nicht z. B. gemäß § 376 StPO das öffentliche Interesse an der Strafverfolgung bejaht würde, untätig und überließe dem Verletzten die Einleitung des Verfahrens, wobei unter Umständen noch eine Sühnestelle vorgeschaltet sein könnte (vgl. § 380 StPO). Bei den Privatklagedelikten den Antrag zu verlangen, obwohl das weitere Erfordernis der ‚eigenhändigen Einleitung' des Verfahrens durch den Verletzten nicht durchsetzbar ist, würde in der Tat den Sinn des Prinzips der identischen Norm besonders „verfälschen"[300].

3. Dennoch wird die Berücksichtigung des Antragserfordernisses nach dem Recht des ersuchten Staates bei der Prüfung der Zulässigkeit einer Auslieferung von vielen gefordert[301]. Ist demgemäß die Tat, wegen der um Auslieferung nachgesucht wird, lediglich nach dem Recht des Zufluchtsstaates, nicht jedoch nach dem des ersuchenden Staates ein Antragsdelikt, und vermag letzterer keinen den Gesetzen des ersuchten Staates genügenden Antrag beizubringen, so ist nach jener Ansicht die Auslieferung zu verweigern. Konsequenterweise muß sogar verlangt werden, daß der Antrag rechtzeitig gestellt worden ist, also z. B. innerhalb der nach § 61 StGB drei Monate betragenden Frist[302], und nicht etwa, falls das zulässig sein sollte, zurückgenommen wurde[303]. Immerhin werden an die Erklärung des Verletzten, die den Antrag darstellen soll, keine überspitzten Anforderungen gestellt. Man läßt eine Darlegung genügen, die eindeutig den Wunsch des Verletzten aufzeigt, es möge gegen den Täter strafrechtlich vorgegangen werden[304]. Darüber hinaus wird als aus-

[300] Benz, S. 157.

[301] Lammasch, Auslieferungspflicht, S. 440 f.; Kohler, S. 167, 181; Delius, Auslieferungsrecht, S. 29; Th. Meyer, S. 58 f. (allerdings nur, wenn die beidseitige Strafbarkeit ausdrücklich im Vertrag verankert sei); Cohn, S. 18; Benz, S. 150 f.; Langhard, S. 14; Schultz, Auslieferungsrecht, S. 336 (mit der in FN 296 dargelegten Ausnahme); BGE 32 I 317 (335 f. E 6), auf der älteren Auffassung vom materiell-rechtlichen Charakter des Antragserfordernisses beruhend; Saint-Aubin, traité, I, S. 687; und, alle unter dem Geltungsbereich von § 4 Z. 2 DAG: Fraustädter, Anm. 2 c) aa) zu § 4 DAG, S. 39; Sack, S. 18 f.; Gros, S. 24; Schoetensack, S. 80; H. Meyer, Einlieferung, S. 122 f.; Mettgenberg-Doerner, S. 294, 297 f. Ebenso Mettgenberg, SJZ 18, 237 f.

[302] Hier anders Lammasch, a. a. O., S. 440: Die Kenntnis der Einzelheiten eines seinem Rechtskreis fremden Antragserfordernisses sei dem Verletzten nicht zuzumuten. Ebenso Ritter, S. 34. Gegen diese Einschränkung vor allem Reisner, Voraussetzungen, S. 54.

[303] Damit wird die (rechtzeitige) Beibringung des Antrags kaum je möglich sein. Das gibt auch Mettgenberg, SJZ 18, 239, zu.

[304] Schultz, Auslieferungsrecht, S. 338; Schönke-Schröder, Rdn 25 zu § 61 StGB (für das innerstaatliche deutsche Recht).

reichend anerkannt, wenn das Opfer sich zur Antragstellung erst auf Anfrage der Behörde entscheidet; aus eigenem Impuls braucht er den Antrag nicht zu stellen[305].

Das alles vermag nicht zu überzeugen. Die im wesentlichen vorgebrachte Begründung, die Nichtberücksichtigung des Antragserfordernisses nach dem Recht des ersuchten Staates verstoße gegen den Grundsatz der Gegenseitigkeit, ein Verzicht auf die Reziprozität sei auch bei einem den Antrag nicht erwähnenden Vertrag nie zu vermuten[306], geht von einem Gegenseitigkeitsbegriff aus, der für den Bereich der beidseitigen Verfolgbarkeit nicht gelten darf.

4. Deshalb gelten für das vertragliche Auslieferungsrecht Deutschlands folgende Grundsätze:

a) Die von der Bundesrepublik geschlossenen Verträge regeln mit einer Ausnahme — der Vertrag mit Belgien schweigt zum Strafantrag — die Frage ähnlich, wie hier vorgeschlagen wird, und zwar die Vereinbarungen mit Österreich und Portugal, jeweils Art. 10, indem sie die Prüfung, ob ein „zur Einleitung eines Strafverfahrens notwendiger Antrag oder eine solche Ermächtigung[307] vorliegt", generell verbieten[308], sowie die Verträge mit Frankreich, Art. 7 II Z. 2, und Monaco, Art. 8 Z. 2, indem sie lediglich dem Strafantragserfordernis nach dem Recht des ersuchenden Staates die Wirkung eines Auslieferungshindernisses beilegen[309].

---

305 Schultz, a. a. O., S. 338, FN 150; Lammasch, a. a. O., S. 440 f.

306 S. z. B. Mettgenberg, SJZ 18, 238. Zu weiteren Bedenken gegen diese Argumentation vgl. im folgenden Text das unter 4 b Gesagte.

307 Die Erörterungen zum Strafantrag haben auch Geltung für Ermächtigungen zur Strafverfolgung, wie z. B. gemäß § 197 StGB. So auch H. Meyer, Einlieferung, S. 123, allerdings konsequent mit einem anderen Ergebnis.

308 Vgl. Grützner, Anm. 24 zu Art. 10 dt.-österr. AuslVer., Rechtshilfeverkehr, II O 1, S. 4 f. Bemerkenswert ist, daß auch nicht nachgeprüft wird, ob ein nach dem Recht des ersuchenden Staates erforderlicher Antrag vorliegt. Begründet wird das mit dem Vertrauen, das beide Vertragspartner ineinander setzen, vgl. die Begründung zu Art. 10 dt.-portug. AuslVer., S. 19.

309 Vgl. dazu allgemein Grützner, BdAnz Nr. 130, vom 9. 7. 1952, S. 7; Rechtshilfeverkehr, Anm. 25 zu Art. 7 dt.-franz. AuslVer., II F 4, S. 12 a/b, sowie Anm. 8 zu Art. 8 dt.-moneg. AuslVer., II M 9, S. 4, Grützner weist auch hier auf die kriminalpolitisch unerwünschte Möglichkeit hin, daß bei einer anderen Regelung geschickte Verbrecher diese Rechtslage ausnützen könnten.

Im übrigen erscheint hier ein klärendes Wort zur Auslegung der behandelten Vertragsklauseln geboten. Oben (Kapitel III § 2 I 2 FN 24 auf S. 73 f. und § 5 A I 5, S. 103 f.) wurde bei einigen besonderen Verjährungsvorschriften, die nur dem Recht des ersuchten Staates ausdrücklich auslieferungshindernde Wirkung beimessen, darauf hingewiesen, daß durch diese Formulie-

b) Sehen Auslieferungsverträge, falls sie nicht allgemein beidseitige Verfolgbarkeit als Auslieferungsvoraussetzung bestimmen, das Antragserfordernis nach dem Recht des ersuchten Staates nicht als Auslieferungshindernis vor, und das ist bei allen übrigen der heute geltenden deutschen Auslieferungsvereinbarungen der Fall, steht einer Auslieferung trotz § 4 Z. 2 DAG nichts im Wege, selbst wenn das betreffende Delikt nach deutschem Recht ein Antragsdelikt sein sollte. Denn einmal darf das DAG vertraglich uneingeschränkt übernommene Auslieferungspflichten nicht beeinträchtigen, und zudem sprechen überwiegende Gründe kriminalpolitischer Natur für eine Auslieferung bei dieser Lage; dazu kann auf das in Kapitel I § 4 B (S. 44 ff.) Dargelegte verwiesen werden. Aus dem allgemein geltenden Grundsatz der Gegenseitigkeit auf die Pflicht zur Berücksichtigung des Antragserfordernisses nach dem Recht des ersuchten Staates zu schließen[310], das sei nochmals betont, ist besonders hier verfehlt[311].

c) Die Rechtsprechung entschied für den zum Antragserfordernis schweigenden dt.-schw. AuslVer. anders. Aus den Art. 3 und 5 (Rechtskraft und Verjährung als Auslieferungshindernis) wurde geschlossen, alle das staatliche „ius puniendi" vernichtenden Prozeßvoraussetzungen nach dem Recht des ersuchten Staates seien zu berücksichtigen[312]. Diese Auslegung läuft jedoch auf eine nicht zu billigende einseitige Einschränkung von vertraglichen Auslieferungspflichten hinaus[313]. Auch über die Schlüssigkeit der Annahme einer Verwandtschaft zwischen den Einrichtungen der Rechtskraft, Verjährung und des Antrags läßt sich doch sehr streiten. Richtig geht dagegen die schweizerische Rechtsprechung vor, die nunmehr, da sie

---

rung nicht die selbstverständliche Voraussetzung der (Nicht-)Verjährung der Strafverfolgung oder -vollstreckung nach dem Recht des ersuchenden Staates für den ersuchten Staat unbeachtlich wird. Aus der Erwähnung der hier angeführten Prozeßvoraussetzungen nach dem Recht des ersuchenden Staates darf nicht umgekehrt auf ihre Beachtlichkeit nach dem des ersuchten Staates geschlossen werden. Denn gemäß allem bisher Gesagten ist die Heranziehung des Rechts des ersuchten Staates auf diesem Gebiet eben nicht selbstverständlich.

310 So noch Mettgenberg. Verträge mit der Tschechoslowakei, Anm. 127, S. 56.

311 So auch Köhler, JW 1933, 986, zu OLG Hamburg daselbst (Durchlieferungsfall). Im konkreten Beispiel war allerdings gemäß dem Zusatzprotokoll zum dt.-tschechosl. AuslVer., Z. 1, die Prüfung, ob ein Strafantrag nach dem Recht des ersuchenden oder ersuchten Staates erforderlich war, sowieso zu unterlassen.

312 RGSt. 70, 74 (80 f.), vor allem für die Amnestie (vgl. dort, Kapitel III § 5 B II 4, S. 119 ff.); ähnlich auch RGSt. 38, 334 (335), für die Versäumung der Frist zur Stellung des Antrages.

313 So treffend (bereits zitiert) Reisner, DJ 1936, 559, in der Anm. zum RG; Grützner, Anm. 17 zu Art. 5 dt.-schwz. AuslVer., Rechtshilfeverkehr, II S. 7, S. 8. Vgl. auch die FN 278 in diesem Kapitel.

das Antragserfordernis prozeßrechtlich einstuft, augenscheinlich nur noch prüft, ob es nach dem Recht des ersuchenden Staates gegeben ist[314].

5. Für den vertraglosen Auslieferungsverkehr gilt das zur Immunität Gesagte entsprechend.

IV. *Andere Bedingungen der Verfolgbarkeit*

Nach § 4 Z. 2 DAG sind auch alle anderen Bedingungen der Strafverfolgbarkeit nach deutschem Recht als dem des ersuchten Staates Voraussetzung der Auslieferung, so z. B. die Nichtigkeitserklärung der Ehe zwischen Entführer und Entführter gemäß §238 StGB[315] oder die Scheidung der Ehe gemäß § 172 StGB[316]. Diese Konsequenz des DAG[317] ist ebenso bedenklich wie der Zwang zur Beobachtung der anderen in diesem § unter B angeführten Verfahrensvoraussetzungen. Mag wegen des geringen juristischen Unrechtsgehalts des Ehebruchs und der darauf basierenden niedrigen Strafdrohung eine Auslieferung hier selten in Frage kommen, so betreffen doch die Fälle der §§ 236 und 237 StGB Delikte von erheblichem Gewicht (§ 236 StGB droht eine Zuchthausstrafe von bis zu 10 Jahren an); die Verweigerung der Auslieferung wegen des Fehlens der nach deutschem Recht erforderlichen Bedingung der Verfolgbarkeit würde besonders bedauerlich sein. Denn das Fehlen der als Beispiele aufgeführten Verfolgbarkeitsvoraussetzungen nimmt den betreffenden Taten nicht den Charakter der Strafwürdigkeit[318]. Deutschland hätte als Grund, einem diese Voraussetzungen nicht kennenden Staat die Auslieferung nicht zu bewilligen, nur die Tatsache, daß es für den umgekehrten Fall keine Einlieferung bekäme.

---

314 BGE 78 I 39 (47 E 3 b).

315 Die Eheschließung ist ein „auflösend bedingtes Verfolgungshindernis" (Schönke-Schröder, Rdn 1 zu § 238 StGB).

316 Der Charakter der Ehescheidung als Prozeßvoraussetzung (so RGSt. 22, 135 — 137 —, und BGH NJW 1952, 476) ist umstritten. Die Scheidung wird von anderen als Bedingung der Strafbarkeit angesehen (Schönke-Schröder, Rdn 7 zu § 172 StGB). Als Bedingung der Strafbarkeit stellt die Scheidung nach deutschem Recht allerdings eine Auslieferungsvoraussetzung dar; zur Begründung kann auf die Ausführungen zu den objektiven Bedingungen der Strafbarkeit verwiesen werden, vgl. Kapitel III § 3 D, S. 87 ff.

317 Sie wird hervorgehoben von Reisner, Voraussetzungen, S. 55, und Schoetensack, S. 80 (beide ausdrücklich für § 172 StGB); sowie von Lammasch, Auslieferungspflicht, S. 443; Delius, Auslieferungsrecht, S. 29; Ritter, S. 34, und Fraustädter, Anm. 2 c) ff) zu § 4 DAG, S. 39 f. (alle zu § 238 StGB).

318 Die zu schützenden Rechtsgüter sind bei § 172 StGB die Ehe „als Grundlage der Familienordnung", bei § 236 das Selbstbestimmungsrecht der Frau über ihr Geschlechtsleben, bei § 237 StGB die Muntgewalt (vgl. Schönke-Schröder, jeweils Rdn 1 zu §§ 172, 236 und 237 StGB).

Deswegen jedoch einen Täter, der auch nach deutschen Anschauungen strafwürdiges Unrecht begangen hat, nicht auszuliefern und straflos zu lassen, würde wegen des dadurch bestehenden Anreizes zur Flucht und ganz allgemein wegen der unterlassenen Reaktion gegen begangenes Unrecht kriminalpolitisch unvertretbar sein.

C. Die dritte Gruppe: Rechtshängigkeit und Rechtskraft

1. Die Frage, wie der ersuchte Staat zu verfahren hat, wenn wegen derselben Tat außer im ersuchenden Staat noch in anderen Ländern (und unter Umständen auch bei ihm selbst) ein Strafverfahren anhängig ist, kann nicht allein im Rahmen des Prinzips der identischen Norm gelöst werden; es muß im Zusammenhang gesehen werden mit dem Problem der konkurrierenden Strafkompetenz mehrerer Staaten und dem mehrerer konkurrierender Auslieferungsbegehren. Dieses komplexe Gebiet[319] kann innerhalb dieser Arbeit nicht behandelt werden.

2. Auch die Auswirkung der Tatsache, daß der Verfolgte bereits in dem ersuchenden, ersuchten oder einem dritten Staat wegen der Tat, die die Auslieferung begründen soll, abgeurteilt, freigesprochen oder außer Verfolgung gesetzt worden ist, darf nicht mit den Kriterien des Prinzips der identischen Norm allein gelöst werden[320]. Besonders bei Erkenntnissen in Drittstaaten wird nämlich deutlich, daß hier das Problem der Anerkennung ausländischer Urteile und der internationalen Geltung des Satzes „ne bis in idem" hereinspielt[321]. Ein Eingehen auf diesen Fragenkreis würde ebenfalls über das Thema der Arbeit hinausgehen.

§ 6. Die Maßregeln der Sicherung und Besserung

Gilt der Grundsatz der identischen Norm auch für den Fall, daß ein Staat um Überstellung eines Täters zum Zwecke der Anordnung oder Vollstreckung von freiheitsbeschränkenden Maßregeln der Sicherung und Besserung (im folgenden kurz: Maßregeln) ersucht wird? Das hängt davon ab, ob eine solche Überstellung als eigenen Regeln unterliegende zwischenstaatliche Verwaltungsrechtshilfe anzu-

---

[319] Vgl. allein die ausführliche Darstellung bei MERCIER, S. 208 ff., 226 ff.; VIOLET, S. 142 ff.; KALTCHAS, S. 101 ff.

[320] So behandelt SCHULTZ, Auslieferungsrecht, S. 481, die res judicata als „systematisch selbständiges" Auslieferungshindernis; dagegen BENZ, S. 162 ff., der ohne weiteres die Auswirkungen der res judicata als Sonderproblem der identischen Norm ausweist. Das DAG behandelt einen Ausschnitt des Themas in § 4 Z. 3.

[321] Diese ist umstritten. S. BENZ, S. 162, 167; SCHULTZ, a. a. O., S. 475; MERCIER, S. 216; ROUX, S. 153 f.; OLG Düsseldorf GA 1957, 375 f.; s. auch DONNEDIEU DE VABRES, introduction, S. 450 ff.

sehen ist oder aber der „normalen“ Auslieferung derart wesensähnliche Züge trägt, daß sich eine Einordnung unter ihre Regeln aufdrängt.

I. Die älteren Auslieferungsverträge und -gesetze (auch das DAG) schweigen zu dieser Problematik; das heißt aber nicht, daß sie eine Auslieferung zum oben angegebenen Zweck ausschließen wollten[322]; denn die Möglichkeit der Anordnung und Vollstreckung von Maßregeln ist erst in neuerer Zeit in die Strafrechtssysteme der Staaten eingeführt worden, so in Deutschland durch das GewohnhtVerbGes. vom 24. 11. 1933[323].

II. Entscheiden müssen Sinn und Zweck des Auslieferungsverkehrs, die für das Auslieferungsrecht erheblichen Unterschiede oder Ähnlichkeiten zwischen Strafe und Maßregel und die Ergebnisse, die die Nichteinordnung der Überstellung eines Täters zur Anordnung oder Vollstreckung von Maßregeln an ein anderes Land unter die Auslieferungsregeln haben würde.

1. Das Institut der Auslieferung will verhindern, daß eine wirksame Verbrechensbekämpfung an den einzelnen nationalen Grenzen scheitert. Der Sinn des Verfahrens, in dem die Voraussetzungen der Auslieferung geprüft werden, liegt in seiner rechtsstaatlichen Garantiefunktion, also darin, daß die Rechte des Verfolgten nach den Vorstellungen des ersuchten Staates gewahrt werden.

2. Auch die Maßregeln sind ein Instrument zur Verbrechensbekämpfung. Sicherlich sind sie strafrechtlich-dogmatisch von der Strafe im eigentlichen Sinne wesentlich verschieden.

> „Das geltende Strafrecht hat zwei Wege beschritten, um das Verbrechen zu bekämpfen. Durch das Übel der Strafe will es Unrecht und Schuld vergelten, durch die Maßregeln der Sicherung und Besserung den präventiven Bedürfnissen Rechnung tragen, die durch die Forderung nach einer schuldadäquaten Strafe nicht voll befriedigt werden können“[324].
>
> „Strafe und sichernde Maßnahme lassen sich zweifellos rein begrifflich auf einfachste Weise genau unterscheiden, indem die

---

[322] Betont von SCHULTZ, Auslieferungsrecht, S. 353; LANGE, ZStW 65, 372.

[323] Vgl. SCHÖNKE-SCHRÖDER, Rdn 4 vor §§ 42 a ff. StGB. Das deutsche Recht folgt dem Zweispurigkeitsprinzip: Maßregeln werden neben der Strafe angeordnet — abgesehen von der Einweisung eines Unzurechnungsfähigen in eine Heilanstalt und vom Führerscheinentzug —, s. SCHÖNKE-SCHRÖDER, Rdn 1 f. a. a. O.

Eine eingehende Erörterung des Wesens der Maßregeln, darauf sei schon hier hingewiesen, liegt außerhalb des Rahmens der Arbeit.

[324] SCHÖNKE-SCHRÖDER, Rdn 1 vor §§ 42 a ff. StGB.

Strafe als vergangenheitsbezogener Ausgleich der Straftat, die Maßregel als zukunftsbezogener Eingriff zur Verhütung neuer Straftaten verstanden wird“[325].

a) Aus diesem begrifflichen Unterschied zwischen Strafe und Maßregel wird geschlossen[326], die „Auslieferung“ zur Anordnung oder Vollstreckung von Maßregeln sei der Heimschaffung gleichzustellen[327]. Die Entscheidung über eine solche Rückschaffung liege im pflichtgemäßen Ermessen der Behörde; einer gerichtlichen Entscheidung über die Zulässigkeit der Überstellung bedürfe es nicht (§ 7 DAG sei also nicht anzuwenden), ebensowenig der Verbürgung der Gegenseitigkeit (§ 4 Z. 1 DAG), der Wahrung des Spezialitätsgrundsatzes (§ 6 DAG). Konsequenterweise darf dann auch das Prinzip der identischen Norm keine Rolle spielen[328].

b) Diese Auffassung läßt die große Verwandtschaft zwischen Strafe und Maßregel, jedenfalls für das Auslieferungsrecht, außer acht:[329] Die Maßregel verlangt als

„... in die Zukunft gerichtete richterliche Maßnahme eine Prognose über die zukünftige Gefährlichkeit des Täters“[330].

Und diese Gefährlichkeit muß sich in einer Straftat niedergeschlagen haben[331]. Damit sind Strafe und Maßregel beide „Rechtsfolge(n) strafbarer Handlungen“; dazu können Maßregeln wegen ihrer möglicherweise unbeschränkten Dauer eine zumindest ebenso repressive Wirkung haben wie die eigentlichen Strafen[332]. Ist aber Voraussetzung der Anordnung oder Vollstreckung von Maßregeln die Begehung

---

325 SCHULTZ, JZ 1966, 120.

326 Von REISNER, GS 109, 272 ff., besonders S. 274—276.

327 Diese hat in der Tat anderen Charakter als die Auslieferung; sie betrifft die Überstellung von entwichenen Kindern, Geisteskranken oder ähnlichen Hilfsbedürftigen und unterliegt als zwischenstaatliche Verwaltungsrechtshilfe eigenen Regeln; vgl. hierzu METTGENBERG-DOERNER, S. 137; SCHULTZ, Auslieferungsrecht, S. 28 f.

328 Letzteres wird von REISNER, a. a. O., da für ihn nicht erheblich, nicht besonders erwähnt.

329 Trotzdem lehnte der französische Kassationsgerichtshof durch Urteil vom 23. 7. 1955 (Bulletin 1955, Nr. 168, S. 462, 463 f.) eben wegen des unterschiedlichen Charakters von Strafe und Maßnahme die Erklärung der Zulässigkeit einer Auslieferung an die Schweiz zur Vollstreckung einer Maßnahme ab. Das französische Gericht vermißte allerdings auch eine richterliche Bestimmung der im konkreten Fall in Frage stehenden Verwahrung. Nach Art. 47 Z. 5 schwz. StGB entscheidet nach Ablauf von drei Jahren die Verwaltungsbehörde über die weitere Dauer der Maßnahme.

330 SCHÖNKE-SCHRÖDER, Rdn 7 vor §§ 42 a ff. StGB.

331 S. z. B. SCHÖNKE-SCHRÖDER, Rdn 6 zu § 42 a StGB.

332 SCHULTZ, JZ 1966, 120; ähnlich Auslieferungsrecht, S. 350; DONNEDIEU DE VABRES, traité, Nr. 1845, S. 1002; principes, S. 300.

einer Straftat, zumindest nach ihrem objektiven Tatbestand, dann drängen sich die Erwägungen auf, die zur Aufstellung des Grundsatzes der identischen Norm geführt haben; auch hier werden, wie überall im Strafrecht, den ersuchten Staat seine öffentliche Meinung und seine Unabhängigkeit zur Durchsetzung der eigenen Auffassung gegenüber dem ersuchenden Staat anhalten. Außerdem vernachlässigt die eben geschilderte Auffassung völlig die Stellung des Verfolgten: Diesem droht zwar im ersuchenden Staat eine Beurteilung aufgrund eigenen strafrechtlichen Verhaltens, der ersuchte Staat hat aber keine Möglichkeit, nach seinen Vorstellungen die Rechte des Verfolgten in einem rechtsstaatlich gesicherten Verfahren zu schützen. Damit sprechen wesentliche rechtsstaatliche Gründe — neben dem Sinn der Auslieferung überhaupt — für eine Einordnung der Maßregeln unter die Richtlinien der Auslieferung[333].

3. Zwingend fordern dies auch die Ergebnisse, die ein anderes Vorgehen haben würde:

> „Würde der Vollzug von Maßnahmen vom Auslieferungsverkehr ausgeschlossen, würden unerträgliche, geradezu ungeheuerliche Folgen eintreten. Der gefährliche, schwer rückfällige Gewohnheitsverbrecher würde grundlos privilegiert, ebenso der liederliche und arbeitsscheue Delinquent, weil sie nicht die ihnen auferlegten, in der Regel langen und die Strafhöhe weit übersteigenden Strafen verbüßen müssen, sondern verwahrt oder in eine Arbeitserziehungsanstalt eingewiesen wurden. Der Gelegenheitsverbrecher, welcher aus irgendeinem Grunde zu einer unbedingt vollziehbaren, knapp die Strafhöhe erreichenden Strafe verurteilt wurde, könnte hingegen ausgeliefert werden. Diese Auslegung darf weder dem (schwz.) AuslG noch den Verträgen unterschoben werden. Die Auslieferung würde untauglich gegenüber denjenigen, welche, der modernen Auffassung entsprechend, nicht nur durch eine schwere Tat, sondern durch ihr gesamtes Verhalten sich als gefährliche Rechtsbrecher erwiesen und mit entsprechenden Saktionen belegt wurden"[334].

4. Die Unterstellung der Übergabe eines Täters zur Anordnung oder Vollstreckung von Maßregeln unter die Gesetze der Auslieferung, also auch unter das Prinzip der identischen Norm, ist nach allem

---

[333] In diesem Zusammenhang besonders betont von BGHSt. 3, 265 (270), mit dem gleichen Ergebnis. Vgl. auch die zustimmende Anm. von GEIER bei LM Nr. 1 zu § 1 DAG.

[334] Bei diesen Ausführungen von SCHULTZ, Auslieferungsrecht, S. 355, ist darauf hinzuweisen, daß sie von seiner einschränkenden Ansicht auf diesem Gebiet beeinflußt sind (s. dazu unten 6.); der Darstellung der Folgen der ablehnenden Ansicht braucht nichts mehr hinzugefügt zu werden.

dringend geboten[335]. Dem entspricht die Entwicklung im modernen Schrifttum und in der neueren Praxis[336].

5. Diesem Resultat widerspricht nicht der Wortlaut der Verträge oder Gesetze, der eine bestimmte Mindesthöhe der angedrohten oder erkannten Strafe als Voraussetzung der Auslieferung vorsieht; aus ihm geht nicht zwangsläufig hervor, daß es wirklich zu einem Strafausspruch kommen oder gekommen sein müsse. Durch die Festsetzung der Mindesthöhe sollten lediglich geringfügige Taten von der aufwendigen und einschneidenden Auslieferung ausgenommen werden; als Umschreibungsmerkmal konnte den Gesetzgebern oder Vertragschließenden aber nur das ihnen bei Gesetzeserlaß oder Vertragsschluß bekannte Kriterium der Strafhöhe dienen. Werden solche Verträge oder Gesetze zweckentsprechend ausgelegt, so muß das Merkmal der Strafhöhe auf freiheitsbeschränkende Maßregeln[337] „übersetzt" werden[338].

[335] Unabhängig davon, ob die Auslieferung vertraglicher, gesetzlicher, außervertraglicher oder außergesetzlicher Natur ist.

[336] S. Gleispach, ZAkDR 1942, 66 f.; Jescheck, ZStW 66, 532; Lange, ZStW 65, 372 f.; Dahm, S. 276; Grützner, „Auslieferung", S. 119 (ausdrücklich nur für die Vollstreckung von Maßregeln); Dalcke-Fuhrmann-Schäfer, Anm. 3 zu § 1 DAG, S. 1820; Marmann, MDR 1953, 664; BeiLBdAnz Nr. 65, vom 4. 4. 1953, S. 8; Delaquis, ZbJV 73, 206; Pfenninger, ZSR nF 54, 78 f.; Schultz, Auslieferungsrecht, S. 347 ff. (einschränkend und nur für die Auslieferung zur Vollstreckung); Travers, droit pénal, IV, Nr. 1967, S. 335; Bouzat-Pinatel, II, Nr. 1746, S. 1331 (unter Hinweis auf die bereits erwähnte entgegenstehende französische Rechtsprechung); Donnedieu de Vabres, traité, Nr. 1845, S. 1002; principes, S. 299—301; Dalloz, Nr. 21, S. 537 (für die Auslieferung zur Vollstrekkung); Lemontey, S. 176; Slivensky, S. 188; Mettgenberg-Doerner, S. 141; Linke, öJZ 1955, 246.

Aus der Rechtsprechung: RGSt. 65, 374 (377 f.); BGHSt. 3, 265 (270); OLG Bamberg GA 1958, 245.

Folgende Auslieferungsvereinbarungen lassen ausdrücklich die Auslieferung zur Vollstreckung von Maßregeln zu: der dt.-belg., dt.-franz., dt.-moneg., dt.-österr., dt.-portug. AuslVer., jeweils Art. 1; ebenso das europ. AuslAbk., Art. 1.

Sehr anschaulich formuliert Art. 1 II dt.-ital. AuslVer.: „Sie werden einander in sinngemäßer Anwendung der Bestimmungen des Vertrages Rechtshilfe auch für Verfahren leisten, in denen gerichtliche Maßregeln der Sicherung und Besserung ... neben einer Strafe oder ohne Zusammenhang mit einer Bestrafung angeordnet werden können oder bereits angeordnet worden sind."

Vgl. noch Art. 1 II Typus-AuslVer.

[337] Auf diese beschränkt sich naturgemäß die Arbeit.

[338] So Schultz, Auslieferungsrecht, S. 354.

6. Warum dieses Ergebnis nur gelten soll, wenn die in Frage stehende Maßregel „den Vollzug der Strafe ersetzen kann“[339], also nur, wenn Maßregeln nach dem monistischen oder vikariierenden System angewandt werden, ist nicht einzusehen. Auch die Maßregel des dualistischen Systems sind dem Ziel der Auslieferung keinesfalls so wesensfremd, daß sie aus ihr herausgenommen werden müßten; das Zusammenspiel von Strafe und Maßregel allgemein ist oben gezeigt worden. Bei anderer Entscheidung müßten schwerwiegende Maßregeln unbeachtlich bleiben, nämlich solche, die einem zurechnungsunfähigen Täter auferlegt werden (s. z. B. § 42 b StGB)[340]. Wird ein Schuldloser gemaßregelt, kann nämlich von einer „Sanktion, die auslieferungsrechtlich als Strafe angesehen werden muß, obwohl sie einen anderen Namen trägt“[341], nicht mehr die Rede sein.

Diese Folge erscheint ebenso wie die gesamte Herausnahme der Maßregel aus dem Auslieferungsverkehr als unerträglich; auch hier blieben unter Umständen schwerste Verbrechen ohne staatliche Sanktion, auch hier würde der Verfolgte der Garantien des Auslieferungsverfahrens entblößt. Es muß jedem Staat selbst überlassen sein, wie er die Sanktionen gegen strafbare oder mit Strafe bedrohte Handlungen einrichtet; Entscheidungen für die eine oder andere Methode dürfen auslieferungsrechtlich keine Folge haben[342].

III. *Einzelheiten*

1. Unter folgenden Voraussetzungen ist nach allem eine Überstellung zur Anordnung oder Vollstreckung von Maßregeln wie eine „normale“ Auslieferung zu behandeln:

> „. . .daß die Maßregel auf einem Strafgesetz beruht, daß sie angeordnet werden soll oder angeordnet worden ist, weil der Verfolgte — schuldhaft oder im Zustand der Unzurechnungsfähigkeit — eine mit Strafe bedrohte Handlung begangen hat, deretwegen die

[339] Dieser Ansicht ist Schultz, a. a. O., S. 352; wohl auch Travers, droit pénal, IV, Nr. 1967, S. 335.

[340] Konsequenterweise Schultz, a. a. O., S. 351, FN 216.

[341] Schultz, a. a. O., S. 355, ganz oben.

[342] Hervorgehoben von Jescheck, ZStW 66, 532, besonders FN 42; vgl. auch oben Kapitel I § 2 D (S. 34 ff.) zu unterschiedlichen Strafarten und verschiedenen Strafmaßen in beiden Staaten.

Zum gleichen Ergebnis wie hier kommen Bouzat-Pinatel, II, Nr. 1746 Abs. I, S. 1331; ähnlich Donnedieu de Vabres, traité, a. a. O.; Dalloz, Nr. 21, S. 537.

Ebenso Art. 1 II dt.-ital. AuslVer.; Art. 21 dt.-franz., Art. 22 dt.-moneg., Art. 28 Z. 1 dt.-österr., Art. 52 I dt.-portug. AuslVer., Art. 25 europ. AuslAbk.

Art. 1 II dt.-belg. AuslVer. beschränkt sich auf „Maßnahmen der Freiheitsentziehung gegen Rückfällige oder Gewohnheitsverbrecher“.

Auslieferung zulässig ist, und daß die Anordnung vom Strafrichter allein oder neben der Strafe in einem strafgerichtlichen Verfahren ausgesprochen werden soll oder ausgesprochen worden ist“[343].

2. Für die Auslieferung dieser Art gelten die Grundsätze der identischen Norm entsprechend, wie sie im vorstehenden dargelegt wurden. Vor allem darf die Auslieferung nicht bewilligt werden, wenn die dem Verfolgten vorgeworfene Tat nicht strafbar bzw. mit Strafe bedroht ist. Andererseits: Daß der ersuchte Staat eine bestimmte Maßregel, die der ersuchende Staat im konkreten Fall anwendet, nicht kennt, hindert die Auslieferung — vorbehaltlich besonderer vertraglicher oder gesetzlicher Bestimmungen — nicht; hier muß wie beim Bestehen verschiedener Strafarten in beiden Staaten verfahren werden[344].

Eine Auslieferung ist dann nicht möglich, wenn die Anordnung oder Vollstreckung der Maßregel nach dem Recht des ersuchten Staates nicht mehr zulässig sein würde. So hat dieser sich z. B. bei der Prüfung der Verjährung der Verfolgung der Tat oder der Vollstreckung der Maßregel nach eigenem Recht zu fragen, welche Maßregel er im vorliegenden Fall angewandt hätte und welcher Frist sie nach eigenem Recht unterliegen würde[345]. Das gilt auch dann, wenn der ersuchende Staat eine dem Zufluchtsstaat unbekannte Maßregel anordnen will oder angeordnet hat.

---

[343] BGHSt. 3, 265 (271); Geier, a. a. O.; Delaquis, ZbJV 73, 206; Marmann, MDR 1953, 664; die Verträge in den vorigen FN.

[344] Grützner, Anm. 3 zu Art. 1 dt.-österr. AuslVer., Rechtshilfeverkehr, II O 1, S. 4; BeiLBdAnz Nr. 207, vom 26. 10. 1960, S. 2; Dalcke-Fuhrmann-Schäfer, Anm. 1 zu § 1 DAG, S. 1821; OLG Bamberg GA 1958, 245.

Anders Schultz, Auslieferungsrecht, S. 355, mit Gegenseitigkeitserwägungen argumentierend, die aber hier keine Rolle spielen dürfen: Bewilligt der ersuchte Staat ohne Rücksicht auf sein eigenes Maßregelsystem die Auslieferungen, erhält er auch im umgekehrten Fall vom ersuchenden Staat Einlieferungen, ohne daß dieser seinen eigenen Maßregelkatalog beachtet. Wie hier noch Linke, öJZ 1959, 119.

[345] Vgl. Schultz, a. a. O., S. 356; dt.-österr. und dt.-portug. AuslVer., jeweils Art. 9 (die Verjährung betreffend); Kapitel III § 5 A II 2, 3 auf S. 105 ff. dieser Arbeit (zur Verjährung im Auslieferungsrecht allgemein). Zur Verjährung bei den Maßregeln nach deutschem Recht s. §§ 67 V, 70 II StGB.

Kapitel IV
Schlußbetrachtung

Der Grundsatz der identischen Norm, die Forderung nach der Strafbarkeit der verfolgten Tat als Auslieferungsdelikt gemäß dem Recht des ersuchten und ersuchenden Staates, ist als grundlegende Voraussetzung des Auslieferungsverkehrs allgemein anerkannt. Streit besteht nur darüber, welche Rolle die Gegenseitigkeit hier spielen und welcher Inhalt ihr beigemessen werden soll. Die auch in neuester Zeit gegen die beidseitige Strafbarkeit vorgebrachten Gründe vermögen nicht zu überzeugen.

Anders ist es mit der beidseitigen Verfolgbarkeit als Auslieferungsvoraussetzung. Im Verkehr mit den Staaten, die eine der unseren im wesentlichen gleiche Auffassung von der Rechtsstaatlichkeit besitzen, sollten Prozeßvoraussetzungen nach dem Recht des ersuchten Staates — bis auf die Verjährung — grundsätzlich unbeachtlich sein. Die Gegenseitigkeit, materiell verstanden, steht dem nicht entgegen. Gesetzliche Bestimmungen wie z. B. § 4 Z. 2 DAG und vertragliche Regelungen, die generell die Beachtung aller Verfahrensvoraussetzungen nach dem Recht des ersuchten Staates vorsehen, entbehren der Berechtigung, das hat diese Arbeit besonders zu zeigen versucht.

Neben der Frage, ob es die beidseitige Verfolgbarkeit nach sich zieht, hat das Prinzip der identischen Norm sein Hauptproblem in den Qualifikationsschwierigkeiten, die es aufwirft. In der Regel ist für den ersuchten Staat eine Beschäftigung mit dem Recht des ersuchenden Staates unerläßlich. Das macht ohne Zweifel viel Mühe, hat aber auch nicht zu unterschätzende Vorteile. Einmal rückt diese Beschäftigung die Vorzüge und Nachteile des eigenen Rechts in ein besonderes Licht. Vor allem werden die Staaten wegen der Unterschiedlichkeiten der nationalen Gesetzgebungen gezwungen, entweder durch den Abschluß von Auslieferungsverträgen besondere Regeln zum Ausgleich ihrer divergierenden Anschauungen zu treffen oder aber, und das erscheint im Zeichen der europäischen Integration als durchaus wünschenswert, ein internationales Strafrecht mit für ihre Staaatsangehörigen gleichermaßen geltenden Strafrechtsnormen zu schaffen[1].

So wohnt dem Prinzip der identischen Norm, da ja in vielen Fällen Auslieferungsbegehren an den unterschiedlichen strafrechtlichen

[1] Vgl. hierzu GRÜTZNER, NJW 1961, 2185 ff., mit einem Bericht über die Tätigkeit des Europarates auf diesem Gebiet.

Ansichten der Partnerstaaten scheitern läßt — Ausdruck ihrer Souveränität! — ein rechtsvereinheitlichendes und ausgleichendes Moment inne.

Kolibri 360 GmbH
Ferdinand-Jühlke-Straße 7
99095 Erfurt, Deutschland
produktsicherheit@kolibri360.de